法・政治・倫理

デリダ、コジェーヴ、シュトラウスから
見えてくる「法哲学」

堅田研一［著］

成　文　堂

目　次

初出一覧

本書の素材となった原論文の題名と初出は以下の通りである。

第一章　「脱構築と正義——訳者解説」、ジャック・デリダ著／堅田研一訳『法の力』法政大学出版局、1999年、所収。
「亡霊と正義——デリダとマルクス」、『アソシエ』第 3 号、御茶の水書房、2000年、所収。
「政治哲学と科学哲学——訳者解説」（堅田研一執筆部分）、エティエンヌ・バリバール著／堅田研一・澤里岳史訳『真理の場所/真理の名前』法政大学出版局、2008年、所収。

第二章　「コジェーヴ哲学の可能性についての試論——コジェーヴ、シュトラウス、デリダ」、『愛知学院大学論叢法学研究』第44巻第 3 号、2003年、所収。

第三章　「多元的社会の実現のために——レオ・シュトラウスの政治哲学」、仲正昌樹編『法の他者』御茶の水書房、2004年、所収。

第四章　「古典的政治哲学のもつ現代的意義——レオ・シュトラウスと法哲学」、『愛知学院大学論叢法学研究』第45巻第 3 号、2004年、所収。

第五章　「「人間の権利」について——J・デリダとM・ヴィレーとの「論争」」、『文明』No. 6 2004、東海大学文明研究所、2005年、所収。

第六章　「ミシェル・ヴィレーにおける「人間の権利」批判について」、『愛知学院大学論叢法学研究』第46巻第 4 号、2005年、所収。

第七章　「「歴史の終わり」は無限定的に続く——コジェーヴ『法の現象学』に潜む矛盾の意味」、『愛知学院大学論叢法学研究』第49巻第 1 ・ 2 号、2008年、所収。

序論　問題設定

1．二つの「帝国」論

アントニオ・ネグリとマイケル・ハートの共著『帝国』(1) が大きな話題となった。「帝国」という古い概念に新しい定義を与えたこの著作は、まさしく今大きな問題を提起している「グローバリゼーション」に関する卓越した分析を提示している。彼らが分析のために依拠するのは、ミシェル・フーコーの「生政治（ビオポリティーク、バイオポリティクス）」の概念である。生をそのあらゆる側面において支配しようとする、いわば目に見えない力をフーコーはそう名づけ、それがさまざまな規律的諸制度（監獄、学校、病院、等々）において規律的力を発揮する様をフーコーは描き出した。そしてさらに、この「規律社会（disciplinary society)」の「管理社会（society of control)」への移行までもフーコーは暗示したのだとネグリとハートは解釈する（cf. E 419-420 note 1/568 注１）。彼らはまさしく、フーコーが暗示しただけだったこの「管理社会」の分析を、フーコーを頼りに、さらには彼を越えて推し進めようとするのである。彼らによれば、この管理社会こそが、生政治がその本領を発揮する場である。このとき権力は、「全面的に生政治的なものとなる」。

権力が全面的に生政治的なものとなるさいには、社会体全体が権力機械によっ

> て構成され、その機械の潜在性のなかで展開されることになる。この関係性は開かれたものであり、質的かつ情動的なものである。社会構造とその発展過程の中枢にまで到達した権力の内部に包摂されてしまった社会は、まるで単一の身体のように反応するのだ。このようにして権力は、全住民の意識と身体の深奥にまで行き渡ると同時に、社会的諸関係の総体を横切って拡がっていくような管理として表現されることになる。(E 24/42)

この管理する権力が自らを構成する姿（これは法的＝政治的＝倫理的＝経済的＝宗教的諸制度をすべて包含する一つのシステムの形をとって現れる）をネグリとハートは「帝国（Empire)」と名づける。この「帝国」は、それ自身で善であり正であるような、絶対的な正統性の源泉であると同時に、自己の活動そのものによって自己を正統化するようなものである。これをネグリとハートは、「帝国」が「主権」をもつと表現する。この「帝国」はもはや自分自身の外部をもたず、この内部に起こる事態はすべて、システムの内部に位置づけることができる。そしてその「主権」とは、まさしく絶対的な支配権であり、システム内部の一切のものをくまなく支配する。もはや外部がなく、その内部のものをくまなく支配するということは、もはや進歩がないということ、したがってもはや時間をもたないということである。そしてこれは、彼らにとっては、「権力」が「全住民の意識と身体の深奥にまで行き渡」ったということであり、これこそが「管理社会」にほかならない。この普遍的な管理社会を管理する権力体、すなわち超＝国家的な国家は、それに抵抗する一切のものを不正であるとし、それを取り締まる。つまりそれは、警察活動のみを行うのである。したがって、もはや戦争なるものはなく、「帝国」においては平和が支配するということになる。「戦争が警察行動《ポリス・アクション》という地位に還元される一方で、戦争をとおして倫理的機能を正当に行使する新しい権力が聖化されることになる」(E 12/27)。

したがって、この「帝国」、つまり「生権力（biopower)」の「法権利（right)」の中心的要素となるのは、今述べた警察行動であり、それと同時に、「例外状態」である。つまり、「帝国」においては、「法権利によってではなく合意によって正当化された超国家的な諸主体が、あらゆるタイプの緊急事態と上位の倫理的諸原理の名のもとに、現に介入を行っているのだ。このような介入の背後に控えているのは、たんなる恒常的な緊急状況と例外状態ではなく、本質的な正義の諸価値に訴えかけることによって正当化された、恒常的な緊急状況と例外状態なのである。言葉を換えるなら、警察組織の法権利は、普遍的諸価値によって正統化されるのである」（強調は原文）（E 18/34）。

「例外状態」とは、カール・シュミットによれば、もはや法の適用によっては解決しえず、政治によって、つまり戦争によって決着をつけざるをえないような、そしてこの政治的決着によって新たな法的体制が生じるような状況のことであるが（cf. E 16/32）、このような状況が「帝国」の内部では恒常的に発生すると同時に、それが単なる「テロ」として、したがって本来的に不正な事態として、警察的な取締りの対象になる、ということである。（なぜこのような恒常的な例外状態が発生するに至るのかの原理的考察については、後述する。）

以上のような「帝国」の特徴をまとめた記述を引用する。

〈帝国〉（Empire）の支配には限界というものが存在しないのだ。だからこそまず第一に、〈帝国〉という概念は、空間的な全体性を包みこむ体制、あるいは「文明化された」世界全体をじっさいに支配する体制を措定しているのである。〔中略〕第二に、〈帝国〉の概念は、征服に起源をもつ歴史上の一体制として自らを呈示するのではなく、歴史を実際上宙づりにし、いまあるさまざまな状況を恒久的に固定化する秩序として自らを呈示する。〈帝国〉の視座からすると、この状況は、これからもずっとそうでありつづけるはずのものであり、またつねにそうであったはずのものである。言いかえれば、〈帝国〉は、歴史の流れのなかで一時的にその支配力を行使するのではなく、時間的な境界をもたず、その意味で、歴史の外部ないしは終わりに位置するような体制なのである。第三に、〈帝国〉の支配はあらゆる社会生活の深部にまでその力を行き渡らせながら、社会秩序の全域に作用を及ぼす。〈帝国〉は領土と住民を管理運営するばかりでなく、自らが住まう世界そのものを創り出すのである。〈帝国〉

は人びとの相互作用を規制するばかりではなく、人間的自然／人間本性（human nature）を直接的に支配することをも求める。〈帝国〉の支配は、社会的な生をまるごと対象としているのであり、したがって、〈帝国〉は生権力《バイオパワー》の範例的な形態を呈示しているのだ。最後に、〈帝国〉の実践がいつも血にまみれているのに対して、〈帝国〉の概念のほうは、つねに平和——歴史の外部にある恒久的かつ普遍的な平和——に捧げられている。（E xiv-xv/7-8）

ところが、ネグリとハートの分析は、「帝国」、つまり「生権力」の「法権利」の問題よりも、「生権力の生産的次元にむしろ照準を合わせなければならない」（強調は原文）（E 27/45）。そして、この文章には次のような注がついている。

フーコーの生権力の解釈をめぐっては、ジャック・デリダによるベンヤミンの「暴力批判論」の読み（Jacques Derrida, “Force of Law”, in Drucilla Cornell, Michel Rosenfeld, and David Gray Carlson, eds., *Deconstruction and the Possibility of Justice*（New York : Routledge, 1992）, pp. 3-67.）から、ジョルジョ・アガンベンのより新しい、より刺激的な貢献（Giorgio Agamben, *Homo sacer : il potere sovrano e la nuda vita*（Turin : Einaudi, 1995））へと実質的にそれを発展させていく、ひとつのきわめて興味深い議論の線を跡づけることができる。けれども私たちにとっては、これらの議論のすべてを「ビオス」の生産的次元という問題に引き戻すことが、本質的に重要なことだと思われる。言葉を換えれば、純粋に自然的な（「ゾーエ」としての生）、あるいはたんに人間学的な（とりわけアガンベンがそうする傾向があるように、この概念を実質的に無差異的なものにしてしまうような）いかなる構想をも超える、この概念の唯物論的な次元を同定することである。（（　）は原文）（E 421 note 11/566-567 注11）

本書がなそうとする第一の議論は、まさしくネグリとハートがなそうとはしなかった方の議論、つまり生権力のいわば法的次元の分析、とりわけベンヤミン、デリダによる法権利論の検討である。したがって善や正義や法権利の概念が分析の中心に据えられる。出発点は、ベンヤミンによる「法措定的暴力」と「法維持的暴力」の対概念、及びこれらと結びついた「神話的暴力」とは区別される「神的暴力」の概念である。

なぜネグリとハートは、生権力の法的次元ではなく「生産的次元」に照準を合わせるのだろうか。それは、現代においては、すなわち「帝国」の支配する時代においては、権力（主権的な国民国家や国連のような国際機関）が法権利のもとにあってそれを適用するというのではなく、むしろ善や正義の名において、警察行動として、例えばアメリカのような主体が直接的に人々の生活に介入するから、であろう。したがって、例えば条約にのっとって介入するとか、国連憲章にのっとって介入するというような、条約や国際規約や法律といった従来の法的装置、彼らの表現を使えば「媒介的要素」は意味を失っているのである。したがって問題となるのは、恒常的な「例外状態」と、それに対する警察的介入のみである（cf. E 25-27/43-44）。

例えばデリダは、ベンヤミンに依りながら、本来は法権利を適用するだけの警察が法権利を創造するようになっている事態を指摘し、ベンヤミン的ではない仕方でそれを乗り越えようとするのであるが(2)、ネグリとハートからすれば、法権利という概念自体がすでに重要性を失っているのであるから、さらに本来ならば「警察行動」ではなく「戦争」と呼ぶべき事態が「警察行動」と見なされるようになっているのであるから、警察についてのデリダの分析は不十分であるということになるだろう。したがって彼らからすれば、問題なのは、「帝国」（具体的には、その下にあるもろもろの主体）による、人間の生への、「管理」や「警察」の名の下での介入であるだろう。

けれども、ネグリとハートの見解に少し異議を唱えたい。まさしくグローバリゼーションの時代である現代において、法権利の観念、あるいはそれと相関する正義の観念は、重要性を失っているのではない。これらの概念は、いわば「脱構築的に」、つまり新たな事態、「出来事」に対応するように絶えず作り直されながら、適用されているのだと思われる。この作り直しという視点を、彼らの分析装置では把握することができないように思われる。

また、彼らは、生産的次元の方が、法的次元の構成の仕方を主導すると考えているように思われる。ここに、マルクス的な下部構造＝上部構造論の反映を見て取ることができる。けれども、下部構造とは、それ自体において（例えば経済関係として、あるいは生権力の生産的次元として）現実存在し、またそれ自体として認識しうるのではなく、政治的＝法的＝倫理的＝経済的＝宗教的諸制度として表出されるいわば「エーテル」のようなものであり、政治的諸制度、法的諸制度、倫理的諸制度、経済的諸制度、宗教的諸制度、等々の相互関係としてのみ現実存在し、また認識しうるのではないだろうか。例えば、経済関係または経済的諸制度を下部構造として捉える場合、それらは「力」をキー概念にして分析されることがよくある（ネグリとハートの分析もこの種のものとして捉えることができる）。もちろんその場合の「力」とは、人間関係を貫く力、人間的な力であるだろう。この人間的な力の概念を、一種のメタレヴェルのものとして捉えるのでない限り、それは、法的な分析や政治的な分析、さらには倫理的分析を呼び覚ますであろう。ところで、人間的な力について語る場合には、それに対する評価をも伴う。評価の伴わない人間的力の記述などありえないであろう(3)。そしてその評価とは、善や正義、したがって法権利にかかわるものであるだろう。

また、「生権力の生産的次元」を分析の対象として選択したこと自体が、すでに善や正義に関する一定の観念を前提にしているであろう。さらにはこの対象の記述と分析が、善や正義に関する何らかの観念——おそらくは、対象の選択を導いたのと同じ観念——と無関係に行われるとは考えられないし、そんなことは原理的に不可能であるだろう。

おそらく、ネグリとハートは、そんなことは百も承知だと思われる。彼らが心配しているのは、善や正義を強調するあまり、人間生活の隅々にまで浸透する生権力の作用の認識がおろそかになることだと思われる。たしかにこの心配には十分な理由がある。善や正義の様相を強調する人々のなかには、単にこれらが「実現されるべきである」と主張するだけで、現実の生権力の作用に盲目となっている者がいる。けれども他方では、善や正義を問題にしないと、例えば第二章で述べるような始源＝目的論的な発想に陥ってしまい、彼らもまた、彼らがおそらくは批判しているような人々と同じことになる、つまり善や正義の実現をめざすあまり生権力の効果に盲目的になってしまうであろう。

したがって、善や正義を問題にしなければならない。この善や正義の考え方については、始源＝目的論的な考え方と、そうでない考え方の二種類に分けて考えたい。前者の考え方は、西洋の思想史を長らく支配し、さまざまな問題を生じさせてきたものであるが、これについての批判を展開するのが第一章と第二章である。この批判を踏まえて、始源＝目的論的でない仕方でいかにして善や正義について考えることができるかが、本書で問われる問題の一つとなる。

この考え方について、本書で検討するのは、（1）ジャック・デリダの脱構築的な考え方、（2）レオ・シュトラウスの考え方、（3）アレクサンドル・コジェーヴの考え方、の三つである。（なお、シュトラウスの考え方とコジェーヴの考え方は、始源＝目的論的なものと捉えられがちであるが、それが誤りであることについては、第二章で指摘した。）（1）は、現実に存在し、自律的に運動するいわば構造のなかにパラドクスやアポリアを見いだし、それを契機にしてその構造を変革しようとするものである。デリダによれば、このアポリアこそが、正義が本領を発揮する場である。これは第一章で取り扱われる。（2）は、善や正義を、プラトン的な「イデア」の世界に存在するものとみなし、この世にある人々（とりわけ哲学者）は、それを永遠の問題とみなして討論し続ける、というものである。この立場は、人間が人間であるためには、現実の政治的闘争、つまり戦争を続けるべきである、というカール・シュミットの考え方をいわば批判的に継承しているものと考えることもできる。この問題を扱うのは第三章と第四章である。（3）は、善や正義を歴史的過程の産物として捉える、というものである。このコジェーヴの思想は、本書の柱の一つであり、さまざまな角度から検討される。

ところで、シュトラウスとコジェーヴは、いずれも20世紀を代表する政治哲学者であるが、両者は生涯にわたって論争した。この論争は、シュトラウスの著作『僭主政治について』に対して寄せられたコジェーヴの批判的論文、そしてこのコジェーヴの批判に再反論するシュトラウスの論文、という形で公にされたが、両者の論争はそれにとどまらず、往復書簡によって論争はすでに開始されており、また継続された。現在公刊されている『僭主政治について』には、これらの論文、書簡のすべてが収められている(4)（この事情については、第二章を参照）。私見では、両者の争いは、近代以降において人間が人間として生きるためにはどうすればよいかをめぐるものであったと思われる。シュトラウスは政治、より正確に言えば哲学的政治を選び取り、コジェーヴは法を選び取ったと思われる。両者の違いは、「第三者」による闘争の解決を認めるか否か、という点にある。（法とは、人間的相互作用への公平無私の第三者の介入である、というのがコジェーヴの法の定義である。）この問題が、本書のもう一つの柱をなす。ここで指摘しておきたいのは、ここには根本的な選択があるということである。シュトラウス的な政治による秩序形成をめざすのか、それともコジェーヴ的な法による秩序形成をめざすのか、の選択である（これはあくまでも、根本的な選択の問題であるから、シュトラウスが法による秩序形成を否定しているということではないし、コジェーヴが政治による秩序形成を否定しているということでもない）。法について考える学問、つまり法学を真剣に捉えようとすれば、後者の立場に立たざるをえないように思われる。そして、自らに対する根本的批判が前者から浴びせられることを自覚し、この前者と論争を行うのでなければならない。法哲学とは、自らが法を選択していることを自覚しつつ、自らに対する根本的な論敵、つまり政治を選択する立場と論争することにほかならない。私の考えでは、シュトラウスと論争しつつ自らの法哲学を発展させていくコジェーヴは、まさしくこれを行っているのである。

第七章は、まさしくこのようなコジェーヴの「法哲学」の検討に充てられる。まず、コジェーヴの法哲学の概要が、彼の『法の現象学』(5)に依りながら描かれる。次に、なぜこの著作は書かれなければならなかったのか、を検討しながら、彼が取り組もうとした問題を定式化しようと試みる。この問題とは、まずは、ポスト近代における人間のあり方という問題である。ところがこのコジェーヴの立場は、女性性の問題によってほとんど解体される寸前までいくことになり、それをどう立て直すのかがコジェーヴの真の問題であったことを明らかにする。ところで、この女性性による批判は、実はシュトラウスが行ったコジェーヴへの批判の本質そのものであったのである。

実はこれは、コジェーヴの「帝国」論を批判的に検討することでもある。つまり本書がなそうとするのは、またもや『帝国』がおそらくは自覚的に除外したある思想に関する議論である。コジェーヴの「普遍等質国家」論はきわめて有名であり、それは、現代の「帝国」論ともいえるものである。ところが不思議なことに、ネグリとハートは、コジェーヴの有名な『ヘーゲル読解入門』(6) に関する標準的な理解を基礎にして書かれているフランシス・フクヤマの議論については批判的な検討を行いながらも、当のコジェーヴ本人については全く取り上げていない。おそらくフクヤマを扱うことによってコジェーヴ自身も扱っているつもりなのかもしれないが、フクヤマによるコジェーヴ解釈は、第二章で述べるように、おそらくは『入門』の解釈としてさえ不十分なものと思われるし、さらにコジェーヴの残した膨大な草稿群をもとに出版された、『入門』以降のコジェーヴの思想を示す諸著作をほとんど考慮に入れていない。フクヤマ的に解釈されたコジェーヴ——それは、コジェーヴに関する一般的な解釈でもあると思われるのだが——は、「歴史の終わり」の主張者としてのコジェーヴである。「歴史の終わり」を、フクヤマ的な「自由主義的民主主義」の勝利として捉えようと、コジェーヴが『法の現象学』で語っているような「社会主義帝国」の実現と捉えようと、コジェーヴは「歴史の終わり」によって人間性は完全に実現し、人類はその歩みを止めると考えていたと解釈してしまうと、これはまさしく、ネグリとハートの考え方からすれば、彼らのいう「帝国」の概念とほぼ一致し、コジェーヴは「帝国」の概念を定式化したという程度の意義しかなくなる。「帝国」を批判的に吟味しようとする彼らからすれば、コジェーヴの哲学にはもはや考慮すべきものはない、ということになる。

けれども、コジェーヴは、「歴史の終わり」においていかにして人間が人間でありうるか、という問題を考えていたのである。このポスト歴史における人間性という問題設定は、「歴史の終わり」において実現するはずの「普遍等質国家」――コジェーヴ的な帝国――を解体しながら引き継ぐ、つまり作り変える、したがって批判するという観点を含んでおり、したがって、ネグリやハートと共通する問題意識をもっている。けれども、両者は異なるし、私には、コジェーヴ的な視点もまた、彼らの視点に劣らず有効であるように思われる。本書で検討するのは、まさしくこのコジェーヴ的な視点である。

コジェーヴの「帝国」論は、『法の現象学』を考慮に入れないと十分には理解できない。つまりコジェーヴの帝国論は、「法」、したがって「第三者」を前提にする。ところが、ネグリとハートは、法権利や主権の観念ではなく、生権力の生産的次元を問題にする。そしてその分析に基づいて、「マルチチュード」の抵抗による社会変革をめざす。すなわち彼らは、法ではなく政治を選択した、つまり政治による社会変革をめざしたのではないかと思われる。これはシュトラウスと基本的には同じ立場であるように思われる。

実はネグリとハートは、確かに政治的な解決を選び取ったのだが、法的な問題、つまり第三者の問題を無視したわけではない。彼らは一種の第三者について語り、批判し、それを前提にして「マルチチュード」に訴えるのである。そこで、コジェーヴ的な立場を正当化するためにも、ここでこの問題について検討しておきたい。

彼らによれば、「帝国」における恒常的な「例外状態」は、近代そのもののもつ構造、つまり「二つの近代性」の衝突に由来する近代そのものの抱える危機、によってもたらされる。

> 一方には、人びとの欲望と連合《アソシエーション》からなる内在的諸力、共同体への愛があり、他方には、社会的領野に秩序を押しつけ強要するような、全体的な支配力をもつ権威による強力な管理があって、これらのあいだに葛藤が存在するのである。こうした緊張関係は、国家の主権によって解決されるか、または少なくともそれによって調停されるはずのものであったのだが、しかし、いまだにそれ

は、自由か隷属か、欲望の解放かその従属化か、といった二者択一の問題としてその姿を現わしつづけている。(E 69/99-100)

そして、この危機を克服するために、デカルトやカントのような超越論的な次元――「二つの近代性」の衝突、そしてそれに由来するさまざまな闘争を調停する、一種の第三者――が構成され、かつそれに見合った形の権力構成がなされたのである。

もう少し詳しく見てみよう。まず、「人びとの欲望と連合からなる内在的諸力」、つまり「共同体への愛」とは何か。それは、近代性の始まりにおける、「現世の事柄に対する神の超越的な権威を否定」することによって発見され、肯定された「この世界にみなぎる力」である（強調は原文）(cf. E 71/101-102)。それは、科学的知識や技術、つまりテクノロジーによって人間がもつようになった、自己や自然や他の人間たちに対する支配力、ということができるであろう。この力をもつのは人びとであるから、それはデモクラシーと結びつく。これを範例的に表現しているのが、スピノザの思想である。

ところが次に、「革命」と呼べるようなこの内在的諸力の爆発に対する反動、反革命が起こる。

革命に抗しつつ、文化・哲学・社会・政治の諸領域において率先して追求されたのは――過去に戻ることもできなければ新しい諸力を破壊することもできなかったので――、新たに出現した運動と力動性がもつ力を支配し、奪い取ることであった。このように、新しい諸力と戦い、それらの力を全面的に支配する卓越した権力を打ち立てるべく組み立てられたもの、これこそが近代性の第二の様式なのである。この様式はルネサンス革命のただなかから生まれたものであり、その目的は、革命の方向性をそらし、人間存在に関する新しいイメージを超越的平面へと移し替え、世界を変革しようとする科学の能力を相対化すること、そしてとりわけ、マルチチュードの側が権力を再びわがものとすることに反対することである。近代性のこの第二の様式は、内在する構成的権力に対抗すべく、すでに構成された超越的権力を持ち出してくるものなのであり、言い換えれば、欲望に対抗すべく、秩序を持ち出してくるものなのである。(E

74/106-107）

この、革命対反革命の闘争こそが、近代性における永続的危機、つまり恒常的な「例外状態」を形成する。「革命に抗するテルミドールは、危機を終結させるどころかそれを永続化させた。〔中略〕近代性それ自体は、危機によって定義されるものなのである。そして、この危機は、内在的・構築的・創造的な諸力と、秩序の回復をめざす超越的権力とのあいだの、絶え間のない抗争から生じる」（強調は原文）（E 75-76/108）。

ネグリとハートによれば、啓蒙とは、この近代性の危機を解消しようとする反革命的な企てである。「この啓蒙の主要な目的は、中世文化にみられた絶対的二元論に再び陥ることなく、形式的に自由な諸主体からなるマルチチュードを規律化することの可能な超越論的装置を構築することによって、内在性の観念を支配することであった」（E 78/111）。この「超越論的装置」の典型が、デカルト的なコギトであり、またカントの超越論的主観性である。これは、「近代性の危機」を「媒介（mediation）の適切なメカニズムによって解消」することである（cf. E 78/111）。「媒介」とは、神、あるいは一般に超越的権力と人間的な世界とを媒介するということである。ここで彼らは、スピノザ的な、媒介に訴えることなく、いわば内在を救おうとする解決方法と、この超越論的装置の媒介による解決方法とを対置する。

> スピノザ的流儀に則って、神性と自然を直接的かつ無媒介的に関係させ、生と世界を倫理的に生産する者としてマルチチュードを理解するような試みを遠ざけること、これこそがもっとも肝要なことであった。いや、それどころか、あらゆる場合において、人間的諸関係の複雑性に対して媒介を押しつける必要があったのである。（E 78/111）

媒介は、三つのレベルにおいて働く。「第一に、現象というフィルターをとおしてのみ、自然と経験は認識可能であるということ。第二に、知性の反省をとおしてのみ、人間の知識は実現可能であるということ。第三に、理性の図式化をとおしてのみ、倫理的世界はコミュニケート可能であるということ、これら三対の媒介である」(強調は原文) (E 78-79/111-112)。

今度は、このような超越論的装置を政治においてつくりだすことが問題となった。それが、「主権」という概念であると彼らはいう。主権をもった支配者とはいわば「地上の神」であり、このような主権者をどのようにしてつくりだすかが、ホッブズやボダンやルソーの問題であった (cf. E 83-85/117-120)。さらに、ネグリとハートによれば、近代的主権という形式は、資本主義によってその内容を与えられるのだとして、両者が不可分の関係にあることを指摘する。

> 近代的主権理論の基底には、さらに別のきわめて重要な要素が存在しているのであり、そしてこれが、主権的権威という形式を満たし、それを支える内容となっている。その内容は、資本主義の発達と、社会的再生産の諸価値の土台として市場を肯定することを通じて表わされるものである。つねに暗々裏に示され、またつねに超越論的装置の内部で作動しているこの内容なくしては、近代性のなかで主権形態が生き延びることはできなかったであろうし、また、ヨーロッパの近代性が世界的規模で覇権的地位を築くこともできなかったであろう。(E 85-86/120-121)

この近代的主権と資本主義との不可分な結びつきを範例的に表現するのがアダム・スミスである。スミスは「私的な富裕化と公共の利益のあいだの矛盾」を問題にする。この矛盾の「綜合」は、最初は市場の「見えざる手」に委ねられる。つまり、ただ自分の儲けのみを意図した資本家が、結果として「見えざる手」に導かれて、公共の利益をもたらすという意図せざる結果をもたらすのである。けれども、この「綜合」は不安定なものでしかない。そこで、「行政官と立法者の科学の一部門としての政治経済学は、この綜合を編み出すためにさらにずっと先へと進まなければならない。政治経済学は、市場の自律性の諸条件を構築することを目指すものとして、市場の「見えざる手」を、政治経済学そのものの産物として理解しなければならないのである」(E 86/121)。けれども、だからといって、「綜合」の実現が保証されるわけではない。ここで、「国家」が登場する。

> 必要なのは、最小限の規模しかもたないが、実効力を有する国家が、私的な諸個人の福利と公共の利益を一致させ、すべての社会的機能と労働にもとづく活動をひとつの価値尺度に還元してしまうことである。国家が介入するかしないかは二次的な問題である。重要なのは、国家が諸々の利害の媒介に内実をあたえ、その媒介の合理性の軸を代表＝表象することなのだ。(E 86/121-122)

そして、ネグリとハートによれば、「近代的主権理論と資本主義的な政治経済学によって生み出された価値理論の綜合は、最終的にヘーゲルにおいて成し遂げられる」(E 86-87/122)。

2．法哲学

ネグリとハートは、彼らのいう「超越論的装置」、つまり「媒介」の思想を以上のように描き出す。そして彼らはこの思想に対するアンチテーゼであるスピノザ的な解決を選び取り、それを展開しようとする。この点については私も大いに共感するのだが、一つの疑問がある。それは、果たして媒介なしに済むのか、という問題である。ここで、レオ・シュトラウスの思想が重要な示唆を与えてくれる。すでに述べたように、シュトラウスは政治による近代の克服をめざす。けれども、彼のいう政治、「哲学的政治」は、一種の媒介者、つまり彼のいう「立法者」を前提にし、それとの対抗関係において存在するのである。そして、シュトラウスは、この「立法者」を消去しているとして、スピノザを批判するのである。この問題については、第三章と第四章で論じる。

すでに述べたように、ネグリとハートは、内在性を回復するような政治的結合を考えようとするのだが、それは、「媒介」、つまり「超越論的装置」を消去した上で考えられているものではなく、実は、シュトラウスの図式と同じく、「媒介」、したがってこの完成態とでもいえる「帝国」を前提とし、それへの抵抗として考えられているのではないかと思われる。これは、『帝国』の解釈に関わる問題であるから、本書ではこれ以上扱わない。私見では、媒介、つまり「帝国」、シュトラウス的にいえば「立法者」、コジェーヴ的にいえば「普遍等質国家」の現実存在を消去することはできない。そして結局のところ、この「媒介」とは、神と人間的世界との媒介であるだけでなく、恒常的な「例外状態」、つまり人間的世界における闘争を解決するためのものでもあるのだから、コジェーヴ的な、法的第三者でもあると考えられる(7)。本書は、この法的第三者を中心にした考察を行うのであり、まさしくここに、本書が『帝国』が除外したテーマを扱うことになった理由があると考えられる。デリダの脱構築は、近代のさまざまな諸制度を前提にし、それを脱構築するのであるが、ネグリとハートのいうような「超越論的装置」もまた、脱構築のターゲットである。第五章では、カントの超越論的主観性に対してデリダの行った脱構築の作業を検討する。シュトラウスは、近代性、とりわけ近代的な「立法者」を前提にして、それへの恒常的な抵抗として、古典的政治哲学の復権を構想する。この「立法者」とは、まさしく「主権」をもつ者、つまりネグリとハートのいう「超越論的装置」に対応する政治的装置であると思われる。そして、コジェーヴは、「第三者」の論理的・歴史的展開が「普遍等質国家」――まさしく、このような政治的装置のいわば完成形態である――へと導くことを一方では論証しつつ、他方では、「普遍等質国家」の中で、それとはある程度独立して存続する「経済社会」を問題にする。これは、「普遍等質国家」＝「歴史の終わり」における人間性の完成という有名なテーゼに留まることなく、コジェーヴが、ポスト歴史における人間性のあり方について考えていたことを意味する。つまり、彼ら三人（デリダ、シュトラウス、コジェーヴ）の思想も、ネグリとハートの思想も、いずれも近代、とりわけ「超越論的装置」やそれに対応する政治的装置を前提にし、それとのある種の対抗において構想されていることがわかる。ただし、シュトラウス、及びネグリとハートは、このような「第三者」への抵抗に活路を見いだそうとするのに対し、デリダは、そして私の考えではコジェーヴもまた、「第三者」をいわば脱構築的に作り直そうとするのである。そして、「法哲学」を選び取るとは、この後者の行き方を選び取ることにほかならない。本書は、まさしくこの意味での「法哲学」の書である。

このような「第三者」についての学としての法哲学とは、より具体的にはいかなるものとなるだろうか。本書では、フランスの著名な法哲学者であるミシェル・ヴィレーの法哲学を、その典型例と捉え、第五章から第七章においてその検討を行っている。彼の法哲学や法概念は、まさしく「第三者」中心のそれである。彼は、いわば哲学的な「超越論的装置」として「人間の権利」の観念を理解し、この観念は法学にとって不要であるとして、法学から締め出そうとする。けれども、第五章と第六章で論じるように、「超越論的装置」を放逐することではなく、それを利用し、「脱構築」しながら、法的体系の全体を絶えず批判的に吟味することが重要であるし、ヴィレーもそれを示唆していると思われる。そして、「人間の権利」の観念を、この批判的吟味を主導する理念として捉えることができるように思われる。

ところで、今述べたようなコジェーヴ解釈は、従来の支配的なコジェーヴ解釈からはでてこない。第七章はこの問題の検討に充てられる。コジェーヴのとりわけ『ヘーゲル読解入門』以降の思想は、まさしく「歴史の終わり」が到来した後に、つまり人間性が完成した後に、人間が人間として生きるとはいかなることかを探求しようとしたものである、ということが示される。そしてこの論証は、単なる理論的な意味をもつだけではなく、実践的にも重要であることが示される。つまり、このように解釈されたコジェーヴ思想は、「グローバリゼーション」の原理的な解明でもあるのである。そして、ヴィレーの法哲学を例に取りながら、このような時代における思考のあり方として、これまで述べてきたような「法哲学」が有効であることが示される。

第一章　言語と政治

1．なぜ、まず言語を問題にするのか

政治、経済、法など、既存の諸制度を問題にし、それらの何らかの変革をめざそうとする多くの思想が何よりもまず検討の対象に据えるのは、言語や言説である。例えばジャック・デリダである。彼が政治哲学を展開した主要な著作は、『法の力』(1) と『マルクスの亡霊たち』(2) である。この二つの作品は、ほぼ同時期に執筆されており、また「正義」を主題としている点で共通する。したがって、両者の間には密接な関係があると考えてよいと思われるが、それではこの関係とはいかなるものであろうか。

『法の力』において考察対象とされているのは、言語問題である。言語を意味の透明な伝達媒体として捉える言語観をデリダは批判し、ヴァルター・ベンヤミンの言語哲学に依りながら、これとは根本的に異なる言語の考え方を展開する。そしてそれは同時に正義と法に関する検討と結びついている。これに対して『マルクスの亡霊たち』において考察対象になっているのは、「グローバリゼーション」の名の下で全世界的に展開されつつあるリベラル・デモクラシーの体制、つまり民主主義的政治体制と市場主義・資本主義経済体制との結合体である。この一見強固に見える体制をよく検討すると、さまざまな矛盾が見つかる。ところがそれは、表面上は矛盾がないように見

えるようにされている。この矛盾を思想の力によって暴き出し、それを契機にして体制の修正・変革を図ろうとする。これがこの著作の意図であろうと思われる。この場合、この矛盾の発見や体制の変革は、正義の名の下で行われる。

このように一方の著作は言語を問題にし、もう一方の著作は体制、制度を問題にする。この二つの問題をつなぐためには、次のように考える必要がある。すなわち、体制は言語活動をもって設立され、また運用される。この言語活動において、言語が意味を伝える透明な媒体とみなされるとき、体制の矛盾は覆い隠されるのであり、そうでない言語観をとる場合にのみ、この矛盾を矛盾として問題にすることができるのだ、と。

この考え方自体は誤ってはいないと思う。けれどもまだあまりにも抽象的である。そこで、今度はデリダに即しながら、言語活動を問題にすることと、体制を問題にすることとのつながりについて考えてみることにする。

2.『法の力』における言語と正義

(1)『法の力』の意義

脱構築と政治や倫理や法とはどのように結びつくのか。それとも両者は決して交わらないものか。それどころか脱構築は、政治や倫理や法のような体制、つまり構築物を破壊し、新たな構築のための設計図を示さない無責任な思想ではないか。デリダの脱構築が世界的に影響力を広めるにつれて、このような問いがぶつけられてきた。『法の力』は、この問いに対するデリダの回答と言ってよい。この著作でデリダは、「正義」という政治的・倫理的・法的な価値と、自分の脱構築の思想との関係をはっきりと表明する。「脱構築は正義である」、この定式によってデリダは、自分の脱構築のもつ政治的な意味を明快に表現する。

プラトン以来の西欧の知の歴史、つまりデリダが「形而上学」と呼ぶものに対するラディカルな批判の企て、これがそもそもの脱構築の意図であった。それは、知の最高の価値である「真理」に対する批判であらざるをえない。この形而上学における「真理」概念をデリダは、「声」ないしはパロールによって保証される、語る主体の「自己への現前」から生じるものとして捉える。そして、「真理」と結びつくものとして特権的地位を与えられてきた「声」やパロールに対して、これまで貶められてきたエクリチュールの考察を通じて、その特権的地位を覆し、そして「真理」の地位そのものを脅かすという戦略を、とりわけその初期においてとってきた。『法の力』ではそれを前提にしつつ、それとは少し異なる戦略を取り入れている。それは、「真理」に対する「正義」の優越というテーゼである。かつてこのテーゼを明示的または暗黙的に掲げてきた思想家、例えばオースティン、レヴィナス（いずれも以前にデリダが精密な検討を加えてきた思想家だ）の思想を取り上げながらデリダは議論を展開する。そして彼がそのような思想家のなかに加えようとするのがベンヤミンである。

さらにデリダは『法の力』において、彼が従来から問題にしてきたナチズム問題を、「最終解決」（ナチスの言うところの「ユダヤ人問題の最終解決」をもたらすもの、つまりナチスによるユダヤ人絶滅政策）という、これまでの概念や表象の枠組を越えた出来事をめぐって、「表象（再現前化）」としての言語観の批判やさらには歴史的表象の問題と結びつけて考察し、このような考察の先駆者としてベンヤミンを位置づけている。

(2)　ふたつの言語観

すでに述べたように、デリダが法や正義の問題を論じるにあたって言語問題から出発している点は、十分に注目してよいことである。実はベンヤミンもとりわけその初期のエッセーにおいてはそうであった。また、法哲学の革新者の一人であるH. L. A. ハートが従来の法哲学に対して与えた革新的意義とは、法の問題に言語論的にアプローチしようとした点にあった（しかもハートのこのような法理論は、デリダにも強い影響を与えているヴィトゲンシュタインとオースティンの影響下で形成されたものである)。言語問題と法や正義の問題とはどうやら密接な関係にあるらしいが、それではデリダは、この両者の関係をどのように考えているのだろうか。

言語について支配的ともいえる考え方は、言語とは、すでにある何ものかを伝達するための媒介ないしは記号であるというものである。この「何ものか」とは、例えば伝達者の生き生きした意図(デリダの用語でいうと、「自己への現前」)である。この意図が言語に写され、この言語を介してその意図がそのまま相手に伝達される、という構造になる。ところが、言語という媒介物が介入する以上、伝達者の生き生きした意図がそのまま相手に伝わることなどありえないはずである。ところが、これを覆い隠してしまうのが、「自分が話すのを聞く」というパロールの構造である(デリダ、『グラマトロジーについて』[3])。自分が話すのを聞くことができるためには、パロールが世界に発せられ、それを聞き取るというのでなければならない。ところが、パロールは、発せられるや否や消滅し、世界にその痕跡を残すことがないし、またいちども世界に存在しなかったと、つまり話者の外には出なかったとみなされる。こうして、パロールのなかにある物質性、つまりエクリチュールとしての性質が覆い隠される。この構造が対話者(他者)にまで拡大されるとき、上で述べたような伝達媒体としての言語観がでてくる。西欧形而上学の大前提をなしてきたのは、この「自分が話すのを聞く」という構造であり、またパロールの特権視、したがってエクリチュールの貶めである。これは、パロールに対する異物(他者)としてのエクリチュールの排除という社会哲学的問題意識へとつながっていく。

デリダによると、西欧形而上学は、エクリチュールという異物の存在を認めざるをえなくなると、それを自覚的に排除する方向へと進む。この方向をはっきりと打ち出したのがルソーである。そしてこの排除を支えたのが、現前(起源にあったと想定される純粋な理想状態・楽園)—現前喪失(人間の堕落)—再現前化(起源にあった理想状態の回復。メシアの到来。歴史の終わり)という「存在論的」な論理である。エクリチュール（これはパロールに対する「代補」だと定義される）の現実存在は、人間が原初の理想状態（パロールの支配する状態）から堕落したことの証明である。そこで、この堕落状態を、エクリチュール（異物）を排除することによって克服し、原初の理想状態を回復せねばならない。そしてこれは、人間の真の存在の回復でもある。デリダからすると、この異物排除の運動が極に達したのがナチスによる「最終解決」であった、ということになるだろう。こうして、存在論という西欧形而上学の根本的な論理こそが、「最終解決」という最大の悪を生み出した原因であることになる。ところで、この再現前化の原語はルプレザンタシオンであるが、これは表象や代理（代表）という意味を含む。表象にしても代理にしても、起源にあるものを再現前させるという構造は変わらない。こうして、存在論批判は表象や代理批判としての意味をもってくる（具体的には歴史的表象問題や議会制民主主義に対する批判）。

このように、言語を伝達のための記号としてみる言語観は、社会哲学的にも大きな問題を孕むことがわかる。ところで、このような言語観を同じく批判しながら、それを法の批判として展開したのがベンヤミンである。とりわけ彼の『暴力批判論』[4]と『言語一般および人間の言語について』[5]をはじめとする初期の論文にはその問題意識がはっきりと現れている。デリダが法の問題を論じるにあたって、ベンヤミンに着目したのは当然であるといえる。

伝達のための記号としての言語観に対してデリダが対置する言語観とはどのようなものであろうか。そもそも起源において純粋な理想状態、つまり人間が純粋なパロールのみを用いて完全に理解し合っている状態などはありえない。パロールそのもののなかにすでにエクリチュールが含まれている。また、そもそも何ものかがまず世界に刻まれるのでないと、何も始まらないのではないだろうか。この世界への刻みをエクリチュールと呼べば、まずエクリチュールが最初にあることになる。これがデリダのいう「原エクリチュール」であると思われる。これは、これまでは伝達者の生き生きした意図を伝達する道具であり媒介であると、つまりこのような意図の後からでてくるとみなされていたものこそが、その意図に先立ってまず最初にあるということを意味する。あるいは、伝達行為そのものが、伝達されるべき意図に先立ってまず最初にあるということになる。だとすると、これまでは起源にあるとされていた生き生きした意図とは何であろうか。それは、エクリチュールまたは伝達行為、つまり言語を発するという行為が行われた後から構成されるとしか考えられない。最初にあるとされていたものは、実は事後的に構成されたものなのである。まず、世界に何かを刻みつける行為があるのだ。デリダは、オースティンの「遂行的言語行為」の概念をこのように改作する。まず遂行的な言語行為がある。それによって世界に刻みがつけられる。その後に、その言語行為は初めから必然的になされる運命にあったのだとする、その言語行為を正当化する言説が生まれ、あたかもその言語行為は、最初にそれ自体として存在していた純粋な、したがって正しい意図を表現しようとするものだと転倒して考えられるようになるのだ。

世界に刻みを行うということは、世界を変革するということであり、つまりは革命ということである。このような変革行為は、現状を変化させることであり、それ以前のいかなる言説によっても正当化することはできない。それは自己正当化的であらざるをえない。このような革命行為が成功したとき、それを正当化する言説が後から生まれる。すなわち、その行為はそれ自体において存在する「正しい」意図ないしは目的を再現前化する、実現するためのものであった、と。そしてこの目的の正しさを論証するためのイデオロギーが生まれる。一方では、このようなイデオロギーによって目的の正当化がなされ、他方では、この正しい目的にかなうかかなわないかによって、一切の人間の行為の正しさが判断されることになる。こう言ってよければ、前者の正当化の役割を担うのが「哲学」であり、後者の正当化の役割を担うのが「法」である。そして、この両者の背景にあるのが、現前—堕落—再現前化という存在論的図式である。

このように、まず伝達行為があり、伝達されるべき意図は後から構成されるという言語観をとる場合、法の問題はどのように考え直すべきだろうか。これがまさしくベンヤミンの問題であり、そしてデリダが『法の力』で取り組む問題である。

(3)　言語問題と法哲学

ベンヤミンの法批判とは、おおむね次のようなものである。法は、現前—堕落—再現前化という図式を再現するためのものである。そのため、人間を、原罪を負い、必然的に堕落する存在とみなす。人間は必然的に罪を負い、その罪を贖うべき存在である。法は、このような罪を作り、かつ贖罪させるという二重の作用を行う。人間を罪に導くのも、人間に罪を贖わせるのも、同じ法なのである。法の定立とは、このような仕方での法の反復作用、つまり維持作用を必然的に含んでいる。けれどもそれは覆い隠され、法の定立作用と維持作用とは厳密に区別される。これをデリダの用語も使いながら言い直すと次のようになるであろう。まず、エクリチュール（異物、悪）の存在は覆い隠され、純粋な法定立の状態、つまり人間がパロールのなかで完全に理解し合う関係があるとされる。（これはルソー的にいえば、意識と意識とが何も介在させることなく向き合っている状態であり、そこには相互信頼が生まれている。この相互信頼、絆を法と呼ぶならば、そこには法が定立されている。そしてこの状態そのものが、法定立の作用である。実際、この状態こそが、ルソーのいう「法／権利(Droit)」の源泉である[6]。）ところが、この状態に偶然に悪が発生する。しかし、この悪は偶然のものであるから、それを排除して、原初の純粋な状態を回復しうる。法の機能とは、まさしくこの原初の状態（＝法の目的）を回復するために悪を排除することにある。これがベンヤミンいうところの法維持の作用である。ところが、実は、パロールはそれ自体のなかにそれに反する要素、つまりエクリチュール性をもっている。つまりパロールはすでにそれ自体のなかに自己侵犯の要素と可能性を含んでいるのだ。同様に法は、その定立の段階においてすでに、自己の維持を、つまり悪の発生、法自身の侵犯を予定している。つまり法そのものが悪を生み出しているのだ。これが、ベンヤミンのいう、法における「何か腐ったもの」である。ベンヤミンは、この法定立の暴力、およびそれ自体のなかにすでに含まれている法維持の暴力を「神話的暴力」の名の下に批判し、それに対して「神的な暴力」を対置する。デリダもまた、このベンヤミンの「何か腐ったもの」の考え方に共感し、法の純粋な定立も法の純粋な維持もありえないことを認める。定立はすでに維持を予定しているし、維持もまた、自己の維持を予定しているであろうから、定立にほかならない。そもそも純粋で正しいものとされている起源そのものにすでにエクリチュールや悪が必然的に含まれているのだとすると、それを認めて言語や法を考え直すべきだということになる。このときベンヤミンの言語哲学が重要な役割を果たす。

すでに述べたように、まず最初にあるのはエクリチュールである。これは、ベンヤミンでいうと、名、または名を呼ぶことに当たると思われる。最初に名を呼ぶのは神である。そしてそれは、神が自分で自分の名を呼ぶことである。神が自分の名を呼ぶときにはじめてわれわれ人間もその名を呼ぶことができる。ここで「神」と呼ばれているものは、デリダのベンヤミン解釈に従っていえば、「まったくの他者（他なるもの）」である。そして、「すべての他者」が「まったくの他者」なのである。われわれ人間は、その他者（他なるもの）の呼ぶ自分の名を、今度は人間の言葉で呼ぶ。その名（固有名）を呼ぶこと自体が目的であり、それがいわば神と触れ合うことなのである。これは、名を記号・媒介として捉え、名の背後にある実体または本質を認識しようとする伝達的ないし表象的言語観とは正反対の考え方である。ところがわれわれは、伝達的言語観に囚われている。つまり名をすべて認識のための道具として扱っている。これは、固有名が普通名詞に変化することである。そこで、このような認識のための言葉を「破壊」し、そのなかに隠され抹消されている名（固有名）を呼び出さねばならない。これはまさしく、形而上学または存在論の論理、つまりパロールのなかでの「自己への現前」（したがってエクリチュールの抹消）を基礎にした論理、に従って語ったり、また読んだり書いたりしているわれわれの構成する言説を「脱構築」しようとするデリダの思想とピタリ合うものである。脱構築の思想とは、「自己への現前」を回復すべく、言語を透明な媒体としてみなそうとするという論理に従ってなされる言語活動やそれの産出する言説に抵抗し、言語の言語性、言語がそれ自体としてもつ要素つまりエクリチュール性を呼び出そうとする運動だということになる。デリダはおそらく、ベンヤミンの言語観を通じて、自己の脱構築の思想を深化させていると思われる。

この伝達的言語観に従って、言語活動における異物・他者（つまり名、エクリチュール）を排除しようとするとき、法（droit, right, Recht）が必要になる。このように言語観と法の問題とは深く結びついている。法とは、起源にあるとされる純粋で理想的な、それ自体において正しい状態を自己の目的として、それを回復すること、つまりその目的を適用し執行することを任務とする。これが、「法を維持する暴力」（法維持的暴力）である。これと、法の目的そのものを定立する「法を基礎づける暴力」（法措定的暴力）とは厳密に区別される。これは、法が暴力的に定立された後で生じる存在論的論理にのっとったまさしく「神話」である。ベンヤミンは、この二つの暴力をセットにして「神話的暴力」と呼ぶ。ベンヤミンは、この「神話的暴力」に「神的な暴力」を対置する。これはデリダ的にいえば、パロールに対して（原）エクリチュールを対置することである。ところがここから、デリダとベンヤミンとの差異が始まる。そしてデリダ自身が語っているように、この差異の意識こそが、デリダに『法の力』における思索を行わせた当のものなのである。

デリダからすれば、人間は今のところ形而上学的な言語を使って考えるしか手がない。しかし、形而上学的言語を使いながら、その形而上学的言語や言説そのもののなかに含まれていながら隠され排除されているもの、異物ないし他者と出会わねばならない。これは、形而上学の言語や言説を絶えず批判（脱構築）せねばならないということである。これはその言説を「解釈する」ということである。こうして、脱構築のためには、形而上学的な言語や言説（つまり脱構築可能なもの）が不可欠であるということになる。デリダが、脱構築可能なものが脱構築を可能にすると述べているのは、このような意味であろう。形而上学的言説は、「解釈」という形でつくり変えられていく。そしてそれは、形而上学的言説の下で排除されていた異物・他者を言説のなかに取り込むことなのであり、それと和解することなのである。

これはつまり、法の定立作用、つまり革命的暴力の自己正当化作用及び目的定立作用はなくてはならないものだということである。そしてその目的を適用する作用、つまり伝達的言語活動もなくてはならないものだということである。重要なのは、この革命的暴力が法や国家の定立に成功した後から構成され定立された目的を、初めからそれ自体として存在した純粋で正しい起源と考えてはならないということ、つまり現前―堕落―再現前化という存在論的論理で考えてはならないということである。定立された目的は脱構築、つまり解釈され続けねばならない。ところで、法の定立作用は、それを正当化しうるものが何もないのであるから、暴力というほかはなく、それに対する反対者にも強制的に押しつけられる。そして暴力的定立に成功した後、その定立は必然的であったのだからそれは全員の合意のもとで定立されたとするイデオロギーがつくられる。反対者はいなかったものとされる。反対の声は排除され、抹消されることになる。したがって解釈とは、この定立作用や定立された法の目的やそれによって生じる法体系に対する抹消された反対者、法体系に対する他者を救済し、それと和解することである。法体系の定立において排除が行われていることを認識し、定立された法の言語を、この排除された他者を救済するような形で用いねばならない。これが解釈であり、また脱構築なのである。そしてそれは、他者、つまり存在論的言語を越えたものを存在論的言語で捉えようとすることであり、そこには飛躍がある。したがってそれは自由な行為であり、それには「責任」が伴う。この「責任（レスポンサビリテ）」をデリダは、文字通り「応答可能性」と捉える。それは他者に対する応答の可能性である。自由とは他者に対する応答可能性を意味する。そしてこの応答は、解釈という形をとる。この解釈は、法体系内の形式的な論理では把握しえない具体的ケースが生じる場合に起こる。法体系の論理を発動させるとは、法が回復しようとする原初の状態、つまり法的目的を適用すること、再現前させることであるから、それはまさしく形而上学的・存在論的な言語活動である。それが、具体的なケースにおいてそれを越えるもの、つまり異物や他者と出会うとき、解釈という行為が始まる。そしてそれは、この異物や他者を理解し受容できるように既存の（あるいは潜在的な）解釈コードを批判し「発明し直す」ことである。既存のあるいは潜在的な解釈コードとは、現在または将来の国家による読み方の規制である。したがって解釈とは国家や国家定立に対する抵抗の意味を含む。

解釈することとは、解釈コード、つまり規則の解体であり、規則なしに個別の事例に判断を下すことである。したがってそれは決断である。けれどもそれは同時に、解釈によって発明し直された新しい規則に従って判断しているということでもある。こうして、解釈による決断とは、われわれがそれを論理的に捉えると、何の規則もなしに主体が主体的に決断することであるか、それとも新たに発明された規則に従って決断（むしろ決定、もっと正確にいえば、規定）しているかのいずれかであることになる。けれどもデリダからすれば、われわれが論理的に（つまり「現前」の形而上学ないしは存在論の論理では）捉えることができない、規制されていながら規則に従っていないという決断の瞬間こそが、この論理的に規制不可能な瞬間こそが、決断のいわば本質をなす。このパラドクスを引き受けることが、決断を責任あるものたらしめる。この規則を解体し、解釈をなさしめるものこそ、既存のあるいは潜在的な規則では把握することのできない他者である。したがってこの決断の瞬間とは、まさしくこの他者に応答していることであり、この他者に対する応答こそが責任であるということになる。したがって決断を可能にしているのは、決断をする主体ではなく、他者である（ここには、カール・シュミットの「決断主義」に対する批判が含まれている）。また決断とは、規則に機械的に従って下されるものでもない。こうして、決断（決定）に関するこれまでの支配的見解の両者が否定されるのである。そしてこの他者こそが、絶えず解釈を促しながら決して規定されることのありえないもの、それ自体として現前することのないもの、未知であり続けるもの、脱構築を促しつづけるものであり、それをデリダは「正義」と呼ぶのである。ベンヤミンはそれを「神」と呼ぶ。そしてそれは、認識作用によって規定することの決してできない「名」である。そしてそれは、神の「署名」である。神が署名するとき、つまり自分の名を呼ぶとき、つまり言説のなかに「名」が現れるとき、われわれもわれわれの言語でその名を呼ぶ。そしてわれわれがその名を呼ぶという行為が、解釈するという行為なのである。この「名」が現れるまで、われわれは既存の法の規則を脱構築、つまり批判し解釈し続けねばならない。

ベンヤミンの考える決断もまた、今挙げた二つの支配的見解のいずれでもない。デリダをベンヤミン読解に向かわせたのは、まさしくこの点である。ベンヤミンの考える決断とは、自分の考える決断と似てはいるけれどもどこか違う。その違いはどこにあるのか。これは、デリダの「脱構築」とベンヤミンの「破壊」との違いにかかわる重要な論点である。ベンヤミンにおいては、決断は、われわれにはいつそれが到来したのか認識できない（ここでいう「認識」とは、認識したとわれわれが確信をもって認定＝決断することのできる認識、という意味である）「神的な暴力」によって下される。これは、われわれにとって「まったくの他者」が下す決断であり、それもまた「暴力」としか言いようのないものだ。この「神的な暴力」が、ギリシア的な「神話的暴力」（法を基礎づける暴力と法を維持する暴力）に対置される。「神話的暴力」とは、われわれの力で、（認識したという確信的認定＝決断をもって）認識できるけれども、それ自体は決断を下すことができないものである。デリダによれば、ベンヤミンがいうところの「歴史の哲学」によって、単に「批判的」という以上の「批判的」な態度が可能になる。この後者の「批判的（クリティック）」とは、デリダによれば、その語源であるギリシア語の「クリネイン」の二つの意味、つまり区別するという意味と決定する、判定を下すという意味とを含んでいる。つまりそれは要するに、「神的な暴力」と「神話的暴力」とを区別し、「神的な暴力」を選び取ることなのである。この選び取ったことを示すのが、『暴力批判論』の最後につけられたWalterという署名である。それはまた、存在論的論理ではなく、「破壊」のいわば論理、デリダの言い方でいえば「幽霊の擬似＝論理」を選び取ることである。存在論の論理によって構成された言説を「破壊」または「批判」するとき、そこにそれを越える「名」が現れる。それは「廃墟」から現れた「幽霊」ないしは「亡霊」であり、そしてそれは神（による自己命名、署名）なのである。この解体と幽霊の出現という出来事に対してベンヤミンは署名しているのである。逆に言うと、署名するとは、神の署名を呼び出す行為だということになる。

ベンヤミンは、このような「神的な暴力」だけが決断をなしうるのだと言う。けれども、それの到来についてわれわれが認識することは決してできない。われわれとしては、その到来を待ち望み、それが到来して決定的な決着をつけてくれるのを待つしかないことになる。これはまさしくメシアニズムである。これに対して、ベンヤミンが批判する「神話的暴力」は、われわれの力で、つまりわれわれの認識の力で認識可能である。この「神話的暴力」とは、こう言ってよければ認識そのものであり、原理的には、認識の規則を適用することによって、すべてのものを規定しうる、つまり規定したと決断しうるはずである。けれどもそれは決断できない。規定不可能なもの、したがって決断不可能なものに足止めされる。だとすると、このような足止め状態を除去し、決定的に決断をつけることを可能にするためには、規定不可能なもの、決断不可能なもの、つまり「神話的暴力」にとっての他者、ギリシア主義にとってのユダヤ主義、を完全に排除することしかない。それが「最終解決」である。このように考えると、ベンヤミンの思想は、「最終解決」の立場とは決定的に相容れないものであることがわかる。しかしデリダにいわせると、ベンヤミンの立場は、彼が批判する当のものにあまりに似すぎている。ベンヤミンによると、「神的な暴力」とは、罪を浄化する暴力である。けれども、「最終解決」において極に達する「神話的暴力」もまた、異質なもの、他者を排除することによって浄化し、原罪を贖わせるものである。なぜベンヤミンの立場が、それが批判する立場と似てくるのか。それは、デリダによると、いずれの立場にも責任／応答可能性（responsabilité）、つまり他者への応答可能性の問題が抜け落ちているからである。解釈というかたちで他者に応答すること、つまり責任を引き受けることこそが、ギリシア主義からもユダヤ主義からも帰結する可能性があるいわば浄化の暴力を回避するための唯一の方策であり、この責任を脱構築は引き受けているのである。したがって脱構築とは、ベンヤミンの描くところの、「神話的暴力」に極まるギリシア主義とも、「神的暴力」に極まるユダヤ主義ともいずれとも異なり、両者のいずれにも加担してそれらを汚染する「雑種」であるということになる。

(4)　脱構築の、法哲学へのインパクト

これまで英米や日本のいわば正統派法哲学の源泉となってきたハートの法哲学も、言語の分析に決定的な重点を置く。ハートの法哲学におけるオースティンの影響は、論文「責任と権利の帰属」(7) にはっきりと現れている。法的な言語とは、何らかの事実の記述や報告ではなく、責任や権利を帰属させるという行為遂行的な機能をもつことを論証しようとするこの論文は、発表後に批判を受けて撤回を余儀なくされた。この論文の立場が、ハートのそれ以降の法哲学によって完全に放棄されたのか、それとも何らかの影響を残しているのかは、ハートの法哲学を検討する上で重要な問題となろうが、ここでは取り扱うことができない。この論文の後ハートは、彼の主著である『法の概念』(8) において、法的な言語の特色を、意味の確定した「核心部」と、それを取り囲む、意味の不明確な「周縁部」という概念によって定式化する。この「周縁部」の意味は確定しておらず、その意味は、裁判官が立法者に成り代わって立法することによって埋められるほかないとする。これに対して、オックスフォード大学におけるハートの後継者であるアメリカ人ロナルド・ドゥウォーキンならば、そのような「周縁部」に限らず、「核心部」も含む法的な規則の全体が意味の不明確な場合があることを認め、事案を解決しうるような法の規則が見当たらないという意味で、それを「難解な事案(ハード・ケース)」に含めるであろう。けれども彼は、このように法の規則が不明確な場合に裁判官が立法作用によってそれを埋めるのではなく、裁判官

は法の「原理」によってその意味を確定させるのだとする。デリダが『法の力』の中で挙げているスタンリー・フィッシュの論文「力」[9]は、ハートのこのような法の概念が、「威嚇を背景にした命令」(例えば拳銃強盗のような)という法哲学者J. オースティン(これまで言及してきた哲学者J. L. オースティンとは別人である)の法の概念をハートが批判しつつも法の原型とみていることに由来すると論じる。つまりハートは、法の根底に暴力ないしは力の行使があると考えているのだ。このようなハートの法の概念を、デリダの議論を基にして整理すると、この「周縁部」こそ、「核心部」あるいは法の規則全体が発明し直される場、つまり規律されながらも規則なしに行われる判断としての解釈がなされる場なのではなかろうか。そして、この「周縁部」に意味を与えるのは、法(ハートの言葉でいえば「核心部」)とは区別された「正義」なのである。この正義は現前しえないものである。だからこそハートは、「正義の原理」なるものを積極的には定式化しないのではなかろうか。これに対してドゥウォーキンは、「周縁部」やさらには法の規則全体を、法の「原理」によって意味を確定させることが可能であるとする。そして彼は、この法の「原理」が最終的には「平等な配慮と尊重を求める権利」といういわば「正義の原理」に由来するという(『権利を真剣にとらえる』)[10]。もしドゥウォーキンが、法の規則の意味を、この「正義の原理」から演繹的に導出可能であると考えているとすると、彼は正義を現前するものとして考えていることになる。もしそうだとすると、デリダ的な立場からすると、それは「正義」の性質をとらえ損ねていることになるだろう。

デリダは、ドロワ、つまり法にして権利(人間の権利、いわゆる「人権」を含む)と正義とを区別し、正義の観点から法／権利を批判しようとする。「正義の観点から」とはいっても、彼は正義を現前するものとして捉えてはいないから、何らかの根本的な正義の原理を立て、それを基に法／権利を批判するわけではない。彼は法／権利を「脱構築」するのである。デリダは、われわれが法や権利と言うときのその法ないしは権利の主体が、「肉食で供犠の能力のある成人男性の白人ヨーロッパ人」を意味した時代があったし、今もそれは終わっていないとする。こうしてデリダは、普遍的とされる法／権利の概念が何ら普遍的ではないことを暴くのである。法／権利は、普遍性の外観の下で排除を発生させている。これは正義にかなっていない。このような排除されている者たちをどう救済するか。それはやはり法／権利によるしかない。法／権利の普遍性を利用して、それを排除されている者たちにまで広げねばならないのだ。そもそも法／権利が定立されるということは、必然的に排除を発生させる。したがって法／権利は、自己を拡張することによって、排除されている者たちを救済すべき義務を負っているのだ。（デリダがいうには、正義――これは現前しえないものだ――を実現するためには、法／権利が現に存在するのでなければならない。またわれわれが正義の観点から批判を加えることができるのも、法／権利のみである。法／権利なしには正義はありえない。のみならず、正義は法／権利のなかに内在しているのである。そしてこの内在する正義によって、それを内在させる法／権利自体が批判されるということになる。この法／権利に内在する正義とは何か。それは法／権利に内在する、それに対する他者である。つまり、法の暴力的定立において排除された者である。）つまりそれは、排除された者に配慮の目を向けることである。デリダの考え方をこのようなものだと捉えると、それは、ドゥウォーキンのいう「平等な配慮と尊重を求める権利」を、現前するものとしてでなく捉えるための手がかりとなるだろう。このようにデリダが展開する「法哲学」は、現代の英米の主流派法哲学や、その再検討にとっても有効な観点を提供しうるものと考える。

3．『マルクスの亡霊たち』における言語、制度、正義

デリダは、マックス・シュティルナーに倣って、理念または思想がそれらの基体（substrat）から分離され、人工的な身体を与えられたもの、つまり内面的な理念や思想が対象として追放されたもの、客観化・自律化または身体

化した理念または思想を「幽霊（fantôme)」と呼ぶ（cf. SM 202-203)。そしてこの理念の例として、皇帝、国家、祖国などが挙げられている。この場合の客観化・自律化・身体化とは、例えば文字の形で理念または思想が定着されたもの、つまりエクリチュールと考えることもできるし、現実的に制度化したものと考えることもできる。ところで、およそ言語なしには考えることができないから、理念を考えること自体がすでに言語を介しており、かつ言語はすでにエクリチュール性をもっているから、理念を考えること自体がすでに、幽霊をつくることである。ところで、ありえないことであるが、理念そのものが、つまりエクリチュール性を伴わない言語をもって考えられた理念が現実に存在するとしよう（喩えてみれば、純粋直観のようなものだろうか)。それが、音声言語としてであれ文字言語としてであれ、言語として定着させられることは（つまりエクリチュール性をもつことは)、そこに解釈可能性が生まれることである。ところが、理念そのものは、絶対に一義的でなければならない。そこで、この解釈可能性をなくするのでなければならない。つまり、その理念の絶対的に正しい意味がどこかになくてはならない。ところが、言語的に表現された理念そのものには、絶対的に一義的な、つまり正しい意味などありえない。したがって、この絶対的に正しい、一義的な意味を人為的に作り出さねばならない。後に述べるように、まさしくこれを、エティエンヌ・バリバールは真理の「制定（institution)」と呼ぶ。

ところで、理念とは、言葉なしに考えることはできず、言葉とは本性的に社会的なものである。言葉をいわば加工することによって理念が生じるのだとすると、理念はそもそも社会的なものであることになる。ところで、言葉は、それが指示する何らかの対象をもつとすると、例えば「国家」という理念の源泉としての社会的な言葉、いわば日常的な言語が（例えば「国家」という語として）すでに現実に存在し、その言葉が指示する何らかの対象が現実に存在することになる。この場合には「国家」が問題なのであるから、それに何からのかたちで対応する制度が現実に存在するであろう。つまり、むしろ幽霊とされるものの方がすでに存在し、理念は、この幽霊を指し示す言葉を基に作られるのである。理念がまず存在し、それが現実化されるというのは、転倒した考え方である。

ところで、言葉は解釈することができる。ところが、それを加工して作られる理念は、原理上、一義的なものであるはずである。したがって、理念形成作用とは、言葉の多義性、解釈可能性を削減する作用である。これによって言葉の意味は一つに定まるのであるが、この一つの意味とは、いくつかの解釈可能性のなかから、「真の」意味として選択されたものである。したがって、理念形成作用とは、言葉のいくつかの意味のなかから真なる一つの意味を選択し、それ以外の意味を無意味なもの・真ならざるものとして排除する作用である。これは、これまた後に述べるように、バリバールが「観念の論理学（idéo-logique）」と呼ぶものである。

したがって理念形成作用とは、言葉の多義性を削減することを通じて、それによって指し示される現実存在の幽霊性を追い払う作用、デリダ的にいえば「幽霊祓い（conjuration）」の作用である。ところが、幽霊祓いを行うためには、その正体を見極めなくてはならない。デリダによれば、まさしくマルクスはこれを行おうとした。ところがその結果、幽霊にとり憑かれることになってしまった。つまり、「幽霊祓い」が「幽霊との共謀（conjuration）」になってしまったのである。この、幽霊を追い払おうとするがゆえに幽霊にとり憑かれることとは、幽霊的な現実存在を指示する言葉の多義性を、理念を作ることによって削減しようと試みながら、いつまでもそれを果たすことができない、ということである。まさしくこれは、デリダが「差延」と呼んだものである。つまり、デリダによれば、マルクスは差延を行おうとしたのである。

前に述べた、表現された理念（理念の言語的表現）の多義性を削減する作用と、この理念形成作用とは、おそらく不可分に結びついている。そして、前者が「法維持的暴力」、後者が「法措定的暴力」に対応するように思われる。この問題については、後に検討する。

それでは、『マルクスの亡霊たち』を少し詳しく検討してみよう。

(1)　問題設定

冷戦終結後、全世界的に唱えられている市場礼賛（新自由主義《ネオ・リベラリズム》）、及び社会主義・共産主義排斥（その端的な表現がF. フクヤマ流の「歴史の終わり」＝自由主義的・資本主義的民主主義の決定的勝利論である）は何を意味するのか。何を原因に起こるのか。冷戦終結後間もない1993年に行われた講演をもとにして書かれたデリダの『マルクスの亡霊たち』が掲げる問いの一つがこれである。このデリダの問いは、「グローバル・スタンダード」の名の下に市場万能主義がその後一層進むなかで、ますますその重みを増していると言ってよい。

この著作でデリダは、今述べた一連の動きが、旧自由主義的民主主義陣営と旧社会主義陣営とが社会主義（または共産主義）という「幽霊」に対する「幽霊祓い（conjuration）」のために手を結んだ結果だと考える。この幽霊祓いは、社会主義の亡霊を全世界的に広めたマルクス本人のなかにも確かにあった。そしてこの幽霊祓いが、ナチズム、ファシズム、レーニン主義、スターリニズムなどの全体主義へとつながっているとデリダは考える（cf. SM 171)。けれどもマルクスにおけるこの幽霊祓いとは、実は「幽霊との共謀（conjuration)」でもあるのだ。こうデリダはマルクスを読解してみせる。マルクスは幽霊を一刻も早く徹底的に追い払いたいと思った。けれども逆に、そのためにその幽霊の正体をよりよく見定めようともした。その結果マルクスは「亡霊論（spectrologie)」または「憑在論（hantologie)」を展開することになったのである。このマルクスの身ぶりをデリダは、幽霊を所有しよう（posséder）とするために幽霊にとり憑かれる／所有される（possédé）ことになったのだと捉え、丹念に分析していく。このマルクスの身ぶりは、実は脱構築の身ぶりである。市場万能主義、自由主義的民主主義の勝利の大合唱の下で新たな全体主義が生まれつつある。それに対抗するためには、このマルクスの、そしてその脱構築の身ぶりを解明し、引き受ける以外には手がない。そしてそれは同時に、マルクスにおける幽霊祓いの側面や、この側面のみを引き継いで結局は全体主義へとつながった従来のマルクスの読み方を批判し、マルクスの新しい読み方を探ることである。『マルクスの亡霊たち』

を導く問題意識の一つはここにある。

この問題と密接に関係しながら展開される、『マルクスの亡霊たち』のもう一つのねらいは次の点にあると思われる。デリダの脱構築は、脱構築＝破壊するだけで、新たなものを何も構築しない無責任な思想であるという批判が相変わらずデリダに向けられている。デリダのとりわけ最近の政治哲学的著作は、この批判が誤りであることを示すと同時に、従来の（「形而上学的」または「存在論的」な）構築ないし構成の概念に代わる新たな構築ないし構成の概念を定式化しようとする試みだと言ってよい。この新たな構築とは、解体または破壊することと一体となった構築である。このいわば「解体＝構築」の方法を、デリダはマルクスに依拠しながら、つまりマルクスのなかにあるこの「解体＝構築」の方法を取り出し、引き伸ばすかたちで展開していく。その際のキー概念になるのが「正義」であり、また「負債の国家／状態」である。

以上の二つの問題を中心にしながら、『マルクスの亡霊たち』におけるデリダのマルクス解釈を追っていこう。

(2)　現象学批判者としてのマルクス

デリダはマルクスを「現象学」の批判者として捉えている、こう言ってよいと思う。デリダからすれば、ヘーゲル的な「精神の現象学」もフッサール的な「現象学」も本質的には変わらない。両者はいずれも「精神」の現象学である。「精神」の現象学とは、精神の産出物である理念ないしは思想が対象化され、自律化することによってその生みの親である精神（＝人間）と対立するという人間疎外の状況を精神が克服する過程を描いたもの、ということである。すでに述べたように、対象化された理念・思想をデリダは、マックス・シュティルナーや彼を批判するマルクスに倣って「幽霊（fantôme）」と呼ぶ(11)。精神はこの幽霊を、精神ないしは意識の「自己への現前」を回復することによって決定的に追い払おうとする。

自分が自分と何の媒介もなしに生き生きと向き合うこと、自分が自分と直接に触れ合うこと（自己触発）、この自己現前の状態を回復せねばならない（自分と自分との関係を自分と他者との関係に置き換えると、これは社会関係に関する理論ともなる）。そのためには、自分と自分（ないしは自分と他者）との間に介在する異物を排除しなければならない。この排除の作業が、フッサール的な「現象学的還元」である。デリダはこの「自己への現前」の回復をめざす思想を西欧「形而上学」または「存在論」と呼び、初期の頃から一貫してそれを批判してきた(12)。彼の初期の批判の構図は次のとおりである。「自己への現前」または自己触発の構造は、「自分が話すのを聞く」という声またはパロールの構造そのものである。したがって西欧形而上学はパロールや声を神聖化し、特権化し、その声の写しとして捉えられたエクリチュールを貶めてきた。けれども「自分が話すのを聞く」ためには、たとえいくら短い時間（発声に伴う息づかいの間）であれ、声が自分の外部＝世界に現実に存在するのでなければならない。自分の発する声が世界に刻まれ、それを自分が聞き取るというのでなければならない。この世界への刻みをエクリチュールと呼べば、声またはパロールにはその構造上必然的にエクリチュールが含まれている。ところがこのエクリチュールは、いったん世界に刻まれる以上、解釈の余地を残し、話者の意図が歪められる可能性がでてくる。そこでこの可能性を排除するために、声に含まれるエクリチュール性を排除しなければならない。この排除のシステムが西欧形而上学の構造をなす。デリダは、このエクリチュール性の排除こそが、自民族中心主義、異物（他者）排除の源泉であり、またそれがナチズムに極まる全体主義の源泉なのだと考える(13)。

その後のデリダは、とりわけ1980年代後半以降、このような考え方の政治的意味を追求してきたと思われる。ところでデリダ自身が『マルクスの亡霊たち』ではっきりと認めているように（cf. SM 151）、そして彼の数々の著作からうかがわれるように、デリダはその初期の頃から一貫してマルクスやマルクス主義の影響を受けていた。それはデリダが、マルクスのなかに、「自己への現前」の回復という意味での現象学への批判を見て取っていたからだと思われる。そしてこの意味でマルクスは、デリダの脱構築の先駆者だということになる。マルクスのなした、現象学批判としての脱構築とはいかなるものか、それが自分の脱構築とどのように異なるかをデリダは追求していく。

(3)　マルクスによる「脱構築」

それでは、マルクスのなす脱構築とはいかなるものか。これをデリダは、『ドイツ・イデオロギー』におけるマルクスのシュティルナー批判を丹念に分析しながら見ていく。

すでに述べたように、シュティルナーは、理念または思想がそれらの基体（substrat）から分離され、人工的な身体を与えられたもの、つまり内面的な理念や思想が対象として追放されたもの、客観化・自律化または身体化した理念または思想を「幽霊」と呼ぶ（cf. SM 202-203）。例えば皇帝、国家、祖国など。シュティルナーはこれらの幽霊を自我へと、自己の固有の生ける身体へと再統合しようとする。シュティルナーは、このようにして幽霊を完全に追い払うことができると考えている。けれどもマルクスによれば、この生ける身体そのものが、自律化した思想または観念的実体の再結集する空間、つまり「幽霊たちの身体」である（cf. SM 205-206）。つまりマルクスは、身体化・自律化した理念・思想＝幽霊を再統合し、それによってこれらの幽霊を追い払うはずの自己の生ける身体、「私」そのものがやはり幽霊だと言っているのである。これはどういうことか。この再統合のとき、「私だけが身体的形態を所有する」と言う。そして私は世界を、私にとって存在するもの、私のもの、私の所有物とみなし、一切を私自身に関係づける。これは、「固有名」を別の名、「仰々しい名」をもって置き換えることにすぎず、つまりそれは幻覚または幽霊の追加にほかならないのである（cf. SM 207-208）。

シュティルナーは、外的な身体から内的な身体へと、客観的なものから主観的なものへと移行するだけで、つまり「私が私を（Je-Me）」（「私が私を事物（*choses*/*Dinge*）の背後に精神（*esprit*/*Geist*）として見出すのと同様に、私は私をその次には思想（*pensées*/*Gedanken*）の背後にその創造者にして所有者として見出すはずである」(SM 207)。強調は原文。この文章はマルクス『ドイツ・イデオロギー』からの引用である。そしてマルクス自身がこの文章をシュティルナー『唯一者とその所有』から引用したのである）の自己触発的構造を構成することによって外的対象＝幽霊に生命を与え、自己へと統合する。自分自身との純粋な接触の完全な確実性の下で、幽霊が宿ることのできるすきまをなくすることによって幽霊を追い払おうとする (cf. SM 207)。マルクスはこれを次のように批判する。シュティルナーの言う幽霊＝客観化された理念・思想の破壊、つまり自己の身体への統合は現実の破壊ではない。それはそれが表象される仕方、それの現象性または幽霊的な表れを否定するにすぎない。このように現実と「想像のめがね」を通して関係するのをやめるならば、つまりこのような現実を理論的直観の対象へと変形するのをやめるならば、世界（つまり労働や生産や現実化や技術）の「実践的構造」を考慮せざるをえなくなる。この実践性、この現実性だけが、純粋に想像的または亡霊的な肉に打ち勝ちうる (cf. SM 208)。「人が幽霊じみた身体を破壊したとき、現実的な身体が残る。皇帝の幽霊的身体が消滅するとき、消滅するのは身体ではなく、その現象性、その幽霊性のみである。このとき皇帝はかつて以上に現実的であるし、人はかつて以上に皇帝の実際の威力を測ることができる」(強調は原文) (SM 209)。

マルクスはシュティルナーを激しく批判するのだが、それは幽霊と縁を切るためである。これはシュティルナーと同じである。彼らはこの点では実は共謀関係にある (cf. SM 223)。けれどもマルクスは、シュティルナーの縁の切り方は不十分だと考える。そこでより完全に縁を切るために幽霊の実態をもっとよく見ようとする。つまりマルクスは、幽霊と縁を切るために幽霊を見、位置づけ、同定しようとする。そのために、幽霊によってとり憑かれる／所有されることなく幽霊を所有しようとする。しかし幽霊はこの区別（所有することととり憑かれる／所有されること）を禁止するかまたはかき乱す。「亡霊を所有することは、亡霊によってとり憑かれること、とり憑かれることそのものではないだろうか」(SM 210)。

このようにデリダの解釈によれば、マルクスは、自己触発的構造の実現によって、つまり「自己への現前」の実現によって幽霊を一掃しようというシュティルナーの考え方を批判し、幽霊は依然として残るとして、「自己への現前」がいまだ実現されていないことを示そうとする。けれどもこのマルクスの批判は、自らも幽霊を一掃して「自己への現前」を実現したいという欲望の下で行われているのである。つまりマルクスは、「自己への現前」の実現の欲望に駆り立てられているからこそ、つまり幽霊と完全に手を切りたいと思っているからこそ、「自己への現前」を完全に実現したとする理論を批判の俎上にのせて、それがいまだに実現されていないこと、つまり幽霊がまだ存在することを示そうとするのである。この「幽霊」または「亡霊（spectre)」とは、すでに述べたように、身体化・自律化した理念・思想である。つまりそれは、それを生み出した主体から外へ出て、主体のコントロールに服さない自律的な作用をなすようになったものである。つまりそれは、世界に刻まれた理念・思想であり、デリダ的な意味でのエクリチュールだということができる。だとするとマルクスは、デリダのいう「差延」の作用を行っていると考えてよい。こうしてデリダは、マルクスが一種の脱構築を行っていることを明らかにする。

(4)　デリダによる『資本論』解釈

このような『ドイツ・イデオロギー』における亡霊論は、『資本論』においても少し違った形ではあるが展開されているとデリダは考える。そこで今度は、『資本論』における亡霊論について見てみたい。

マルクスによる使用価値と交換価値との区別にまずデリダは注目する。現象学は使用価値のみを見ることができ、交換価値を見ることができない。使用価値については、すべてが光の下にさらされ、何ら神秘的なところはない(14)。「この現象学的良識は、たぶん使用価値について妥当する。〔中略〕使用価値だけをとってみるならば、物の所有権（propriétés）は……実は常にきわめて人間的であり、まさしくこのことによって人に安心感を与える。それは常に人間の固有なるもの、つまり人間の固有物＝所有物にかかわる。あるときにはそれは人間のさまざまな欲求に応える。そしてこれがまさしくその使用価値である。またあるときにはそれは、人間を欲求へと運命づけるかのような、人間活動の産物である」（強調は原文）（SM 239）。ところがこの使用価値をもった物がひとたび商品へと転化すると、事態は複雑化する。木の机によるマルクスの有名な比喩的説明をデリダは重視する。マルクスは、この木の机が商品に転化するや否や、自分の頭で考え、自分で運動するかのようになると言う(15)。商品はあたかも生命を吹き込まれたかのように自律的になる。けれどもそれは、自動人形のようなもので、プログラムに従って自動的に運動するにすぎず、それ自体が生命をもって運動するわけではない。つまり商品とは、自律的でありながら自動的である。生命をもつかのように見えながら生命をもたない、生きていながら死んでいるまたは死んでいながら生きているというパラドクスを抱える（cf. SM 244）。商品とは「幽霊」である。

ブルジョワ経済学は、この幽霊的な商品の代弁者である。ブルジョワ経済学は、「もし商品が話すことができたら」話すであろうことを話すのであり、「商品の心を読みとって語る」のである(16)。けれどもマルクスは、商品は話すことができないことを知っている。商品が自ら話し商品どうしが自ら関係を結ぶかのように見えるのは、商品が価値（交換価値）をもって市場で交換されるからであるが、この交換価値によって反映されているのは「労働の社会的性格」、「総労働にたいする生産者の社会的関係」である。商品そのものがその自然的属性として価値をもっているのではない。商品の価値というかたちで「労働の社会的性格」が反映されているのだ。「商品形態は、人間にたいして彼ら自身の労働の社会的性格を労働生産物自身の対象的性格として、これらの物の社会的自然属性として、反映している」(17)。これがマルクスの言う「とり違え（quiproquo）」論である（cf. SM 247-251）。

このように商品そのものが固有の属性をもって自律的に運動するというブルジョワ経済学の錯覚こそが、近代の社会的・政治的・法的な世界観を構成している（新自由主義もまた、この世界観を前提にする）。そしてこの世界観もまた、デリダが脱構築しようとする構築物の一つである(18)。マルクスによるブルジョワ経済学批判は、このようにしてデリダの問題意識とぴたり重なっており、この意味でもマルクスは脱構築の先駆者なのである。

商品どうしが自己の意思（商品の自然的属性とみなされた交換価値）によって関係するとみなされることにより、この商品どうしの関係を生じさせているはずの人間どうしの社会関係、つまり「労働の社会的性格」、「総労働にたいする生産者の社会的関係」は無視されてしまう。それは表舞台から消され、埋め込まれてしまう。けれども実は、この埋め込まれた人間どうしの社会関係こそが、商品どうしの関係を支配している当のものなのである。それはまさしく、商品どうしの関係という表舞台、構築物にとり憑いた幽霊である。マルクスは、この埋め込まれた人間どうしの社会関係を考察の対象に据える。この対象を捉えることができるような理論的装置や概念をつくろうとする。マルクスの理論は、商品どうしの関係という世界像、つまりわれわれの前提にする近代的世界像にとり憑く。マルクスの理論そのものが幽霊になるのだ。

このようにマルクスは、商品どうしの関係というとり違えられた像にとり憑いている人間どうしの社会関係という幽霊を考察の対象にする。ところがそれは、この幽霊と決定的に縁を切るためである。幽霊と縁を切るために幽霊をよく見ようとするというこのパラドクスがマルクスの理論にどう反映しているかを考えてみよう。

人間どうしの社会関係を考察しようとするマルクスが、交換価値を考察の中心に据えるのは当然である。マルクスは、使用価値と交換価値とは明確に分離可能であるという前提に立っている。マルクスは、物は商品形態をとる以前に使用価値をもつことができるし、またもたねばならないと考えているようだ。ところがこのように考えることは、使用価値を「起源」として考えることにほかならない。「同一の物、例えば木の机が、使用価値においてもっぱら日常の物であった後に商品として舞台に登場すると言うこと、これは幽霊的契機に対して起源を与えることである。使用価値は手つかずの状態であった、こうマルクスは示唆しているように思われる。使用価値は、それが現にそうであるもの、つまり使用価値であったし、自分自身と同一であった」（強調は原文）（SM 253）。

このように手つかずの起源を認めるや否や、形而上学的な存在論の図式に陥る危険性がでてくる。存在論の図式とはつまり、起源（＝原初の理想状態）—堕落—起源の再現前化という図式である（そしてこの図式は、『法の力』の検討のところですでに述べたように、法／権利（droit）の構造そのものである）。原初には、自分と自分とが、あるいは自分と他者とが何の媒介もなく透明なかたちで関係し合う、つまり「自己への現前」の実現していた理想状態があった。ところがこの理想状態にたまたま、外部から異物、悪が降りかかり、この楽園を堕落させた。そこでこの異物を排除することによって、原初の理想状態を回復させねばならない。つまり再現前させねばならない。この異物は、原初の状態にたまたま、外部から降りかかったものであるから、それは除去可能である（この除去をなすのが法である）。これが存在論的図式である。デリダは、初期の頃からこの存在論的図式を一貫して批判してきた。彼の批判のポイントは、理想状態とされる起源には、その内部から、それと不可分なかたちで異物がとり憑いている、ということである。自分と自分、あるいは自分と他者とが透明な状態で関係し合うとは、「自分が話すのを聞く」というかたちでのパロールが支配する状態が、自分と自分との間に、あるいは自分と他者との間にあるということである。デリダが、パロールのなかに必然的にエクリチュール性があると指摘することは、まさしく起源に内部からとり憑いている異物の存在を示すことにほかならなかった(19)。

ところが、使用価値を手つかずの起源とみなすことは、マルクスの理論をこのような存在論的図式に従わせることである。従来のマルクス解釈とは実はこのようなものであったし、マルクス自身にすでにそのような傾向があったのではないか、デリダはこう示唆する。実際、マルクスの考える未来の理想社会＝共産社会とは、使用価値とそれに対する欲求とが中心となる原始共同体的な社会だとみなされることが多い。このような存在論的なマルクス解釈に対して、デリダはそれが誤りであることを示そうとする。デリダの主張の根拠は次のとおりである。使用価値と交換価値とは明確には分離できず、使用価値のなかにすでに交換価値が刻み込まれている。つまり、純粋な使用価値などありえない。そしてマルクスをよく読めば、マルクス自身もそう考えていることがわかる。使用価値は、それのとる形態によって反復可能性や交換や価値へと約束されている。あるいは使用価値のとる形態は観念化をもたらし、この観念化によって使用価値は、可能な数々の反復を通して同一のものとして同定されるのである。また使用価値のなかには、「使用されなくなった（hors-d'usage）」――「役に立たない（l'inutile）」ではない――というかたちで交換と取引との可能性が前もって刻み込まれている（cf. SM 254）。マルクス自身も、「このように商品は、使用価値として自らを実現しうる以前に、価値として自らを実現せねばならない」と言う[20]。そしてその逆も真である。商品は、価値として自らを実現しうる以前に、使用価値として証明されねばならない。まさしくこのことによって、使用価値と交換価値との区別は、相互含意、相互汚染へと変形される。また、まず使用価値があって次に交換価値があるという通時的モデルは循環的なものになる（cf. SM 256）。

こうしてマルクスの考察対象は、使用価値と交換価値とが相互に含意し合い、循環する過程であるということになる。この過程はまさしく「差延」の場であり、デリダが「力（force）」や「エクリチュール」の概念をもって描き出そうとした場である。そしてそれは、人為的身体、技術的身体、つまり幽霊そのものである。それを構築したり脱構築するためには労働が必要である（cf. SM 269）。マルクスはまさしく幽霊そのものを考えている。彼は幽霊の思想家なのである。

(5)　マルクスと正義

マルクスはこのように、『資本論』において使用価値と交換価値との区別を崩壊させ、両者の相互汚染の関係を循環の過程として描くことによって、ヘーゲル的な存在論的・疎外論的構図という構築物を崩壊させる。（したがって、マルクスはブルジョワ的経済社会を人間の堕落した、つまり疎外された姿とみなしているという理解は誤りである。）また『ドイツ・イデオロギー』においてマルクスは、シュティルナーにおける疎外論的構図を徹底的に批判した。他方でマルクスは、ブルジョワ経済学やそれの前提とする経済社会像を、人間どうしの社会関係を排除しているとして批判し、解体してみせる。そしてこの批判・解体作業において、ある種の疎外論的構図が前提にされているようにも思われる。なぜならブルジョワ的経済社会は、マルクスの考える理想的社会、つまり共産主義社会へと必然的に到り、それによって乗り越えられることが予定されているからである。このようなマルクスの身ぶりをどのように理解したらよいだろうか。デリダ的に言うと次のようになるだろう。すなわちマルクスは、疎外論的構築物を批判・解体しながらその「精神」を引き継ぎ、それをもってブルジョワ経済学が構築した経済社会像を批判・解体している（あるいはその逆をなしている）、と。この「精神」とは何だろうか。それは、幽霊を追い払うためにその正体を見極めようとすること、つまり構築物をより完全にするために、それに対する他者の観点からそれを批判すること、である。そしてこれこそが、デリダのいう「正義」の身ぶりである。ところがマルクスは二種類の解体作業を別個に行うだけで、両者を結合させていないように思われる。ここにマルクスを補足する必要がでてくる。そしてそれは、マルクスに正義の観点を加え、それによって二つの解体作業を結合することである。

一方の構築物の観点から他方の構築物を批判するだけでは、両者が敵対しながら結合して（幽霊を恐れるという点では結合し、互いに他者や自己の内の他者を幽霊として恐れるという点では激しく敵対する）一つの全体を構成することになるだけである。デリダが批判するのはこのような全体である（cf. SM 171）。

幽霊とは構築物にその内部からとり憑いて、崩壊・堕落へと誘うものである。したがってこの幽霊と共謀すること（conjuration）――これは幽霊を追い払う（conjurer）ためになされる――は、構築物を崩壊させること、解体することである。これを踏まえてデリダの次の文章を読んでみよう。「亡霊との共謀（conjuration）は、それが生けるものを発明したり新しいものを生かすために、あるいはまだそこにはないものを現前へとやって来させるために死を呼び出すや否や、苦悶となる。幽霊を前にしてのこの苦悶は固有に革命的である。もし死が生者の生ける頭脳に、さらにはもっと重く革命家たちの頭脳にのしかかるならば、死はいくらかの亡霊的密度をまさしくもつはずである。のしかかること、それはまた背負わせること、税を負わせること、負荷すること、負債を負わせること、とがめること、割り当てること、命令すること、である」（SM 177）。幽霊、つまり解体作業からでてくるものはまさしく、生者に負債を負わせる。シュティルナーやマルクスに倣ってデリダが「幽霊」と呼ぶものは、思考の産物でありながら頭の外に出て客観化し自律化したもの、あるいは頭の外において自律性と自動性をもって死後の生を生きること、生き延びることである（cf. SM 272）。つまりそれは、デリダが当初「エクリチュール」の概念で呼んだもの、つまり世界への刻みである。またそれは、幽霊、つまり自己にとっての他なるもの、の意味での「精神（esprit）」である。エクリチュールまたは世界への刻みは、その概念上、生ける主体が不在でも機能することを含んでいる。つまりそれは主体の死を含んでいる(21)。世界への刻みは「相続（héritage）」される。この「相続」によって生きる者に負わされる義務をデリダは「負債（dette）」と呼ぶ。この負債は、死者たちからの遺産（世界への刻み）を相続することによって起こる。この死者たちからの遺産を引き継ぐ人々のいわば共同体（今日全地球上のすべての人々が、マルクスやマルクス主義の遺産の相続人たらざるをえない（cf. SM 149））、これがデリダの言う「新たなインターナショナル」である。確かにこれは一つの（負債を負った）状態（état）または国家（État）だと言えなくもない。しかし通常、「状態」または「国家」とは、バランスシートを作成する（定立する）ように損得の確認（計算）をもって定立される（社会契約論を考えよ）。しかしこの共同体は決して計算をもって定立・構築されるものではなく、近代国家を含む構築物を解体することによってでてくる幽霊、つまり世界への刻み（遺産）を引き継ぐ（負債を負う）という決断からでてくる。この意味でこの共同体はいわば状態ならざる状態であり、国家ならざる国家である。これが、デリダの言う「負債の国家／状態（État de la dette）」である（cf. SM 153-155）。

それでは、この死者たちによって負わされる「負債」によって、相続人であるわれわれには何が命令されるのか。われわれは死者を哀悼しなければならない。つまり「喪の労働（travail du deuil）」をなさねばならない。それはつまり、遺産を相続するという決断をもって遺産を引き継ぐことであり、また遺産に労働を加えることである。そしてそれは、遺産を批判し選択しながら引き継ぐこと、遺産を解釈することである（cf. SM 150-151）。そしてそれは、死者からの遺産、つまり古い言葉や衣装を借り受けて登場することである。この登場こそが革命である。「革命（rēvolution）」とは、新しいものの定立という意味のほかに、「反動的」、つまり過去への回帰という意味も含む(22)。フランス革命が古代ローマ（ローマ共和国やローマ帝国）の服装をまとって現れたように（cf. SM 180）、革命、つまり新しいものの定立とは常に古いものの反復のかたちをとる。古いものとはつまり、過去の遺物として表舞台から排除されていたものである。マルクスはこれを『ルイ・ボナパルトのブリュメール一八日』において語っていた。具体的な定立は、損得計算、つまり新しいものを定立することによって得られる利益の確認＝疎外の克服、によって行われる。存在論的構造をもった法／権利は、この計算が作用する場である。けれどもその損得計算が始まるのは一つの決断によって、つまりある遺産の網のなかに責任＝応答可能性をもって参加することに始まる決断によってである（cf. SM 153）。遺産、つまり世界への刻み、を置くこととは約束することである。そしてこの約束とは、これまでにないもの、他者、つまり正義（justice）の到来の約束である。この正義は法／権利なしには現存しえないが、しかしそのかなたにある(23)。

このようなデリダの非存在論的、亡霊論的なマルクス解釈に沿ってマルクスを解釈した場合どうなるか。例えば、マルクスのいう「労働」の概念を「喪の労働」として解釈した場合どうなるか。このような研究をなすだけの価値は十分にあると私は考える。それが、フクヤマ流の「新福音主義」によってその痕跡を消し去られつつあるマルクスの遺産をわれわれが引き継ぐことである[24]。

4．バリバールにおける「真理の制定」と「観念の論理学」

(1)　真理の「制定」と「構成」

フランスの優れた政治哲学者エティエンヌ・バリバールは、その著作『真理の場所/真理の名前』[25]において、サイエンス（厳密な意味での「科学」を意味する場合もあれば、ほぼ「学問」の意味に相当するような広い意味での「科学」を意味する場合もある）、つまり「真理の言説」、と政治権力との原理的な結びつきについて考察する。両者はまさしく原理的・本質的に結びついている。しかしながら、この結びつき方には二通りある。一方を典型的に表現するのがホッブズであり、もう一方を典型的に表現するのがスピノザである。この両者は、真理の概念を異にしており（したがって当然、サイエンスについての考え方も異なる）、これと相関して、権力や国家に関する考え方も根本から異なっている。バリバールは、ホッブズ的な考え方を真理の「制定（institution）」、スピノザ的な考え方を真理の「構成（constitution）」と特徴づける。このようなバリバールの考察は、言語問題と政治問題とが本質的に結びついていることをはっきりと理解させてくれる。『真理の場所/真理の名前』における彼の考察を追ってみよう。

バリバールのなすこの区別は、政治思想史的にも重要である。スピノザの哲学は、ホッブズの哲学を受けて、それを（外見上は忠実に、しかし実際には批判的に）展開・発展させるというかたちをとっている。使われる概念はきわめて似通っている。ところが両者の哲学には決定的な相違がある。問題は、ほぼ同じ概念を用いて表現された両者のなかにあるこの決定的な相違をどう定式化したらよいか、その相違の意義をどのようなものと考えたらよいかである。多くの思想家が挑戦してきたこの難問にバリバールも挑む。おそらく彼は、この相違こそが、現代社会を政治的に考察・批判するうえで決定的に重要だと考えている。

それでは、バリバールは両者の相違をどこに求めるのだろうか。彼によれば、問題は、科学（学問）、つまり「真理の言説」と個人の内面的感情ないし情念とを切断しようとするのか、それとも切断不可能なものとみて、両者の結びつきを前提にして考えるのか、である。前者の方法をとるのがホッブズであり、後者の道を行くのがスピノザである。この両者を分け隔てているもの、それは「真理」に関する考え方の違いにある、とバリバールは考える。

ホッブズによれば、科学は感情的なものと切り離されることによって客観性・普遍性をもつ、つまり「真なるもの」となる。したがって、個人的利害関心とはほとんど関係のない事柄を対象とする「幾何学」が、ホッブズにとっては科学の典型となる。ところでホッブズにとっては、「真理の場所」とは言説または言語表現（ランガージュ）である。言語表現は、それ自身において、「誤用」される可能性をもっている。これはつまり、言語表現には正当な「用法」があることと一つである。なぜ誤用されるのか。それは、感情によって言語表現を不当な仕方で使用するからである。したがって問題は、言語表現の使用と感情とを切り離すことである。そしてこれは、言語表現は本来「一義的」な意味をもつ、ということを前提にしている。したがって、真理に行き着くためには、つまり言語表現を正当に使用するためには、この一義的な意味をすでに人が知っているのでなければならない。けれども、この一義的な意味が何かは、それを教える言語表現によってしか知ることができない。この教える言語表現が理解されるためには、つまり一義的な意味において理解されるためには、それを教える言語表現がなければならない。この無限退行をどのようにして止めることができるだろうか。

まず、すべての人間が生まれながらにしていわば普遍言語をもち、理性の能力によってその意味を理解している（または理解することができる）、と仮定する方法が考えられる。この場合、その理性と普遍言語とは何によって授けられたのかと問われると、それは神によってであると答えざるをえないであろう。ホッブズはこれを拒否する。バリバールによれば、ホッブズがここで訴えるのが「万人の万人に対する闘争」といういわゆる戦争状態の仮説である。この戦争状態によって人びとは理性に目覚めるのである。もちろん、戦争状態が言語を生み出すわけではないであろうから、言語はすでに、戦争状態とは独立に存在するであろう。戦争状態とは、言語表現の使用について、それを規制するためのもの、つまり正当な（感情的でない）使用をさせるためのものなのである。そしてこの戦争状態＝自然状態においては、コミュニケーションが可能であるということ自体が、言語表現を正しく用いていることの証しである。

したがって、戦争状態を終わらせるいわゆる「社会契約」とは、言語表現の正当な使用を保証するために結ばれるということになる。そしてこの社会契約によって権力体、つまり「コモンウェルス」が設立される。したがってコモンウェルス、つまりいわゆる国家とは、言語表現を正しく使用させるための、つまり真なる言説を語らせるための装置、言説統制装置であるということになる。この場合、何が正当な使用か、何が真理（真なる言説）かを決定するのは国家である。これをバリバールは真理の「制定」と呼ぶ。ただしこれは、国家はいかなる言説であっても真理として制定しうるという意味ではない。制定される真理とは、感情とは切り離された用法をもって行われる言語表現による言説としての真理でなければならない。そうでないと国家は滅びるであろう。

国家は、つまり「主権者」は、まずは法律という形でこの制定を行う。けれども法律もまた言語表現であり、誤用の可能性がある。誤用によって法律から逸脱した場合には国家によって制裁が科せられるであろう。さらに国家は、哲学教師を公認し、言語表現の正しい用法、つまり真理を教えさせるであろう。これはつまり、哲学教師が、感情から切り離された言語表現の使用法を教えることであり、その典型が幾何学であることになる。

ところでこの場合、公民は、外部に表れる行為において法律に従えばよいのであり、心のなかで法律に反することを考えていてもそれは構わないということになる。つまり、心の中と外部的な行為とが分裂してしまう余地がある。心の中を感情的・情念的なものと呼べば、感情とは切り離して法律に従え、ということになる。

ところがバリバールによれば、スピノザはこのような言語表現の使用と感情との分離、すなわち外部または言説または行為と心の中との分離は不可能であるし、正当なことでもないと考える。むしろ、自分の感情と一体となった言語表現の使用による認識こそが十全なる、真なる認識であると考える。感情とは諸個人によってさまざまであるとすると、真なる認識の数もまた、この諸個人の数だけあることになる。そしてまた、これらの真なる認識、真理の間に優劣関係はないことになる。これをバリバールは真理に関する「デモクラシー主義」と呼び、これに対してホッブズの真理の考え方を「リパブリック主義」(これは「レス・プブリカ主義」と考えた方が正確である) と呼ぶ。それではこのスピノザにおける真理の「デモクラシー主義」において、真理とはいかなるものと考えられているのだろうか。この場合、各人の「特異性」の表現が「真理」であるということになるだろう。つまり真理とは、各人の特異性につけられた「名前」であることになる。このようなさまざまな真理を奉じる諸個人が結合する仕方をバリバールは「構成」と呼ぶ。スピノザ的な国家は、このような「構成」を基本原理としてつくられることになるだろう。けれども、そもそもこのような諸個人が結合することは可能だろうか、またいかにして可能だろうか。つまり、スピノザ的な「構成」とはいかなる事態だろうか。これこそバリバールが、ホッブズとスピノザとの突き合わせから引き出した根本問題である。彼は今度はデリダ、フレーゲ、そしてとりわけ『論理哲学論考』におけるヴィトゲンシュタインの思想、等々を検討しながら、スピノザ的「構成」、または真理の「デモクラシー主義」とは何か、またこの場合の「真理」とはいかなる意味かを探求する。

(2)　真理の「デモクラシー主義」における「真理」

複数の真理が存在し、かつそれらの間に優劣関係がないという真理の「デモクラシー主義」において、これらの真理は、またこれらの真理のそれぞれの信奉者はいかにして共存しうるだろうか。そもそも真理とは、自分に反するものを「偽」として排斥するものである以上、複数の真理が共存するということはありえないのではないだろうか。バリバールは、主に現代哲学の成果を基にこの問題に取り組む。

まずバリバールは、「真理」とは名前であると言う。名前である以上、それは特異なもの、唯一無二のものであり、その意味はそれ自身と照らし合わせることによってしか知りえない。つまり、真理は、自分の意味を開示するのに、自分自身を参照するように指示するのである。言い換えると、「真理」とは、自分自身に言及している、自分自身を指示しているのである。これをバリバールは、真理の「自己言及」または「自己指示」と呼ぶ。この真理の自己言及とは匿名的な作用である。これを受けて各人はそれぞれにこの真理を定義する。これはつまり、各人がこの真理を名づけることである。これによって真理は複数の別名をもつことになる。けれども、なぜ一つではなく複数の別名が生まれるのだろうか。この問題をバリバールはまず、デリダの「散種（dissémination）」の概念を基に解明しようとする。「散種」とは、デリダにとって言葉の「本質」（形而上学的な意味での「本質」とは異なる意味での）であるエクリチュール性によって、言葉がさまざまな意味において解釈されていくことである。言葉とは唯一の意味をもつとする形而上学的な考え方からすると、そもそも一つの言葉が複数の意味で解釈されるということは、一つを除いて残りすべての解釈が、または端的にすべての解釈が誤りである（偽である）ことを意味する。しかしデリダにとっては、言葉が唯一の意味をもつとは、形而上学に特有の「音声中心主義」に由来する誤りである。この「散種」の作用においては、解釈される言葉、今の場合には「真理」は名前として捉えられている。人が真理（vérité）を、最初の文字を大文字にして**真理**（Vérité）と書くということは、真理が名前として捉えられていることの証しである。このように最初の文字を大文字にすることによって、同じく大文字から始まる**真理**の数々の別名が生まれる。この別名が生じる作用こそ、デリダが「差延（différance）」と呼ぶものにほかならない。

真理のこの大文字から始まる別名をバリバールは「支配語（maître-mot）」と呼ぶ。なぜ支配語が出現するのか、そのメカニズムをバリバールは考察する。そしてこのメカニズムのことを彼は「観念の論理学（idéo-logique）」と名づける。これは、「イデオロギー」という観念の、バリバールによる発展的・批判的継承である。彼は、いわゆる「イデオロギー」やその批判から、支配語が発生するメカニズムを取り出したのである。したがってこの「イデオ＝ロジック」とは、真理の別名の発生の論理を指し示す言葉となる。

それでは、「真理」を定義する＝言い換える過程において、いかにして複数の支配語が生じるのだろうか。その手がかりは、「真なるもの」の否定には複数の意味があるという事実において与えられる。真なるものの否定とは、偽なるものであり、あるいは嘘偽りであり、誤謬であり、虚構であり、不実であり、忘却であり、等々、さまざまな意味をもつ。したがって真なるものもまた、その否定の多義性に対応して、多様な意味をもつはずである。実は「真」の意味を定める場合には、その否定のさまざまな意味のなかから一つが選択され、それとの関係で「真」の意味が一義的に定められるのだとバリバールはいう。一つが選択されるとは、それ以外の意味は否定されること、真なるものの意味から排除されることを意味する。そして、この否定の作用が否定される、つまりなかったことにされるとき、真理の意味が一義的に確定すると同時に、その真理の意味を定義する語が「支配語」として、これまで真理が占めていた位置を占めることになるのだと彼は言う。したがって支配語はすべて、それが含む真なるものの否定の特定の仕方とは異なるさまざまな否定の仕方と衝突しつつ、それを排除したことの「痕跡」を残していることになる。また、特定の支配語によって定義される真理は、排除された、真なるものの他のさまざまな否定の仕方によって問いただされることになる。そして、この問いただしの作用と、それによる真理の名づけ直し、つまり新たな支配語の生成とからなる過程が無際限に続くことになる。まさしくこれは、後期ヴィトゲンシュタインが「言語ゲーム」の名の下で描き出していた事態である。

問題は、この「観念の論理学」が、真理の「制定」及び「構成」とどう関係するか、である。結局のところホッブズは、幾何学に代表されるような真理を真理の意味として選び出していることになる。社会契約やそれによって設立されるコモンウェルスとは、この真理の意味を唯一の意味として強制するための装置にほかならない。つまりホッブズもまた、一定の「観念の論理学」を前提にしているのである。したがって「観念の論理学」による支配語の生成は、コモンウェルス、つまり権力体の作用の前提になっているのであり、権力体の作用を、ベンヤミン的に「法維持的暴力」と呼べば、「観念の論理学」による支配語の生成は「法措定的暴力」と呼べるであろう。バリバールは、「観念の論理学」のメカニズムの理解に基づいてスピノザ的な真理の「構成」や「デモクラシー主義」の考え方を発展させることによって、ホッブズ主義や特定の支配語による支配を、さらにはベンヤミンのいう「神話的暴力」（法措定的暴力と法維持的暴力との結合）を乗り越えようと考えているようである。この真理の「デモクラシー主義」は、やはりスピノザに大きな影響を受けているレオ・シュトラウスの哲学的政治の考え方にきわめて近いものであるように思われる。

5．真理と正義

すでに述べたように、デリダもまた、ベンヤミンのいう「神話的暴力」の克服を考えている。この問題を直接に扱っている『法の力』においてデリダは、「正義」の観念を拠り所にしてこれをなそうとする。また『マルクスの亡霊たち』においても「正義」が持ち出される。すでに述べたように、理念形成作用（幽霊を自己の身体に統合すること、世界を私の所有物とみなすこと）を「法措定的暴力」、表現された理念の多義性を削減する作用（「固有名」を「仰々しい名」で置き換えること）を「法維持的暴力」に当たると考えてよいとすると、この作品においてもベンヤミンのいう「神話的暴力」の克服がめざされているのであり、したがって『法の力』と同じ問題を扱っていると考えることができる。

デリダのキー・タームは「正義」である。これを、バリバールのいう「支配語」と捉えてはならないであろう。なぜなら「支配語」とは、「観念の論理学」による支配語生成＝法措定的暴力の構成要素であり、まさしくこの法措定的暴力をデリダは根本から批判しようとしているからである。それでは、このデリダのいう「正義」とはいかなるものかをもう少し検討してみよう。

まずそれは、「幽霊」または「亡霊」と関係づけられている。そしてこの幽霊とは、いわば日常的な言語によって指示される現実的な存在者である。ところで、われわれはさまざまな現実的存在者から構成される「世界」のなかにすでに組み込まれており、これらの存在者を指示する日常言語を用いて日常生活を送っている。この日常言語はさまざまな解釈の可能性をもつ。つまり、さまざまな解釈の仕方、多様な意味を日常言語は共存させているのである。解釈の多様性は闘争の危険性を孕む。それは、何が「真の」意味かをめぐる闘争であるだろう。けれども、この危険性を抱えながらもわれわれは日常生活、つまり共同の生活を送っているのである。したがって日常生活は、闘争を顕在化させないようにする何らかの装置を内在させていると考えざるをえない。バリバールのホッブズ解釈によれば、ホッブズにおいては、「コモンウェルス」による言語統制作用がそれに当たるであろう。バリバールはこのような解決策を退け、新たな支配語が生成する無際限の過程である「真理のデモクラシー主義」を構想する。デリダのいう「正義」とは、この過程そのものを成り立たしめる規則であるといえるだろう。この過程においては、さまざまな「支配語」が、衝突し合いながら共存する。なぜ共存できるのかというと、それらの支配語はすべて、「真理」という名前の名づけ直しとして、それを前提にし、共通の価値としているからである。

アダム・スミスのいうような「公平な観察者」(26)をこのような意味での正義を維持するための装置として見なすことができるように思われる。この正義とは、一方において、闘争の解決基準になると同時に、闘争の当事者を、さらには共同体のすべてのメンバーを納得させるもの、つまり社会生活を続けるように誘うものでなければならない。つまり、共同体に参加するように決断させるものでなければならない。

ただし、デリダの場合には、正義は、スミスの「公平な観察者」が発見するような仕方で発見されるわけではないであろう。おそらくそれは、「脱構築的」な介入によって発見される、より正確には発明されるのである。つまりこうである。日常生活とは継続的・平和的に営まれるものであり、それは計算可能でないと成り立たない。したがって日常生活が可能であるためには、日常言語の多義性は削減されていなければならない。デリダによれば、この削減作用は法／権利によって、つまり存在論的な計算によって行われる。存在論的な計算とは一つの支配語による支配であるとすると、それは同時に、他の支配語との間の潜在的な闘争を含む。にもかかわらず日常生活を営むということは、そこに社会に参加しようという決断があることを意味する。したがってこの決断は、計算可能性を越えたものである。この決断を促すものが正義の要求であるだろう。つまり正義は、計算可能なものの地平をいったん解体するという作業によってのみ見出すことができるのである。ところで、計算可能なものの地平を成立させているのは、法／権利によって多義性を削減された日常言語である。したがってこの解体作業は、このような日常言語の解体、まさしく「脱構築」である。そしてこれはつまり、このような日常言語を、単なる名前、つまり固有名にしてしまうと同時に、それを名づけ直すことである。

第二章　コジェーヴ哲学の可能性についての試論
——コジェーヴ、シュトラウス、デリダ

1．はじめに

「脱構築」の概念をもって哲学界に衝撃的な影響を与えたジャック・デリダのもともとのねらいは、彼が「形而上学」——彼はこれを「現前」の形而上学と特徴づけたのであるが——と呼ぶ、長らく西洋を支配してきた思考様式を批判すること、そしてそれに取って代わる思考のあり方を構想することにあった。彼のいう西洋「形而上学」とは、彼が後に「始源＝目的論（archéo-téléologie）」、あるいは「存在＝神学（onto-théologie）」などと呼ぶことの多くなった構造をもった思考様式である。デリダのとりわけ1980年代後半以降の政治哲学的な著作を見ると、デリダの批判の対象になっているのは「始源＝目的論」的な構造をもった思考様式である、と言った方が正確である。晩年まで続くデリダの思想的営為は、この「始源＝目的論」に取って代わる思考様式の定式化をめぐって行われていたと見ることができる。

このような彼の思想的営為が明示的に始められたのは、『マルクスの亡霊たち』[(1)]において定式化された「メシアニズムなきメシア的なもの（le messianique sans messianisme）」[(2)]の概念をもってであったと考えられる。ところで、デリダがこの概念を提出するにあたって依拠しているのがアレクサンドル・コジェーヴ[(3)]の思想である。デリダは『マルクスの亡霊たち』におい

て、F. フクヤマによるコジェーヴ解釈を徹底的に批判する。フクヤマによるコジェーヴ解釈とは、コジェーヴを始源＝目的論的な図式にのっとって読解しようとするような解釈の仕方である。実はこのようなコジェーヴ解釈は何もフクヤマ独自のものではなく、コジェーヴを読解してきたほとんどの人々が採った解釈の仕方であるように思われる。けれども、おそらくデリダには、このようなコジェーヴ解釈は完全な誤りであり、コジェーヴの独創性を完全に見失わせるものと映ったに違いない。デリダは、このような解釈からコジェーヴを解放すると同時に、コジェーヴの思想における、これまでほとんど見逃されてきた独創性を明るみに出そうとする。そして、デリダ独自のコジェーヴ解釈から取り出されたコジェーヴの独創的な思想こそ、デリダが「メシアニズムなきメシア的なもの」という概念をもって開始した、形而上学に取って代わる新しい思考様式の定式化にあたって重要な役割を果たしているのである。

ところで、始源＝目的論的な図式にそってコジェーヴを解釈しない思想家がこれまでもごく少数ながら存在した。そのなかの一人がレオ・シュトラウスである。シュトラウスは、デリダ以前に、コジェーヴ思想の真の意義を見抜いていたごく少数のうちの一人である（シュトラウスがコジェーヴを始源＝目的論者として捉えてはいなかったことの証拠については、すぐ後で述べる）。

ところで、コジェーヴとシュトラウスが、シュトラウスの著書『僭主政治について（*On Tyranny*）』をめぐって論争を行ったことは有名である（二人は生涯にわたる親友であり、互いに深く尊敬し合い、生涯にわたって数多くの書簡をやり取りした。シュトラウスは書簡で、自分の著書『僭主政治について』(4) の書評をするようにコジェーヴに求め、コジェーヴもこれに応じた。そして『僭主政治について』がフランス語で出版される際に、このコジェーヴの論文と、それに対するシュトラウスの反論が同時に掲載されることになった(5)。次いでこの両者の論文が、『僭主政治について』の英語版（1963年）にも収録されるに到った。さらに両者の間で交された書簡が、V. グールヴィッチと M. ロスの編集によって、1991年に出版された『僭主政治について』（英語版）の新版のなかに収録された(6)。二人の論争の出版の経緯は、これらの書簡から知ることができる)。この論争の出版にあたって両者が何度も手紙をやり取りし、入念な準備をしていたことがわかる。この両者の論争については第三章で少し詳しく検討したいと思うが、この論争を考えるにあたって決定的に重要な点をここでは指摘しておきたい。それは、まさしく今述べたように、シュトラウスがコジェーヴの思想を、始源＝目的論としては捉えていなかったということである。この点を見逃すと、両者の論争の意義を完全に誤解することになる。シュトラウスは、彼が「歴史主義（historicism）」と呼ぶものに対する批判を行ったことで知られている。彼のいう「歴史主義」とは、古代ギリシア哲学の後の政治哲学、とりわけ近代の政治哲学をすべて包摂するものとして使われているだけに、多様な意味をもつ。けれどもそのなかに始源＝目的論が含まれていることは疑いない[7]。シュトラウスの「歴史主義」批判は、始源＝目的論批判を含む。もっと言うと、マキアヴェリ、ホッブズ、ロック、ルソー、ヘーゲル、ニーチェ、さらにハイデガーに向けられるシュトラウスの近代的政治哲学批判は、始源＝目的論批判そのものであると考えることができる。

ところが、シュトラウスは、コジェーヴを近代的政治哲学の最も忠実な代弁者であるとは見ていたものの[8]、彼を「歴史主義者」と呼んだことは一度もないし、実際にもそうは考えていなかったように思われる。シュトラウスは、ハイデガーについては、コジェーヴに宛てたある書簡のなかで「徹底した歴史主義者」と明言している[9]。あたかも、コジェーヴもこの評価に完全に同意するのが当然であるとシュトラウスが考えているかのようである。そしてコジェーヴもこのシュトラウスの見解について異論を唱えていないところから見ると、実際にコジェーヴもシュトラウスのこのハイデガー評価に同意していた（これは両者の共通の了解事項であった）と考えることができる。上述したように、シュトラウスによる近代的政治哲学（ハイデガーを含む）に対する批判は、始源＝目的論に対する批判である（少なくとも、それを重要な要素として含む）と考えると、ハイデガーが「徹底した歴史主義者」であるというシュトラウスの批判に同意するコジェーヴもまた、始源＝目的論を採っておらず、それに対して批判的であったことになる。この考え方が正しいとすると、シュトラウスもコジェーヴも、近代の政治哲学に特有の思考様式である始源＝目的論を批判し、それに取って代わる思考様式をそれぞれ提示していたということになる。コジェーヴ＝シュトラウス論争は、始源＝目的論に取って代わる（多くの人々がまだ始源＝目的論に囚われていたのであるから、まさしくこの意味で時代を先取りする）独自の思考様式を提出する二人が、自分の思考様式を赤裸々に提示しつつ論争したというきわめてユニークなものであったということになる。

なおここで、本章で用いる「始源＝目的論」の用語について定義しておきたい。本章において用いる「始源＝目的論」とは、歴史における始源または起源にあるとされる理想状態が歴史の目的ともなると考え、歴史とはこの理想状態を実現する過程であるとみなす思考様式のことを指す。始源である歴史の目的は、原理上、実現可能であるとみなされている。始源＝目的論者の典型はルソーであるが、ルソーばかりでなく、近代的政治哲学の代表者（マキアヴェリ、ホッブズ、ロック、ヘーゲル、ニーチェ、ハイデガーら）はまさしくこの始源＝目的論に依拠し、またはそれを前提にしていると考えることができる。

本章の課題は、これまでヘーゲル的な始源＝目的論の権化として解釈されてきたコジェーヴ像を批判し、このような評価の下で覆い隠されてきたコジェーヴの思想の独創性（始源＝目的論でない、つまり近代的思考様式を超出したものとしての、そして始源＝目的論に取って代わる思考様式の提出者としてのコジェーヴの思想）を、デリダとシュトラウスによるコジェーヴ解釈や批判に依拠しながら明らかにするところにある。

このようなコジェーヴ解釈を試みることには、現代の政治状況を考えるうえでも大きな意義があると考える。フクヤマは、コジェーヴの「歴史の終わり」論に依拠しながら、歴史における自由主義的民主主義《リベラル・デモクラシー》の決定的勝利と、それによる歴史の終わりの到来を理論的に正当化してみせた。フクヤマの考える「歴史」とは、闘争と労働を原動力とするものであり、そのような「歴史」が終わるということは、地球上から一切の闘争が（より正確には、歴史的に重要な意義をもつ、すなわち歴史における「唯一の、そして一貫した進歩のプロセス」との関係で意味をもつ闘争、「真の大問題（the really big questions）」が）なくなるということを意味する[10]。このようなフクヤマの考え方によれば、社会主義の崩壊と自由主義的民主主義および資本主義の全世界的拡大によって一切の、少なくとも歴史的に意味のある闘争はなくなるはずである。ところが、その後も闘争はなくなっておらず、フクヤマの図式ではこの冷戦後の闘争の意味を説明することができないのではないだろうか。フクヤマはそれを、自由主義的民主主義が全世界に拡大するなかで起こる闘争、つまり歴史における進歩のプロセスの拡大として捉えることのできる闘争として説明するかもしれないが[11]、それだけでは説明のつかない闘争があるように思われる。ところが他方で、フクヤマが現代の世界的な政治・経済状況を「歴史の終わり」、つまり闘争と労働の終わりとして把握したことには、肯定できる部分があるように思われる。確かに、現代に起こる闘争（戦争）は、冷戦時代の戦争や、さらにはそれ以前の一切の戦争と決定的に異なるし、労働のもつ意義も、以前に比べると決定的に減少しているように思われる（労働そのものに意義を見出す人がほとんどいなくなり、労働を単なる金儲けの手段として、できればやりたくないものとして考える人がほとんどであることを考えると、これがわかる）。だとすると、確かに「歴史の終わり」は到来したが、実は「歴史の終わり」にはその後があるのだということになる。この「歴史の終わり」の後（ポスト歴史の世界）を把握しうる概念的手段がないという点が、現在の政治的混沌状況に拍車をかけているのではなかろうか。ところが、デリダのコジェーヴ解釈によると、コジェーヴは実は、この「歴史の終わり」の後を語っているのであり、それこそが彼の思想の独創性であるということになる。始源＝目的論的な読解の下で、この彼の思想の独創性が覆い隠されていたのである。こうして、コジェーヴを新しい目で読み直すことは、「歴史の終わり」の後、つまり現在の政治状況を考える上で貴重な示唆を与えることになるであろう。

2．デリダのコジェーヴ解釈

(1)　コジェーヴにおける「主人と奴隷の弁証法」

デリダによるコジェーヴ解釈を見る前に、コジェーヴの哲学を粗描しておきたい。コジェーヴ哲学の中心になるのは、ヘーゲルの『精神現象学』から取り出されて定式化し直された「主人と奴隷の弁証法」である。この図式をコジェーヴは、『精神現象学』全体の構造を規定するものと捉え、ヘーゲル解釈の中心に据える。さらにコジェーヴは、この図式を独自の人間学へと発展させ、自らの哲学の中心に置くのである。この図式を簡単に見ておくことにする(12)。

コジェーヴによれば、人間が今あるような人間であるためには、人間は「生死を賭けた闘争」を経ねばならない。人間とは、動物と同様に、欲望する存在である。例えば腹が減れば、生きるために、自然から食物を摂って欲望を満たそうとする。けれども人間は、人間と動物とを区別するようなこれとは別の欲望をもつ。それは、別の欲望――他人の欲望――を欲望すること、欲望の欲望である。すなわち人間は、自分が他人の欲望の対象でありたいと願う。これは、他人に自分を絶対的価値として承認させたいと願うこと、他人に自分を承認させたいと願うことである。したがって、人間を動物と区別する欲望の欲望とは、承認を求める欲望のことである。人間は、この欲望の欲望を満足させることによって、つまり他人によって承認されることによって、現実の人間存在になる。ところで、承認を求める欲望をもつ二人の人間（まだ承認されていないという意味で、潜在的な人間存在。ホモ・サピエンスという動物）がいるとする。両者は互いに自分を相手に承認させようとする。これは、承認という人間的価値を求めて、自分の生きたいという動物的欲望をかえりみることなく、自分の生命を危険にさらす「生死を賭けた闘争」へと発展する。この闘争のなかで、両者が共に死んでしまうか、または一方が死んでしまったならば、承認は存在しない以上、人間も現実に存在することはない。人間が現実に存在するためには、一方が自分の生命の危険に屈して、相手に屈服する、つまり相手を承認するのでなければならない。承認される方、つまり承認を求めて戦いを最後まで押し進める意志のある方、つまりこの戦いの勝者は、自分の生命よりも承認を優先させたのであるから、つまり自分の人間的価値を優先させて動物的欲望を克服したのであるから、自分を人間として現実に存在させる。これに対して承認を与えた方、つまりこの戦いにおける敗者は、生命という動物的価値を承認という人間的価値に優先させたのであるから、依然として動物のままである。勝者は敗者の承認を得る代わりに、敗者に生命を与える。敗者は勝者の承認と引き換えに自分の生命を得る。こうして勝者は主人になり、敗者はその奴隷となる。奴隷は主人のために労働する。ところで奴隷の労働の産物は、奴隷が自ら消費できるのではなく、主人の消費へと供される。したがって奴隷の欲望は満足させられない。こうして奴隷は、自分の動物的欲望を抑制する、つまり自分の動物性を克服するすべを学び、部分的に人間化される。

ところで、奴隷による承認によって主人は、自らの人間的欲望（承認欲望）を完全に満足させたように見える。ところが主人の満足は不十分なものである。なぜなら奴隷による承認は、真の承認ではないからだ。真の承認、つまり真の満足を獲得させるような承認とは、承認を得るに値する相手、つまり自分の承認している相手からの承認でなければならないからだ。こうして主人は、自分が承認した者による承認をあくまでも追求する。ところが、主人が主人である限り、このような承認は決して得られることがない。なぜなら、誰かを承認することは、自分が奴隷になることを意味するが、主人は決して奴隷になりたいとは思わないからである。これは出口なしの状況である。主人には二つの選択肢が残される。主人であろうとする限り、死ぬしかない。もし生き続けようとすれば、少なくとも精神的には奴隷性を取り入れざるをえない。こうして純粋な主人は遅かれ早かれ歴史から消え失せる。ところで奴隷は、すでに主人を承認している。したがって奴隷が人間としての完全な満足を得るためには、自分が承認した相手に自分を承認させるだけでよい。しかも奴隷は、労働によりすでに自分の動物性を克服するすべを学んでいる。こうして奴隷は主人に対してもう一度戦いを挑み、自分を承認させるに到る。奴隷だけが真の満足、つまり自分が承認した者によって承認されるという相互承認を達成することができる。相互承認を達成した奴隷はもはや奴隷ではなく、主人にして奴隷、主人と奴隷との綜合、つまり真の人間、公民（Citoyen）になる。真の人間とは主人にして奴隷、つまり戦士にして労働者である。歴史とは、奴隷による相互承認実現のための過程である。奴隷が自分の人間性を主人に承認させて満足を得るとき、歴史は終わる。なぜなら、人間における最も強力な欲望である承認欲望が完全に満足させられた以上、もはや人間をつき動かす原動力はなくなるからである。歴史の終わりにおいて実現する、すべての人間が相互に承認し合い、戦士にして労働者であるような社会が、コジェーヴのいう「普遍等質国家」である。「普遍等質国家」における人間（公民）は、自分の個別性をすべての者に、すなわち普遍的に承認され、かつそのような者として等質的な存在である。ところで、闘争する主人とはつまり、戦士であり、貴族であり、また政治的人間である。もし主人が社会を形成するとすると、それは貴族社会であり、政治社会である。これに対して、奴隷とは労働者であり、経済的人間であり、またブルジョワである。奴隷が形成する社会とは経済社会である。したがって、主人にして奴隷である公民が形成する「普遍等質国家」とは、政治社会と経済社会との綜合である。また公民とは戦士または貴族または政治的人間と、労働者または経済的人間またはブルジョワとの綜合である。

(2)　コジェーヴは始源＝目的論者ではない

F. フクヤマは、コジェーヴのヘーゲル解釈をほぼ忠実に展開しながら、自由主義的民主主義《リベラル・デモクラシー》の勝利をもって歴史は（少なくとも原理上ないしは理論上）終わったのだといういわゆる「歴史の終わり」論を主張する。フクヤマのコジェーヴ読解は、一見すると、コジェーヴ解釈として正確であるかに思える。けれどもJ. デリダは、フクヤマのコジェーヴ読解は素朴なものだと批判する（ただしそれを、自らの理想を完成させるに到った自由主義的民主主義における、覇者たる資本主義の最も見事なイデオロギー的ショーウインドーだとして、容赦なく悪用する人々がそう思わせるほどに悪いものでも素朴なものでもないとして、一定の評価も与えてはいる）[13]。デリダは、フクヤマの「歴史の終わり」論を「新福音主義」[14]だと批判する。「新福音主義」とは、メシアの到来の告知という意味で「メシアニズム」、あるいは「メシア的終末論」でもある。そして「メシアニズム」とは、「約束の地」を求めての放浪と終末における約束の実現であるから、まさしく始源＝目的論にほかならない[15]。つまりデリダのコジェーヴ論は、フクヤマの始源＝目的論的なコジェーヴ解釈からコジェーヴを救い出そうとする試みなのである。なぜデリダはこんなことをするのであろうか。さまざまな理由が考えられるが、その一つに次のようなものがあると考えられる。すなわち、われわれがコジェーヴを漫然と読むと、フクヤマの解釈はきわめて正確なものだと思ってしまうし、戦後のフランス思想界もまた、フクヤマ的に、つまり始源＝目的論的にコジェーヴを解釈してきた。そしてそのように理解されたコジェーヴの思想が絶大な影響を与えてきた。けれどもそれはコジェーヴの思想の完全な誤解である。それどころか、コジェーヴのなかにある最も重要な思想――デリダが『マルクスの亡霊たち』においてコジェーヴを論じているのはそれを取り出すためであると考えられる――を取り逃がすことになるし、現に取り逃がしてきた。そしてそのデリダが取り出そうとしているコジェーヴの思想は、「メシアニズムなきメシア的なもの」というデリダの構想をいわば先取りするものである[16]。

(3)　デリダのコジェーヴ解釈

次に、デリダによるフクヤマ批判と、コジェーヴ解釈を少し詳しく見てみることにしたい。

フクヤマによれば、軍事独裁の右翼であれ、共産主義的、全体主義的な左翼であれ、独裁的政治体制の崩壊あるいは動揺によって理念的には「歴史の終わり」が到来し、自由主義的民主主義は決定的に勝利したのだという。より正確に言うと、方向性をもった首尾一貫した人類の歴史は、人類の大部分を自由主義的民主主義へと導くことによって終わるであろうという(17)。フクヤマは、歴史的な出来事や事実がこのテーゼと矛盾するような場合には、それらをすべて「経験的」なものとみなし、それらがいくら蓄積したところで、自由主義的民主主義へと向かう人類の大部分の理想的な方向性を否定するものでは全くないのだとする(18)。この方向性はこのようなものとして、つまりある進歩の目的として、理想的合目的性の形式をとることになる(19)。歴史のこの無歴史的な目的は、フクヤマが「よいニュース（bonne nouvelle, good news)」と呼ぶ出来事を現代において引き起こしている。つまり、自由主義的民主主義なるものは、全地球上のさまざまな地域や文化を再結合する唯一の首尾一貫した政治的要求であり続ける。さらには、政治的自由へと向かう全世界的な進化は常に経済思想における自由主義革命を伴っている。自由主義的民主主義と自由な市場との同盟関係、つまり自由主義的民主主義における政治と経済との結合、これが「よいニュース」なのである(20)。

フクヤマのこのような考え方は、彼が聖書的な用語を連発するところからもうかがわれるように、キリスト教的である。彼は、ヘーゲル＝コジェーヴの「主人と奴隷の弁証法」をキリスト教的に解釈する。人間は、主人性（承認欲望、政治性）と奴隷性（経済）の両方を満たしてはじめて満足する。ヘーゲル＝コジェーヴ的な「普遍等質国家」における人間（公民）は主人（戦士）であると同時に奴隷（労働者）であり、この両者のいずれをも満足させる。これこそが救済であり、神の出現であり、「歴史の終わり」の到来である。フクヤマによれば、人間の魂は、非合理的な「気概（thymos)」（これは、他人に優越したいという、不平等を肯定する「優越願望（megalothymia)」と結びつく）と、合理的に自己を満足させようとする欲望（これは、「対等願望（isothymia)」と結びつく）という二つの要素からなる。コジェーヴの用語で言えば、「優越願望」は「承認欲望」や「主人性」に当たり、「対等願望」は「奴隷性」つまり経済的合理性と結びついている。アングロ・サクソン流の自由主義の考え方は、この「優越願望」または「気概」を追放しようとしたのだが、それでもなお承認欲望は、「対等願望」の形をとってわれわれの周囲にあふれている[21]。人間は、この両方の構成要素を結合せねばならない。言い換えると、主人性（政治性）と奴隷性（経済的合理性）とを結合せねばならない。ところで、自由主義的民主主義は、政治と経済とを結合させる。つまりそれは、経済的合理性と「気概」または承認欲望という二本の柱に支えられており、国家がこの二本の柱を結合させるとき、一切の矛盾は除去されるであろう[22]。そしてフクヤマによれば、現代の自由主義的民主主義は、この二本の柱のある種のバランスを保つのに最適なシステムなのである[23]。こうして、この二本の柱を共に満足させ、結合させる自由主義的民主主義こそが、人間を最も満足させるシステムなのであり、その到来によって原理上、歴史は終わるのである。そしてこの「歴史の終わり」はすでに到来している。戦後のアメリカ合衆国やヨーロッパ共同体は、普遍等質国家、普遍的承認の国家の完全な実現を構成していると述べるコジェーヴは、この点で「重大な真理（important truth）」を述べている、または「正しい確認（constatation juste）」を行っている[24]。

フクヤマは、一方においてこのような「よいニュース」を、経験的で確認可能な出来事だと述べながら、他方では歴史的あるいは経験的ないかなる出来事にも対応させることができないようななお到達不可能な統制的理念の単なる告知として見なしている[25]。「よいニュース」、つまり承認欲望と経済的合理性の結合、つまり普遍等質国家はすでに到来している。けれども他方ではそれはまだ到来していない。一方ではそれは現実的なものであるけれども、他方ではそれは単なる理想または理念である。フクヤマは、この和解不可能な言説の間をあいまいに揺れ動く[26]。彼は、一方の議論を他方の議論へとすべり込ませるのをちゅうちょしない。つまり彼は、事実としてのよいニュースの告知、つまりよいニュースが現実に、歴史的に、そして経験的に確証可能なかたちで出現したことの代わりに、理想的な、つまりおよそ経験的には十分に確証しえないよいニュースの告知、言い換えると目的＝終末論的なよいニュースを置くのである[27]。このように理想的なよいニュースを脱歴史化せねばならなくなると、彼はそれを「自然」（これはフクヤマ自身の言葉であり、デリダによれば、『歴史の終わりと最後の人間』の主要概念の一つである）の言葉だと捉え、彼が「超歴史的」と呼ぶさまざまな「基準」に従いながらこの「自然」の言葉を確認していくのである[28]。

デリダによれば、自由主義的民主主義の定立の失敗や、事実と理想的本質との隔たりは、いわゆる西欧的民主主義における最も古く最も安定的なものも含めてすべての民主主義をア・プリオリに特徴づける。つまり民主主義の概念とは、何らかの diastème（隔たり、失敗、不適正、分離、不適合、「関節がはずれて」いること）においてのみ出現しうるような一つの約束なのである。民主主義とは常に、失敗において告知される。民主主義とは常に、これからやって来るもの（à venir）である。将来において現前するようなものとして民主主義を語るべきではない[29]。

デリダによると、フクヤマの論理におけるオリジナルな点は、自由主義的民主主義の理想を、彼が理想としてばかりでなく、一つの事実、出来事ともみなしているという点である。つまりフクヤマによれば、自由主義的民主主義へと向かう現実の傾向は、長期的に見れば、勝利すべく運命づけられている[30]。つまり、理想はまだ到来していないけれども、すでに到来してもいるのである。「この理想〔＝自由主義的民主主義の理想〕をフクヤマは、一つの出来事ともみなす。それはすでに到来しているのであるから、つまりこの理想は理想の形態においてすでに自分を現前させているのであるから、この出来事は有限な歴史の終わりを今すでにしるしているであろう。この理想は無限であると同時に有限である。無限であるというのは、この理想があらゆる規定された経験的現実性から区別され、「長期的な」傾向であり続けるからである。にもかかわらず、それは有限である。というのもこの理想は理想としてはすでに到来しており、歴史はそのときからすでに達成されているからである」[31]（〔　〕は堅田による補足。強調は原文）。

デリダの描くフクヤマの図式を整理しよう。フクヤマは、自由主義的民主主義が、歴史を概念的に把握した場合の「歴史の終わり」にあたると主張する。そしてフクヤマによれば、この「歴史の終わり」はすでに実現しているのである。それを確証する歴史的証拠をフクヤマは援用する。ところがその一方で、それに反する歴史的事実も多数現存する。このような事実に直面するときフクヤマは、自由主義的民主主義を理想化し、それは理想であり、現実とは隔たりがあると主張する。けれどもフクヤマによれば、この理想は超歴史的なものであり、「長期的に見れば」実現するべく運命づけられている。フクヤマはさらに、この理想の将来における実現を根拠づけるために、この理想は「自然」なものであり、自然な諸基準に合致するものであることを示そうとする。フクヤマのこの図式をさらに単純化すると次のようになる。「自然」な、つまり「超歴史的」な諸基準がある。これが歴史を通じて自己を実現させる。自然とは歴史の起源ないし始源であり、かつ歴史の目的＝歴史の終わりである。これはまさしく、デリダが、そしてわれわれが「始源＝目的論」と呼ぶものである。フクヤマは、福音主義的かつ終末論的なトーンで、この「始源＝目的論」を語っているのである。

デリダのフクヤマ論をさらに見ていこう。デリダによれば、フクヤマの論理は、「自然主義と目的論主義とが互いに基礎づけ合う論理の堅固で持続性のある伝統」に属するものである[32]。フクヤマの次の記述がそれを示している。「結局のところ、永続的な超歴史的基準を参照することなしには、すなわち自然を参照することなしには、「歴史」やましてや「普遍的歴史」について語ることは不可能であるように思われるかもしれない。「歴史」とは所与ではないし、単に過去において産出されたあらゆるもののカタログでもなくて、われわれが重要なものを重要でないものから分離する意図的な抽象化の努力なのである」[33]。

フクヤマが、万物の尺度にせよと提案する超歴史的で自然的な基準とは、「人類としての人間（l'homme en tant qu'Homme, man *as man*）」である[34]。彼は、このような「人類」に関する人を不安にするような問いに一度も直面しなかったかのようである。彼は、マルクスやシュティルナーやニーチェやフロイトやフッサールやハイデガー——まさしくこのような問いを発した人たち——を読んだことがないかのようである。そして何よりもヘーゲル自身もまた、このような問いを発していたはずである。ヘーゲルは、自然的で超歴史的な人間の哲学者ではない(35)。

この自然的で、無歴史的かつ抽象的なものと想定される実体（「人類」）を定義するためにフクヤマは、彼が「最初の人間」、つまり「自然の人間」と呼ぶものに立ち戻る(36)。この「自然の人間」について語るためにフクヤマは、「ヘーゲル＝コジェーヴと呼ばれる新たな綜合の哲学者」と彼が呼ぶものに由来する「まったく非唯物論的」な弁証法に訴えると主張する。つまりフクヤマはここで、ヘーゲル＝コジェーヴ的な承認を求める生死を賭けた闘争、および主人と奴隷の弁証法に訴えるのである(37)。デリダによれば、この人工物（artefact）はあまりに混乱しているように思われる。けれどもこの人工物を、ある要求、もっと言うと命令をかなえるためにそれに対処する人工物、つまり徴候的モンタージュとして取り扱う必要がある(38)。

デリダは、このようなフクヤマの身振りを「手品（tour de passe-passe）」と呼ぶ。「一方において（一方の手において）フクヤマは、いわゆるマルクス主義的諸国家や、もろもろの自由主義における経済的・政治的な約束の地への接近を妨げるあらゆるものの最終的解体を確認しなければならない場合に必要となる経験的出来事の論理を信用する。ところが他方において（もう一方の手において）、超歴史的で自然的な理想の名において彼は、いわゆる経験的な出来事に関するこの同じ論理の信用を失墜させる。彼は、この理想やその概念が、まさしくそれらと冷酷に矛盾するものを考慮しなくて済むようにするために、この論理を宙づりにしなければならない。この理想やその概念に冷酷に矛盾するものとは一言で言うと、一切の悪、資本主義的諸国家や自由主義において、また国家的であるなしを問わずさまざまな力——その覇権は、このいわゆる超歴史的または自然的（むしろ、自然化された、と言おう）理想と結びついている——によって支配されたある世界においてうまくいかないあらゆるもの、のことである」(39)（強調は原文）。

それでは、この「手品」にどう対抗するのか。デリダは言う。「歴史と自然との間の、歴史的経験性と目的論的超越論性との間の、あるいは出来事のいわゆる経験的現実性と自由主義的な目的《テロス》の絶対的な観念性との間の手品について言うと、それを機能不全に陥れることができるのは、出来事についての新しい思考または新しい経験から、そして幽霊的なものに対する出来事の関係についての新たな論理から出発してのみである」(40)。（なお、幽霊性の問題については本書第一章を参照していただきたい。）

デリダによれば、フクヤマの著作における首尾一貫性のなさや嘆かわしいほどの素朴さこそが、最も考慮に入れねばならない徴候的シグナルである。終わりのテーマ（歴史の終わり、人間の終わり、「最後の人間」の形象、ある一定のポスト・マルクス主義への参加、等々）は、デリダの世代のさまざまな哲学における基本的文化を構成していたのだが、この出来事から、「現在進行中でいまだ分析されていないこれとは別の一連の出来事」を導き出すことはできなかった。この一連の出来事によって生み出されたフクヤマ的な新自由主義的レトリック（歓喜に満ちあふれていると同時に苦悶に満ちあふれており、偏執的であると同時に喪に服しており、しばしば陶酔感のなかでみだらな気分にある、とデリダは評する）は、「ある特定の終わりの不可避性が自らを告知した瞬間と、自らにマルクス主義の形象を与えた諸国家や全体主義的社会の現実的崩壊との間のずれのなかに書き込まれているある出来事性を問いただすようわれわれを義務づける」。つまり、デリダの世代においてすでに、理論上は歴史の終わりは自らを告知していたのだが、現実に起こったこの終わりの実現、つまりマルクス主義的な国家や全体主義的社会の崩壊は、前者の理論によってはまったく把握することができないのである。新自由主義的なレトリックは、この理論と現実との間のずれにおいて生まれたものなのである。そして新自由主義的レトリックは、このずれを考えるようわれわれに迫っているのだとデリダは考えるのである。ところで、歴史の終わりを告知していた理論（ヘーゲル的またはマルクス主義的な形而上学的な歴史観に基づく）が客観的で等質的な歴史編成を前提にしているとすると、実際に起こった出来事は、それによって計ることはできない。現在進行中の出来事、つまり「あらゆる秩序のさまざまな変革の総体（とりわけ技術的＝科学的＝経済的＝メディア的なさまざまな変化の総体）」は、マルクス主義的言説やそれに反対する自由主義的な言説の伝統的所与を超出している。この変化は、存在＝神学的体系や技術の哲学そのものをかき乱す。まさしくここで、「歴史性に関するこれまでとは別の思想」がわれわれを呼び覚まし、歴史や歴史の終わりの形而上学的な概念――それがヘーゲルに由来するものであれ、マルクスに由来するものであれ――を超出させるであろう(41)。

デリダが言わんとしているのは、おそらくこうである。コジェーヴに立脚したフクヤマの「歴史の終わり」論やそれを支える始源＝目的論的な体系は、それ自体においては混乱している。けれどもこの混乱こそ、現在進行している歴史的な出来事がこれまでの形而上学的な始源＝目的論や存在＝神学によっては捉えられないものであること、それを把握するためには歴史性に関する新しい思考が必要になることの徴候的な現れである。その一方で、フクヤマが始源＝目的論を用い、かつそれに福音的で終末論的な調子を与えていることは、この現在進行している出来事、全く新しい歴史性に対する不安を覆い隠し、この新しい歴史性への接近を閉ざしてしまおうともするものである。

デリダによれば、従来の形而上学的思考を越え出た現在進行中の出来事を把握するためには、歴史性に関する新しい思考が必要になる。その新しい思考に関する示唆をすでにコジェーヴ自身が与えているのである。この限りで、フクヤマがコジェーヴに注目したこと自体は正当であったとデリダは評価しているのかもしれない。デリダは、コジェーヴが『ヘーゲル読解入門』の第二版で付け加えた脚注の追加で論じている日本論に注目する。そしてその解釈を通じて、歴史性に関する新しい思考を展開してみせる。これについては後述する。

デリダは、フクヤマのコジェーヴ解釈の検討とそれに対する批判、そしてフクヤマのコジェーヴ解釈に対抗するデリダ自身のコジェーヴ解釈をなした後、そのフクヤマおよびコジェーヴ論を締めくくるものとして、丸括弧に入れて次のようにまとめの言葉を述べる。これまで述べてきたことのまとめとして、それを引用しておこう。「ある一定の脱構築的歩み、少なくとも自分としてはなさねばならないと思った脱構築的歩みは、始めから、ヘーゲルやマルクスにおける、さらにはハイデガーのエポックの思想のなかにさえある歴史の存在＝神学的——けれども始源＝目的論的でもある——概念を問いに付することにあった。それは、それに対してある種の歴史の終わりや無歴史性を対置するためではなく、存在＝神＝始源＝目的論が歴史性を閉ざし、中性化し、最後には無効にすることを示すためである。このときに問題になったのは、別のある歴史性——ある新たな歴史でもなければましてや「新しい歴史主義（new historicism）」でもなく、歴史性としての出来事性のある別の開け——を考えることであった。この新しい開けは、約束としての——プログラムや存在＝神学的または目的＝終末論的な構想ではなく、約束としての——メシア的で解放へと導く約束における肯定的思想へのアクセスを断念するどころか、それを開くことを可能にするのである」[42]（強調は原文）。

それでは、この「歴史性としての出来事性のある別の開け」を考えることを可能にする思考、あるいは「出来事についての新しい思考」とはいかなるものか。デリダは、その示唆をすでにコジェーヴが与えているとして、それを取り出してみせる。それはまさしく、始源＝目的論から解放された新しいコジェーヴ解釈の展開でもある。次にそれを見てみることにしよう。

デリダは、コジェーヴが『ヘーゲル読解入門』の第二版に付け加えた日本に関する有名な脚注（正確に言えば、脚注の追加）に注目する[43]。コジェーヴはそこで、「歴史の終わり」＝永遠の現在（歴史が終わった後は、もはや人間は変化しないのであるから、現在の状態が永遠に続くことになる）の実現した後もなお、「ねばならない」を語っている（「ポスト歴史の人間は、……ねばならない（L'Homme post-historique doit……）」[44]）。この一節は、この脚注の最後の一文にある。この最後の一文を含む関連箇所を引用する。「「自然あるいは所与存在との調和にある動物」は人間的なものを何ももたぬ生ける存在者である。人間的であり続けるためには、「所与を否定する行動や誤謬」が消滅するとしても、人間は「対象に対立した主観」であり続けねばならない。これはつまり、ポスト歴史の人間は以後自己にとっての所与をすべて十全な仕方で語りながら、「形式」をその「内容」から切り離し続けねばならないという意味となる。がそれはもはや内容を行動において変-貌せしめるためではなく、純粋な「形式」としての自己自身を任意の「内容」として捉えられた自己自身及び他者に対立させるためであるという意味である」(45)（強調は原文）。

今引用した部分を含む追加された脚注においてコジェーヴは、「マルクス主義的「共産主義」の最終段階」にして人類全体の未来の予示としてのアメリカ合衆国という、自分のこれまでの見解（これ自体が奇妙なものであるが）を根本的に変えたと述べる。それまでコジェーヴは、アメリカ的な歴史の終わり（これを彼は、人間の動物性への還帰と捉える）を、「ヘーゲル＝マルクス主義的な歴史の終わり」の究極的形態とみていた。アメリカとは、「人類全体の「永遠に現在する」未来を予示するもの」であった(46)。ところが、1959年の日本旅行の後にコジェーヴは見解を変えて、アメリカ的なハッピーエンドよりも最終的で終末論的な歴史の終わりがあり、それは日本的な歴史の終わり、デリダの言い方でいえば「極端より以上の日本的極端」であると言う(47)。デリダは次のように言う。「コジェーヴによれば、戦後のアメリカ合衆国における共産主義の最終段階はまさしく――当然そうなるはずのものだが――人間を動物性へと還元する。けれども歴史の終わりには、それ以上にしゃれた、「スノッブ」なものが、最上のもの（nec plus ultra）がある。そしてそれは、日本的なポスト歴史性であるだろう。日本的なポスト歴史性は、その文化の「スノビズム」のおかげで、ポスト歴史的な人間が動物的自然性へと回帰するのを妨げるのに成功するであろう」(48)。つまり、これまでコジェーヴは、「歴史の終わり」においては人間が動物性に回帰し、動物として永遠の現在を生きると考えていた（アメリカはこの永遠の現在をすでに実現し、また人類全体に対してこの永遠の現在を予告するものであるとコジェーヴは言う)。このような考え方によれば、ポスト歴史の世界では人間は人間としてではなく、動物として存在する。動物として永遠の現在を生きる。したがって、もはや歴史は存在しない。まさしく人間の動物性への回帰によって「歴史の終わり」が到来するのである。ところが、コジェーヴは、日本旅行の後にこの見解を修正し、「歴史の終わり」においても人間が人間として生きる道があることを見出す。こう言ってよければ、「歴史の終わり」から始まる歴史があるのである。コジェーヴは人間性を、闘争と労働による所与（自然）の否定として定義する。したがって、「歴史の終わり」においても人間が人間として生きることができるとは、人間が闘争と労働以外の新たな否定の仕方を見出すことを意味する。そしてその新たな否定の仕方をコジェーヴは日本に見出したのである（ここからコジェーヴは、西洋の日本化を予言する)。この新たな否定の仕方を原理的に述べた部分が、前に引用した部分なのである。コジェーヴの新たな可能性を見出そうとするデリダがこの部分に注目したのも当然である。

それでは、この部分に関するデリダの解釈を見てみよう。コジェーヴが追加した脚注の最後の一文は、コジェーヴが西洋人の「日本化」と呼ぶものがいったん現実化するや否や問題となる、ポスト歴史的人間の未来のための使命や義務を定義するものである。この義務ないし「ねばならない (devoir)」の様式や内容が何であろうとも、未来のためには何らかの「ねばならない (il faut)」がある。この「ねばならない」の不確定性がいかなるものであれ、なにがしかの未来や歴史があるし、たぶんこれまで表象されてきたような人間や歴史を越えた、ポスト歴史的な人間のための歴史性の始まりさえもある[49]。「この「ねばならない (devoir)」の様式や内容が何であれ、この必然性、この指図または命令、この拘束 (gage)、この使命、したがってまたこの約束、この必然的約束の様式や内容が何であれ、この「ねばならない (il faut)」が必要である、そしてそれは掟である」[50]（強調は原文)。つまり、最後の一文において、「ねばならない」という表現を使って、コジェーヴは、ポスト歴史における人間の義務または使命を定義しているとデリダは考える。このポスト歴史の人間の「ねばならない」とは、ポスト歴史の人間が人間として生きるためには欠かせない「ねばならない」である。そしてこのポスト歴史の人間の「ねばならない」は、内容とは無関係の「ねばならない」である。つまりそれは、およそ「内容」を否定し続ける「形式」としての「ねばならない」である。ポスト歴史における人間は、およそ「形式」として、何であれ「内容」を否定し続け「ねばならない」のである。そしてこれが、ポスト歴史における人間の人間性を維持し続ける新たな否定性なのである。

デリダはさらに解釈を続ける。このポスト歴史における人間の内容に対する無関心は、無関心、無関心な態度ではない。それは、出来事そのものや未来そのものに開かれてあることを示しているのであり、あらゆるもの、あらゆる内容一般への関心と非＝無関心の条件となっているのである。「この特異な無関心は、コジェーヴから見れば、これまで歴史と呼ばれてきたものを越えて自らをもたらすようなある未来（avenir）を特徴づける。この一見形式主義的な、内容に対する無関心は、たぶん次のような長所をもつ。すなわち、未来そのものの必然的に純粋で純粋に必然的な形式を、それが必然的に約束され、指図され、指定され、命令されてあることにおいて、またその可能性の必然的に形式的な必然性において、要するにその掟において考えさせるという長所をもつ。内容に対する無関心こそが、あらゆる現在を、その自分自身との同時性の枠外へと解体する。約束が何に関するものであろうと、約束が守られようと守られまいと、また約束が守ることのできないものであり続けようと、必然的に約束があり、したがってこれからやって来る（à-venir）としての歴史性がある。われわれがメシアニズムなきメシア的なものと名づけるのはこれである」(51)（強調は原文）。難解な文章であるが、解釈してみたい。内容に対する無関心というのは、あらゆる内容ないし出来事、つまりあらゆるこれからやって来る内容ないし出来事、つまりこれからやって来る＝未来一般に対する関心（の条件）である。このような関心をもった状態で生きることこそが、ポスト歴史における人間の義務である。この場合、この内容ないしは出来事は、これからやって来るもの（未来）として、到来することの常に約束されたものとしてある。その内容が何であろうが、また実際にそれがやって来ようが来るまいが、つまり約束が守られようが守られまいが関係ない。このような未来をもって生きることは、自分自身との同一性を維持し続けるなかで、つまり現在において生きる生き方とは全く異なるものである。

デリダによれば、この「内容に対する無関心」＝一切の内容に対する関心、これからやって来るものとしての歴史性こそが、アメリカという、一切の不調和が消え失せた永遠の現在の予告を揺るがす。「歴史が達成されるところで、歴史のある特定の概念が終わるところで、まさしくそこで歴史の歴史性が始まり、ついにはそこで歴史の歴史性が自らを告知する――自らを約束する――チャンスをもつ。人間が達成されるところで、人間のある特定の概念が達成されるところで、そこにおいて人間の、つまり他なる人間の、そして他なるものとしての人間の純粋な人間性が始まり、またはついには自分を告知する――自分を約束する――チャンスをもつ」[52]（強調は原文）。

難解な文章が並ぶが、このポスト歴史における人間のあり方に関するデリダの見解を私なりに解釈してみたい。デリダによれば、ポスト歴史における人間の内容に対する無関心は、無関心ではなく、内容一般、あらゆる内容への関心である。そしてデリダは、これを、出来事性への関心として捉え直し、この出来事性への関心によって「歴史の歴史性」、こう言ってよければ歴史の名に値する歴史が始まるのだという。そしてそれは、「他なる人間」または「他なるものとしての人間」の始まりなのだという。デリダによれば、コジェーヴが「歴史の終わり」について語る場合のその「歴史」とは、「歴史のある特定の概念」のことである。つまり「歴史の終わり」とは、ある特定の意味での歴史の終わりという意味である。この特定の意味での歴史とは、おそらくは始源＝目的論的に解釈することの可能な歴史、つまり闘争と労働という二つの否定的行為によって形成される歴史である（コジェーヴ自身が歴史を始源＝目的論的に解釈していたということではない)。そもそも闘争と労働という否定的な人間的行為は、始源＝目的論的な構造をもつものとして解釈することができる。闘争も労働も、観念的に存在する理想＝目的を、闘争や労働という、現実（つまり、理想＝目的からの逸脱）を否定する行為を通じて実現させようとするものである。そしてこの理想＝目的は、自分の本来の姿、自然の姿、つまり自分の起源に合致するがゆえに正しいものとされるのである。したがって始源＝目的論的に解釈された歴史とは、「人類」の構成要素としての個々の人間のなす闘争と労働を原動力とする歴史にほかならない。

闘争と労働を原動力とする歴史が終わるとき、もはや世界には否定すべきものは一切なくなるのであるから、闘争と労働も消滅し、闘争と労働という形式での否定的行為によって自己の人間性を形成する人間も終わりを告げる。ところが、このような意味での歴史や人間の終わりは、新しい意味での歴史や人間の始まりである。人間が人間といえるためには、コジェーヴによれば、否定性が不可欠である。したがって新しい人間とは、闘争や労働とは異なる新しい否定形式によって自己の人間性を形成する人間でなければならない。このような人間のことをデリダは、「他なる人間」または「他なるものとしての人間」と呼んでいるのだと思われる。問題は、この新しい否定形式とは何かということである。デリダによれば、この新しい人間は、内容に対する無関心、つまり内容の否定を自らの義務または使命とする人間である。内容に対する無関心とは、あらゆる内容に対する関心であり、そしてこれは、あらゆる出来事に対する関心でもある。人間があらゆる内容、あらゆる出来事に関心をもた「ねばならない」ということは、歴史を「これからやって来る」として、そしてまた「これからやって来る」という約束として、つまり出来事の出現の約束として捉え「ねばならない」ということである。そのように捉えることは、ポスト歴史における人間の義務である。そしてそのように捉えることにおいて、人間はある約束に加入することになる。実際にその到来の約束が守られようが守られまいが、またいかなる内容の出来事が到来しようが、それには関係なく、「これからやって来る」の約束として歴史を捉え「ねばならない」。また、「これからやって来る」もの、つまり出来事の内容が何であるかはわからないが、いかなる出来事がやって来ようと、それに関心をもた「ねばならない」。このような「これからやって来る（à venir）」＝「未来（avenir）」としての歴史とは、特定のメシアの到来ではない。到来するのは、将来においてそれが現実に存在するであろうというかたちですでに現在把握されているようなものではない。到来するのは、それが何か、また本当に到来するかさえ決してわれわれにはわからない出来事である。けれども、それが到来するものと考え「ねばならない」。このような態度または義務は、自分が本当の自分を獲得してそこに安らうことをめざすという、つまり自分が自分に対して完全に現前することをめざすという現在（現前）中心的な態度を解体し、そこからわれわれを解放してくれるであろう。この意味で、「これからやって来る」としての、つまり約束としての出来事は、「メシア的で解放へと導く約束」である。

特定のメシアの到来を予定する思想（デリダが「メシア的なもの」と区別して、「メシアニズム」と呼ぶもの）とは、始源＝目的論的、あるいは終末論的な構造をとらざるをえない。この場合のメシアとは、起源における純粋無垢な状態を回復すべく、その状態から逸脱した歴史の終わりにおいて登場し、人間を救済するものである。起源における状態は、回復されることが約束されたもの（「約束の地」）として、歴史の目的ともなっている。フクヤマは、歴史こそがまさしくメシアであると主張する。デリダはこのようなメシアニズムを退ける。デリダは、コジェーヴはこのようなメシアニズムではない歴史の考え方を提出しているとして、それを自分の「メシアニズムなきメシア的なもの」の先駆と捉え、それを解明した。こうしてデリダは、メシアニズム的、始源＝目的論的な解釈によってこれまで見逃されてきたコジェーヴ哲学の独創性を明らかにしたのである。

3．シュトラウスのコジェーヴ解釈

(1)　コジェーヴとの論争がシュトラウスにとってもつ意味

すでに述べたように、シュトラウスは、『僭主政治について』をめぐってコジェーヴと論争したばかりでなく、コジェーヴと生涯にわたって手紙をやり取りし、論争を展開した。シュトラウスはコジェーヴを「歴史主義者」とはみなしていなかったし、それどころか「歴史主義」に批判的である点では両者は共通していたように思われることについてはすでに述べた。だとすると、シュトラウスにとってコジェーヴの思想やコジェーヴとの論争がもつ意味は、「歴史主義」との対決とは違ったものであったはずである。古典的哲学だけが人間的事象の本質を捉えることに成功したと考え、古典的哲学の復権をめざすシュトラウスにとって、近現代の僭主政治（その典型はヒトラー体制）の本質を見抜くことができなかったことに象徴される近代の政治哲学（歴史主義）の無力さ[53]は、徹底的な批判の対象であった。これに対して、「歴史主義」に対する批判と、それに取って代わる思考様式の定式化という点で考えを同じくするコジェーヴとの論争は、シュトラウスにとってより建設的な意味をもっていたはずである。シュトラウスは、近代的政治哲学の無力さを目の当たりにして、その無力さの原因を徹底的に追求したうえで（彼はその原因を「歴史主義」に見て取った）、古典的哲学を選び取ったのに対し、コジェーヴはヘーゲル主義を選び取った。同じく近代の政治哲学・歴史主義の克服をめざしながら、なぜ異なる（ほとんど正反対といっていいような）選択をなすことになったのか（しかもシュトラウスが、コジェーヴをすぐれた知性の持ち主であると認めていたことは間違いない）。自分の選択が正しかったのかどうかに関する不安ともあいまって、コジェーヴによる批判は、シュトラウスにとって、自分の立場を形成し確認していくうえで、きわめて重要な、つまり建設的な意味をもっていたのであろう。現にシュトラウスは、1962年11月16日付のコジェーヴ宛書簡で次のように言っている。「スピノザを論じた私の本〔おそらく、『スピノザの宗教批判』の英訳[54]〕に付した私の序文についてあなたが言っていることは、私にとっては完全に新しいことだというわけではない。私が思うに、私はあなたの反論を考慮に入れていたけれども、私が提起する論点をあなたは考慮に入れていないのだ」[55]（〔　〕は堅田による補足）。

(2)　シュトラウスによる始源＝目的論批判

シュトラウスが「歴史主義」批判、そして古典的哲学（その中心はプラトン哲学である）の選択という自らの立場を決定したのは、『ホッブズの政治学』[56]の執筆を通じてであったと思われる。おそらく『ホッブズの政治学』執筆中にシュトラウスがコジェーヴに書き送った手紙のなかの次の一節がそれを示している。「追伸。アリストテレス主義者であったり、アリストテレス主義者になる必要はない。あるいはプラトン主義者になれば十分〔以下、判読不能または欠落〕（P. S. It is not necessary to be or become Aristotelian or 〈…〉 sufficient to become Platonist[57]〔手紙の原文も英語。〈…〉は、編者によれば、一語ないしは一語の一部分の判読不能または欠落を示す〕[58]）」（〔　〕は堅田による補足）。「プラトン主義者になれば十分である」と補って読むことにする。プラトン主義こそ、シュトラウスが選び取り、生涯にわたって擁護した立場である。彼は、ホッブズ政治哲学の批判的検討を通じてプラトン主義を選び取った。そして、「アリストテレス主義」を退けた。問題は、この「アリストテレス主義」の意味である。『ホッブズの政治学』のなかで、ホッブズがとりわけその初期の頃にはアリストテレス主義者であったこと、そして初期の頃の考え方がホッブズの後期の政治哲学を決定的に規定していること、が強調されているところから推測すると、「アリストテレス主義」とは、ホッブズが引き継いだ限りでのアリストテレス哲学の一側面、もっと正確にいうと、ホッブズの歴史主義または始源＝目的論につながるようなアリストテレス哲学の一側面を意味していると解釈することもできるのではないだろうか。後述するように、そのようなアリストテレス哲学の側面とは、アリストテレスがプラトンとは異なり、徳の力を徳そのものには認めず、「理性の戒律」によっては説得されない大多数の人々を徳へと導くためには、法律による強制が必要だと考えている点、つまり徳ないし「理性の戒律」の実現可能性を考えている点だと思われる。徳ないし「理性の戒律」を実現させるためには、それを遵守しなければならない人々の情念に働きかけねばならない。アリストテレスはまさしく情念を問題にする。アリストテレスは、人々を徳へと向かわせるためには情念を抑制しなければならないと考える。シュトラウスによれば、この情念の問題、とりわけそのなかでも「虚栄心」の問題をホッブズはアリストテレスから引き継いでいるのであり、さらにヘーゲルがその問題を「承認欲望」の問題として引き継いでいる(59)。ところで、シュトラウスのホッブズ解釈は、コジェーヴのヘーゲル読解の影響を決定的に受けている。シュトラウスのホッブズ解釈は、コジェーヴのヘーゲル解釈（「承認欲望」の問題を中心に据えている）の観点からのホッブズ解釈である。この観点から考えることにより、「虚栄心」問題を扱う思想の系列としてアリストテレス——ホッブズ——ヘーゲルというラインが浮かび上がる。だとすると、前述した「アリストテレス主義」とは、アリストテレスに始まる「虚栄心」問題を扱う思想系列をも指していると考えられる。こう考えると、この「アリストテレス主義（者）」にはコジェーヴも入っていることになる。こうして、先に引用したコジェーヴ宛の書簡の一節は、コジェーヴに対する批判を含んでいることになる。

ただし、ここには、注意しておかねばならない微妙な問題がある。確かにコジェーヴも、（シュトラウスによって解釈された）ホッブズと同様に、徳ないし「理性の戒律」、つまり自然にかなう道徳的基準の実現可能性を考えており、したがって人間の情念（その中心に「承認欲望」がある）を考慮に入れる。けれどもコジェーヴは、（シュトラウスによって解釈された）ホッブズやその他の「歴史主義者」とは異なり、始源＝目的論を採っていない。そこにコジェーヴの独創性がある。おそらくシュトラウスもそう考えており、だからこそシュトラウスはコジェーヴを評価するのだと思われる。図式的に整理すると、シュトラウスによれば、アリストテレスを引き継いだ思想の流れには、始源＝目的論の流れと、コジェーヴ的な流れがあるのである。前述の手紙でシュトラウスが「アリストテレス主義（者）」として退けているのは、この両方の流れであるにしても、その後にシュトラウスが「歴史主義」の名の下で批判するのは前者の始源＝目的論の流れのみである。

それではこれから、シュトラウスによる始源＝目的論批判を見ていくことにする。すでに述べたように、シュトラウスの論敵は、彼が「歴史主義」と呼ぶ、古典的哲学の後の政治哲学、とりわけ近代の政治哲学である。そして彼が近代の政治哲学を批判する場合には、マキアヴェリ――ホッブズ――ロック――ルソー――ドイツ観念論（特にカントとヘーゲル）――ニーチェおよびそれ以降という流れを基軸にしながらその特徴を押さえていくことが多い。この流れに対するシュトラウスの特徴づけを見ると、シュトラウスはこの流れを始源＝目的論（彼自身はこの用語を用いてはいないが）の構造をもつものとして捉えていると言ってよいように思われる(60)。そこで、シュトラウスの近代的政治哲学批判を始源＝目的論批判として解釈し、シュトラウスによる近代的政治哲学批判の原点となった『ホッブズの政治学』に依りながらその批判を追っていくことにする。

けれども、コジェーヴ哲学の意義を明るみに出そうとする本章の目的との関係で、シュトラウスによる始源＝目的論批判を検討することはどのような意味をもつのだろうか。それは、シュトラウスによるコジェーヴ思想の把握の仕方をはっきりさせるためである。シュトラウスは、コジェーヴを近代の政治哲学の最高の代弁者だとみなしながら、その近代の政治哲学の構造だと（私の解釈では）彼が考える始源＝目的論にはコジェーヴは属していないとみなしている。つまりシュトラウスは、デリダと同様に、コジェーヴを始源＝目的論的解釈から解放しているのであり、シュトラウスのこのようなコジェーヴ解釈を明るみに出すことは、コジェーヴ思想の意義を理解するためにきわめて有意義であると思われる。そのためには、シュトラウスがコジェーヴ思想とはっきりと区別している始源＝目的論についてしっかりと把握しておくことが重要であると思われる。

シュトラウスは、彼のいう「人文主義期」(1629年にいたるまでの時期)[61]にホッブズが歴史研究に没頭したことに、決定的意義を見出す。それがあったからこそホッブズは、彼以前とは決定的に異なる新しい政治学をつくることができたのである。シュトラウスによれば、ホッブズが歴史研究に向かったのは、「戒律の応用（the application of precept)」、つまり自然＝理性にかなう道徳的な基準の実現を問題にしたからである。「戒律」の設定については、アリストテレスによって完璧に成し遂げられた。けれども、「もろもろの戒律はそれ自身によって実効力をもつことはなく、またそれ自身のために遵守されることもなく、それが実効力をもち遵守されるためには、どんな場合においても——したがって、高貴な自然本性の持ち主たちに関しても——戒律そのもの以外の何らかの方策を必要とする」[62]。そこで、人々を戒律へと向かわせ、戒律を遵守させるためにはどうすればよいかを探求するために、ホッブズは歴史上の諸事例へと目を向けるのである[63]。結局のところ、人々を戒律、つまり道徳上の徳へと向かわせるのは、名声と栄誉（honour and glory）である[64]。

おそらくプラトンは、徳がそれ自体として力をもつと考えていた。これに対して、シュトラウスによれば、アリストテレスは、徳の力を徳そのものとは別のところに求めている。アリストテレスは、「自由と高貴さへの志をいだく真に名誉を愛する自然本性をもつ人びと」は理性の戒律が言うことを一から十まで聞き入れるが、大多数の人びとにとっては理性の戒律が何の影響力ももっていないと主張する[65]。そこで、「大多数の人びと」を戒律に向かわせるための方策として、アリストテレスは法律を挙げた。ホッブズは、高貴な自然本性の持ち主に関しても、戒律を遵守させるためには戒律以外の何らかの方策が必要だと考える。戒律を教える哲学と、それを強制する法律との中間に、歴史から汲み取るべきもろもろの教訓が割って入ることになる。

アリストテレスによればかつて哲学的戒律の任務であったのと同じ役割を、ホッブズにおいては歴史の教訓が、高貴な自然本性の持ち主たちに関して果たすことになる(66)。

シュトラウスは、このような歴史への転回がすでに16世紀、とりわけベーコンやボダンに見られるとする。彼らは、規範の応用の技術を歴史から得ようとする。さらには、彼らによれば、規範そのものの認識をも歴史から得ることができるのである。とりわけボダンがこれを明言する。歴史から引き出される規範とは、ある計画を成功させるか失敗させるかにかかわる。規範の認識は、善い（成功を収める）計画と悪しき（失敗に終わる）計画との区別によって可能となる(67)。ホッブズはこの流れを引き継ぐ。そしてボダンの「歴史」がホッブズにおいては「政治学」に取って代わられることになる(68)。

シュトラウスによれば、ホッブズは、伝統的な戒律または規範（その典型はアリストテレスのそれである）の応用のための方策を考えるというところからさらに進み、伝統的な戒律または規範そのものが正しくなかったのだと主張する。「ホッブズは、どうしたら伝統的道徳論の規範が現実化されうるか、と問うだけでは満足しない。かれは、伝統的哲学のやり方よりも実際の応用にいっそう役立つようなやり方で、伝統的諸規範を根拠づけようとの意図をも有しているというだけではない。そうではなく、かれはギリシア哲学のであれ、聖書‐キリスト教のであれ、さらには貴族の徳でさえ、およそ伝統的道徳論そのものの応用可能性を否定するのである。もちろんかれは、これをも乗り越えてもっとさきまで進んでいく。すなわち、かれは単に、アリストテレスは規範の実現のための方途を示さなかったと主張するだけではなく、アリストテレスは規範そのものを正しく規定しなかったとも主張する。〔中略〕こうして、ホッブズの政治論は最終的に、伝統的政治論によって主張された規範の応用可能性だけではなく、その妥当性をも否定することになるのだが、それにもかかわらず、応用という原理は、ホッブズ政治論の最終的形態にとっても基準となるものであり続けている」(69)。ベーコンは、規範を実効的あらしめるために、情念の研究に向かった。つまり人々を規範から逸脱させるのは情念であるとして、もろもろの情念を相互に争わせることによって規範を実現しようとした。ホッブズはさらに進む。「かれ〔ホッブズのこと〕は、もろもろの情念とはじめから調和するような政治論を構想しようとする。最初は、すでにまえもって確定している規範の応用への問いに関連して道徳論のなかで市民権を獲得した諸情念の研究が、これからは、規範そのものの認識にとって土台にならなければならない」[70]（〔　〕は堅田による補足）。

以上のシュトラウスによるホッブズ政治学の記述から、次の三つの特徴を取り出しておきたい。①ホッブズは、自然＝理性によって認識しうる戒律ないしは規範、つまり社会や人間の理想像はそれ自体では実現不可能とみなし、その実現を可能にするための方策を考えようとしたということ、②この理想像そのものが、その実効性、実現可能性の観点からつくり変えられているということ、③自然＝理性によって認識しうる理想像と、つくり変えられた理想像とが取り違えられ、後者こそが真の、またはより上位の理想像だとされていること[71]。

ホッブズは、自然の、つまり原初の規範の実現可能性の仕方を考えているのであり、自然の規範は、実現されるべき目標になっている。自然の規範を実現するためにホッブズは、まずはその応用の仕方を求めて歴史研究へと向かう。さらには、人間を自然の規範から逸脱させるものとしての情念の力に注目し、情念論を展開することになる。そして最後に、実現可能性の観点から自然の規範そのものがつくり変えられることになる。これが、近代政治学の創始者といわれるホッブズの政治学の形成につながることになる。

ホッブズにおいては、自然の規範は、実現されるべき目標になっている。したがってホッブズは始源＝目的論を採っているといってよい。この実現の仕方が、ホッブズの場合には「政治学（政治哲学）」、とりわけユークリッドに模範を取った分解－構成の方法であった[72]。この「政治学」に代えて「歴史」が置かれるとき、「歴史主義」が始まる。こうしてシュトラウスのホッブズ批判、とりわけ始源＝目的論批判は、「歴史主義」批判へと展開されることになる。

次に、シュトラウスの「歴史主義」批判を、彼の論文「政治哲学とは何か」における簡潔でよくまとまった記述を基にしながら見ていくことにする(73)。

(3)　シュトラウスによる「歴史主義」批判

シュトラウスによれば、近代的政治哲学は、古典古代の哲学者が自然に依拠しながら示した基準——道徳的基準——を、あまりに高尚で非現実的であるとして拒絶する。近代的政治哲学は、この基準を実現可能なものになるように低めようとする。シュトラウスは、このような近代的政治哲学の創始者をマキアヴェリであるとする（この限りで、近代的政治哲学の創始者はホッブズであるとする『ホッブズの政治学』における見解をシュトラウスは修正していることになる。シュトラウス自身もそれを明言する）(74)。シュトラウスは次のように言う。「私は、とり急ぎ、彼〔マキアヴェリのこと〕の古典的政治哲学の批判と同義である道徳の批判へと向かうことにする。その要点は、次のように言い表すこともできる。すなわち、ユートピアを描き出すこと、つまり、現実化されることなど絶対にあり得ないような、最善の体制を記述することをもって事足れりとする政治学的アプローチには何か根本的な誤りが存するということである。そこでわれわれは、徳によって、つまり、一つの社会が選択する最高の目的によって、われわれの方向を見定めることは止めることにしよう。そして、これからは、あらゆる社会によって実際に追求されている目的によって、われわれの方向を見定めることにしよう。マキアヴェリは、意識的に、社会的行為の基準を低めるのである。このように基準を低めることによって、彼は、この低められた基準にしたがって構想される計画が実現される可能性を、より一層高くしようとするのである。こうすることによって、偶然への依存は減少させられる。つまり、偶然は克服されるであろう」(75)（〔　〕は堅田による補足）。

この記述によると、マキアヴェリ——そして彼の後継者たち——は、自然の基準を、実現可能になるように低めようとする。つまり、自然の基準は、人間が実現すべき目的になる。この実現過程が、後に「歴史」と呼ばれるようになる。こうして近代的政治哲学は、自然＝原初の基準を、歴史を通じて実現すべき歴史の目的とするという始源＝目的論的構造をもつことになる。この構造の下では、始源＝自然は原理上実現可能なものとみなされているから、それは人間に内在的なものであり、古典的哲学において自然がもっていた人間を超越したものという性格を失うことになる。

シュトラウスの記述をさらに見ていこう。マキアヴェリの図式はその後、彼自身の原理――望ましい社会秩序の実現の見込みを高めるために、諸基準を低めること――によって変更を迫られることになる(76)。マキアヴェリは、あらゆる社会秩序の根底に暴力を見る。マキアヴェリの見解は次の通りである。人間は、人間存在によって徳へと教育されねばならないと、古代の政治哲学は言う。けれどもこの教育者自身が教育されねばならない。そうすると、最初の教育者、つまり社会の創始者が徳へと教育されたということはありえない。例えばローマの創始者は兄弟殺しであった。道徳が可能であるのは、道徳によっては創造しえない文脈においてのみである。なぜなら、道徳が自らを創造することはありえないからだ。道徳が可能である文脈は不道徳によって創造される。道徳は不道徳に依存し、正義は不正義に依存する。これは、あらゆる正統性が結局は革命的創設に依存するのと同じである。人間は、本性的に徳へと向けられるのではない。したがって、社会の善、つまり共通善を徳の観点から定義することはできない。そうではなくて徳を共通善の観点から定義するのでなければならない。この徳の理解こそが現実に社会の生命を規定する。共通善とは、すべての社会において実際に追求される諸目標である。例えば、外国支配からの解放、安定性または法の支配、繁栄、栄光または帝国。語の現実的な意味における徳とは、この目的のために要求されるさまざまな精神的気質（habits）の総計である(77)。

シュトラウスによれば、マキアヴェリの後継者たちは、マキアヴェリの図式の反感を買うような性格のゆえに、それを弱めようとする(78)。まずはホッブズである。ホッブズは、市民社会の本質は犯罪に基礎づけられるというマキアヴェリの主張を否定する。市民社会を基礎づけるためにホッブズが訴えるのが、自然状態に関する有名な学説である。正義とは単に社会の産物であるばかりでなく、自然権が存在するのだという伝統的観念をホッブズは受け入れる。けれどもホッブズは、伝統的な政治哲学に対するマキアヴェリの批判、すなわち伝統的政治哲学はあまりに高すぎる目標をもつという批判を受け入れてもいる。したがってホッブズは、自然権を起源、つまりすべての人間をほとんどの時間実際に規定する基本的欲求または衝動から導き出すべきであり、人間の完成または目的、つまり少数の人間だけを実際に規定し、しかもほとんどの時間彼らを規定しているというわけではないような欲望から導き出すべきではないと主張した。こうした第一次的な衝動は利己的なものであるが、それは一つの原理へと還元される。つまり自己保存への欲望、または否定的に表現すると、暴力的死への恐怖である。ホッブズの場合、いったん政府が設立されれば、暴力的死への恐怖は政府に対する恐怖へと変わる。また自己保存への欲望は、快適な自己保存への欲望へと発展する。こうしてマキアヴェリのいう栄光は、堅固な快適さへと道を譲る。そして栄光は、競争の形でのみ生き残る。つまりホッブズは、マキアヴェリの栄光に代えて、「力」の概念を基軸にする。力とは、栄光よりもはるかに実際的(businesslike)である。力とは高邁なまたはデモーニッシュな憧れの目的ではなく、冷厳にして客観的な必然性によって要求される。力とは道徳的に中立のものである[(79)]。

ホッブズの教えは、これでもまだあまりに大胆なものであり、とうてい受け入れられない。そこでロックがこの教えを緩和する。ロックはホッブズの基本的図式を引き継ぐのであるが、一点でのみそれを修正する。つまりロックは、人間が自己保存のために第一次的に必要とするのは拳銃よりも食物、もっと一般的にいうと財産（プロパティ）であると考えた。こうして自己保存への欲望は、財産や獲得への欲望に変化し、自己保存の権利は無制限の獲得への権利になった[(80)]。こうしてホッブズが引き継いだマキアヴェリ主義をロックはエコノミズムというかたちで引き継いだのである。エコノミズムとは、成熟したマキアヴェリ主義である。シュトラウスによれば、これを最も深く理解していたのはモンテスキューである。シュトラウスによれば、モンテスキューの『法の精神』は、二つの社会的ないし政治的理想、つまりローマ共和国——その原理は徳である——と、イングランド（英国）——その原理は政治的自由である——との間の絶えざる戦い、解決不可能な闘争の記録として読むことができる。モンテスキューはイングランドを支持する。モンテスキューの見解では、イングランドの優位性は、イングランド人が厳格で共和主義的なローマ人の徳の代理物を見出したという事実による。この代理物とは交易と財務である。徳を交易によって置き換える近代的システムは、紳士的なマナー、つまり人間性（humanité）を産出する(81)。

シュトラウスによると、こうしたマキアヴェリ以降の一連の傾向、つまり人間の理想を実現可能なものに低めることに対して情熱的な批判を加えたのがルソーである。シュトラウスによれば、ルソーとともに近代性の第二の波が生まれ、この波がドイツ観念論（その代表者はカントとヘーゲル）やあらゆる国のあらゆるランクのロマン主義を生み出した。これは第一の波に対する反動であって、近代性の世界から前近代的な思考様式、つまり古典古代の思考様式への回帰をめざす。ルソーは財務の世界、ブルジョワの世界から、徳と都市国家の世界、公民（citoyen）の世界へと回帰した。ところがこの回帰は、シュトラウスによると、近代性のこれまでよりもはるかに根本的な形態——古典古代の思想に対する異質性の度合いにおいて、17・18世紀の思想よりもはるかに大きい近代性の形態——へと導く運動の第一歩にすぎない(82)。

シュトラウスによれば、なるほどルソーは、古典古代の都市国家、またはそれによく似た社会秩序への回帰をめざす。なるほどこの点でルソーはホッブズやロックから逸脱する。ところがルソーは古典古代の都市国家を、ホッブズの図式を下敷きにして解釈する。シュトラウスによれば、ルソーの図式はこうだ。ホッブズやロックの図式では、人間の基本的権利は、市民社会

(civil society) の内部でさえもそのもともとの地位を保持する。つまり自然法は、実定法に対する基準であり続ける。したがって、実定法から自然法へと訴えることのできる可能性が残る。ところがホッブズやロックの図式では、この訴えは実効性を欠くし、実効性を保障されることもない。ここからルソーは次のような結論を導き出す。つまり、市民社会は、実定法から自然法への訴えが完全に不必要になるような仕方で構成されねばならない、と。自然法に従って適切な仕方で構成された市民社会は、正義にかなう実定法を自動的に生み出すであろう。ルソーはこれを次のように表現する。すなわち、一般意志、つまり法律に従うすべての者が法律の作成において発言権をもったはずの社会の意志は、間違うはずがない、と。つまりルソーにおいては、一般意志、つまりある特定の種類の社会に内在する意志が、超越的な自然権に取って代わっているのである。こうしてルソーは、理性的なものと現実的なものとの必然的な一致を保障しようとする。そしてそれによって、人間的現実を本質的に超越するものを一切追い払うのである(83)。

ところがルソーの理論には難点があるとシュトラウスはいう。もし正義の究極的基準が一般意志、つまり一つの自由な社会の意志であるとすると、カニバリズム（人食いの習慣）はその逆と同じく正義にかなうことになる。民族精神によって神聖化されたあらゆる制度は、聖なるものとみなされねばならなくなる(84)。さらにシュトラウスによると、ルソーには、ドイツ観念論における「歴史」の発見へと導くような難点がある。それはルソーが、人間の目的から人間の起源へと目を転じたことによる。ルソーは、ホッブズの反＝目的論的原理を受け入れていたが、それをホッブズよりも首尾一貫的に適用することにより、ホッブズの図式を拒絶するに到った。すなわち、自然状態——人間の原初的で前＝社会的状態——を完全なものとして、つまり自らを越えて社会へと向かおうとすることのないものとして理解せざるをえなくなった。ルソーは自然状態、つまり人間の起源こそが社会的人間の目標になると考えざるをえなくなった。人間は自らの起源からさまよい出たがゆえに、つまり堕落したがゆえに、目標が必要になった。この目標は、何よりもまず正義にかなう社会である。正義にかなう社会が不正な社会から区別されるのは、その社会が可能な限り自然状態に接近しているという事実による。つまり、自然状態において人間を規定する欲望、つまり自己保存への欲望が正義にかなう社会の根源であり、かつその目的を規定する。この基本的欲望こそが、道徳的なものと区別された法的なもの——つまり、私が他のすべての者に対して、私が自分自身に対して要求するのと同じ諸権利を認めること——を活性化する。つまり、まず社会の存続とそれを正義にかなうものにすることが第一であり、道徳は社会を前提にするのである。ところがルソーによれば、社会とは、それが正義にかなう社会であれ、束縛であり、自然からの疎外である。したがって人間は、社会的道徳的次元の全体を超越して、自然状態の全体性へと回帰せねばならない。ここでルソーは、人間を社会形成へと強制する根源である自己保存への欲望よりもさらに根源的なもの、いわば絶対的な起源へと回帰する。この絶対的な起源とは、実存の感情、単なる実存の甘美さの感情である。将来に対する考慮を捨てて自らの現在の実存の感情のみに自分を委ねることにより、個人はあらゆる実存に伴う甘美さを感じる。このような自然状態へと回帰しうる道を発見しうるのはごく少数である。こうしてルソーにおいては、自己保存への欲望、つまり実存の保存への欲望と、実存の感情との緊張関係が生じる。そしてこの緊張関係は、せいぜい善き公民にしかならない大多数と、少数の孤独な夢想者との解決不可能な敵対関係として表現されることになる。ルソーにおけるこの難点を取り上げたドイツ観念論哲学は、「歴史」の概念をもって両者の和解を実現しようとする(85)。

ドイツ観念論哲学によれば、正義にかなう秩序は歴史によって実現されている、あるいは必然的に実現されようとしている。そしてこの正義にかなう秩序の実現は、盲目的な利己的情念によって達成される。つまり、正義にかなう秩序とは、正義にかなう秩序へと直接に向けられているわけではないもろもろの人間的活動の意図せざる副産物なのである(86)。ルソーは、近代自然権論を出発点にしながら正義にかなう社会秩序を実現しようとした、つまり古典古代の都市国家の秩序を回復しようとしたがゆえにアンチノミーに陥った。けれども正義にかなう社会秩序、つまり自然にかなう社会秩序なら、歴史がすでに実現しているか、または必然的に実現するのである。シュトラウスによれば、ドイツ観念論哲学は、近代性の第一の波における基準の低下と戦い、歴史の概念をもって古典的政治哲学の高いレヴェルを回復したと主張する。けれどもシュトラウスによれば、このような歴史への訴えは、近代性の第一の波において基準を低めることへと導いたのと同じ現実主義的傾向に由来する(87)。

シュトラウスによれば、ドイツ観念論が抱える難点は、近代性の第三の波を引き起こし、今日のわれわれもその波の上にある。それを創始したのはニーチェである。ニーチェは、ドイツ観念論における、歴史過程が合理的であるとする見方、および純粋な個人と近代国家との調和が可能であるという前提の両方を拒否する。そして、あらゆる人間的生活や人間の思考の究極的根拠は、合理的な正統化の余地のない地平形成的な創造であると主張する。ニーチェは、このような彼の創造性への呼びかけが、彼の後の世代の最良の人々を真の自己たらしめ、地球を支配しうる新たな高貴さを形成するよう促すことを期待する。つまり、ニーチェはいわばルソーに戻っているのであり、ニーチェのいう創造者とは、ルソーのいう孤独な夢想者に取って代わるものである。ところがシュトラウスによれば、ニーチェは読者に対して、政治的責任へと向かう道を示すことができなかった。彼は読者に、政治に対する無責任な無関心か、それとも無責任な政治的選択かの選択以外の余地を残さない。またニーチェは、力への意志の理論によって、近代的状況と、人間生活そのものの両方を理解しようとした。力への意志に内在するこの難点によって、ニーチェ以降、永遠性という観念そのものが自覚的に放棄されるに到った。近代思想は、永遠性の概念をあからさまに忘却へと追いやるという「最も徹底した歴史主義」においてその頂点に達した。というのも、「永遠性の忘却、言い換えれば、人間の最内奥から生じる欲求からの、それとともに本源的な問題からの疎外こそ、近代人が、まさにそれが始まった時から、絶対的な主権者たらんとし、自然の主人であり自然の所有者となろうとしたことに対して、つまり、偶然を征服しようとしたことに対して、支払わなければならなかった代価だからである」[88]。

(4)　シュトラウスのコジェーヴ解釈

以上のシュトラウスによる近代的政治哲学または「歴史主義」の粗描に依拠しながら、コジェーヴの立場を位置づけてみたい。コジェーヴの歴史概念は、ドイツ観念論、とりわけヘーゲルの歴史概念のように、歴史が合理的であるとア・プリオリに認めているわけではないし、また個人と国家とのア・プリオリな調和を前提にしているわけでもない。この点ではニーチェと同じである。けれどもニーチェとは異なり、歴史や人間の生活を全く無意味で非合理的なもの、力への意志の衝突とのみみなすこともない。歴史は有意味でありかつ合理的である。けれども、ア・プリオリにそう想定しているわけではないとすると、なぜそう言えるのだろうか。おそらくコジェーヴは次のように答えるであろう。すなわちそれは、歴史がすでに終わっており、歴史が終わった後からその終了した歴史を眺めるならば、そこに一つの意味ないしは方向性を確認しうるからである、と。それでは、なぜ歴史が終わったと確認しうるのであろうか。おそらくコジェーヴの答えは次の通りであろう。すなわちそれは、歴史を概念的に把握することによってである。ヘーゲルの提出する概念にしたがって歴史を把握すると、歴史はすでに原理上終わっていることになる、と。だとすると、終了しているのは、一定の観点から、つまり闘争と労働の観点から把握された歴史である。けれども、このような歴史観こそが、現実の世界を支配してきたのである。

コジェーヴによれば、歴史とは、人々が、自己の主観的思想が真理であることの確認を求めて闘争する場である。自己の主観的思想が真であることは、それが客観化することによって、つまり実現することによって、言い換えれば他の人々に承認されることによって確証される。したがって歴史においては、自分の主観的思想を生死を賭けて他人に承認させようとする闘争が展開される。そして、最終的にすべての者によって承認された思想こそが真理である。また、そのように真である思想は、これまでのあらゆる思想を自己のうちに包含し、位置づけることのできるものでなければならない。歴史とは、このような真理が実現する場である(89)。

以上のようなコジェーヴの歴史哲学が、これまで述べてきたような始源＝目的論とは異なったものであり、またシュトラウスのいう「歴史主義」とも異なったものであることは明らかであると思われる。おそらくシュトラウスもそう考えていたと思う。それでは、シュトラウスがこのようなコジェーヴの思想をどう評価したのかを次に見てみることにしよう。

シュトラウスは、コジェーヴに宛てた1948年８月22日付書簡で、コジェーヴの『ヘーゲル読解入門』に対する鋭い批判を展開している(90)。まずそれを見てみることにする。

①　コジェーヴは、ヘーゲル哲学を絶対的な知識とみなし、自然の哲学を、ドグマ的で不必要な残滓として退けているように思われる。けれども自然の哲学はなくてはならないものである。自然の哲学がないとすると、歴史過程の唯一性をどう説明したらよいのか。歴史過程が必然的に唯一のものでありうるのは、無限の時間のなかで有限の期間存続するただ一つの地球が存在しうる場合のみである。さらに、時間的で有限なその一つの地球が、歴史過程が全面的にかまたは部分的に反復されることによって、周期的な大変動に従うことがないとすると、その理由はどこにあるのか。これを説明しうるのは、目的論的な自然観念のみである。自然が歴史との関係ですでに構造ないし秩序をもっているのでないとすると、歴史はこのうえない偶然性に委ねられてしまう。ところが、もし自然の哲学が必要であるとすると、コジェーヴが採っている無神論は、自然という、人間や歴史を超越したもの、つまり神的なものを認めることになるから、退けられねばならない。

②　コジェーヴは、他の何ものにも還元しえない根本的仮定として、人間には承認欲望があると想定する。そして承認欲望は演繹的に導き出される。けれどもこの承認欲望の演繹が説得力をもつのは、あらゆる哲学はその時代

の精神を思惟において把握することにあると前提する場合、つまり問題になっているあらゆるものを前提にする場合のみである。そうでなければ、この演繹は恣意的である。自己意識や承認欲望を、「合理的動物（zoon logon echon）」からの派生物として理解してなぜいけないのか。つまりコジェーヴは、彼が現に問題にしているもの、彼が現に直面している問題から出発して承認欲望を導出している。ところがコジェーヴは、承認欲望をむしろ人間の普遍的な特性として考えているように思われる。

③　コジェーヴによれば、人間存在を人間存在にするのは承認欲望である。したがって人間存在は、普遍的に承認される場合に、そしてその場合にのみ完全に満足することになる。けれどもここには曖昧さがある。つまり、(a)人間は普遍的承認に満足すべきである、満足しないのは非合理的である、といっているのか、それとも(b)人間は普遍的承認によって現実に満足する、といっているのかが曖昧である。(a)についていうと、コジェーヴが示唆するように、人間は非合理的である。人間は、端的に合理的な共同体的生活（the simply rational communal life）を破壊しようとする。(b)についていうと、人間が普遍的承認で現実に満足することはない。なぜなら人間は幸福になりたいと思うが、幸福と承認されることとは同じではないからである。

④　偉大な行為の人が求める承認とは、賞賛である。ところがこの承認は、最終国家、つまり「普遍等質国家」においては必ずしも満たされない。なぜならそこでは、何ら新しい出来事は起こらないからである。偉大な行為が不可能であるという事実は、最良の人々が最終国家をニヒリスティックに否定するという事態を招きかねない。この帰結を避けることができるのは、最良の人々が完全に合理的な人々、つまり哲学者によって支配されるというプラトン＝ヘーゲル的な仮定をとることによってのみである。つまり、承認欲望が、完全な自己意識または完全な合理性への要求の隠れた形式である場合のみである。言い換えると、人間が、哲学者でない限りは本当の人間ではない場合のみ、あるいは行為の生活を送る人が本質的に哲学者の下位にある場合のみである。したがって、真に人間存在を満足させるのは、承認ではな

く知恵である。したがって、最終国家の特権は、知恵、つまり知恵の支配、知恵の大衆化に由来するのであって、普遍性と等質性それ自体に由来するのではない。けれども、もし知恵が共有財産になっていないとすると、大衆は宗教、つまり本質的に個別的でありまた個別化する力の虜であり続ける。そしてこのことは、普遍等質国家の没落が避けられないものであるということを意味する。

⑤　すべての人間存在が賢明になるわけではないとすると、ほとんどすべての人間存在にとって、最終国家とは、自分の人間性の喪失と同じことになり、したがって彼らは最終国家に合理的な仕方で満足しているわけではない。次のような基本的難点もここから生じるのである。すなわち、一方で最終国家とは、戦士＝労働者の国家である。ところが他方、この最終国家の段階では戦争はもはやなく、また可能な限り少ない労働しかない。実のところ、語の厳密な意味における労働は全くない。なぜなら自然が決定的に征服されているからである。

⑥　最終国家、つまり普遍等質国家における人間とは、ニーチェのいう「最後の人間（末人）」にほかならない。

グールヴィッチとロスは、このシュトラウスの批判こそが、ますます凍結していく政治状況とあいまって、コジェーヴの『ヘーゲル読解入門』の立場を変更させたのだろうとみている。二人によると、コジェーヴは、これ以降、「英雄的ヘーゲル主義」、つまり歴史の意味と方向への確信を放棄する。彼の後期の著作は、前期のように、「革命的自己意識を刺激することをめざしたプロパガンダの形式」をもはやとらず、その代わりに、すでにその過程を走り終えた歴史に関する注釈の形式をとる。コジェーヴは後期の著作において、前期のようにヘーゲル哲学を歴史の終わり＝絶頂の始まりに位置づけるのではなく、歴史の終わりはすでに起こっていると主張する[(91)]。実際、コジェーヴは、『ヘーゲル読解入門』第二版において追加した脚注において、歴史は1806年のイエナの戦いにおけるナポレオンのプロシア戦勝利をもって終わったと明言する。「前記の注を記していた頃（1946年）〔すでに述べたように、第二版でつけ加えられた注は、第一版の注に追加されたものである〕、人間が動物性に戻ることは将来の見通し（それもそれほど遠くない）としては考えられないことではないように私には思われていた。だが、その後間もなく（1948年）、歴史のヘーゲル＝マルクス的な終わりは来たるべき将来のことではなく、すでに現在となっていることを把握した。私の周囲に起こっていることを眺め、イエナの戦いの後に世界に起きたことを熟考すると、イエナの戦いの中に本来の歴史の終わりを見ていた点でヘーゲルは正しかったことを私は把握したのである。この戦いにおいて、そしてそれにより人類の前衛は表面的にはともかく、実質的には人間の歴史的発展の終局にして目的、つまりは終わりに達していたのであった。それ以降に生じたことは、ロベスピエール－ナポレオンによりフランスにおいて具体化された普遍的な革命の威力が空間において拡大したものでしかなかった。〔中略〕加えて、今やすでにこの除去〔なお残るフランス革命以前の時代錯誤的な遺物の除去〕の過程はヨーロッパそれ自体におけるよりもその延長である北アメリカにおいてより進んでいる。「階級なき社会」のすべての成員が今後彼らに良いと思われるものをすべて我が物とすることができ、だからといって望む以上に働く必要もないとき、或る観点から見ると、合衆国はすでにマルクス主義的「共産主義」の最終段階に到達しているとすら述べることができる」(92)（強調は原文。〔　〕は堅田による補足）。

シュトラウスによるコジェーヴ批判に戻る。①においてシュトラウスは、コジェーヴのいう歴史は実は自然の目的論的な観念を前提にしているのではないかという批判を提出している。これに応えてコジェーヴは、そうではなく、すでに歴史は終わっているのであり、それを前提にして歴史の意味を事後的に構成したのだと考えるようになったのであろう。また②から⑥までの批判によってコジェーヴは、終了した歴史とは、人間の本性に基づいた歴史、つまり歴史なるものではなく、一つの歴史でしかないのであり、したがってその歴史が終わるとき、いわば別の歴史が開かれることがありうることを認めるに到ったと考えることができる。

シュトラウスは、今検討した書簡においてなしたコジェーヴ批判を、『僭主政治について』におけるコジェーヴに対する反論文の最後の部分で繰り返している。それはおおよそ次のようなものである。コジェーヴのいう「普遍等質国家」は確かに必然的に到来するものかもしれないが、その正当性、正しさは何ら証明されてはいない。またコジェーヴは、「普遍等質国家」においてはすべての者が満足すると言うが、そんなことは決してない。例えば、「普遍等質国家」において現職の長が他者よりもその地位にふさわしいことを保証するものは何もないが、これは、これらの他者が不満をもつ十分な理由になる。おそらくコジェーヴが「普遍等質国家」を正当なものとみなすのは、すべての人間が闘争と労働から解放され、最も高級で神的な活動、つまり不変の真理の観想、つまり知恵の探究に従事しうるからであろう。けれども古典的哲学によれば、人間の間には、知恵の探究に向いた人々と向かない人々という根本的な区別がある。この区別が正しいとすると、知恵の探究に不向きな人々は「普遍等質国家」においても決して満足しないであろう。また、コジェーヴにとって、人間性の基礎が闘争と労働にあるとすると、闘争と労働が消え去る「普遍等質国家」においては、人間がその人間性を失っていることになる(93)。

このような鋭く、かつ根本的な批判をコジェーヴの思想に抱いている以上、シュトラウスがコジェーヴから学ぶことは何もないように思われる。けれども両者は現に論争を生涯にわたって続けたし、シュトラウスは手紙のなかでコジェーヴの反論を考慮に入れていると言っている。シュトラウスも、コジェーヴから得るものがあったはずである。それは何かを次に考えてみたい。

コジェーヴもシュトラウスも、近代・現代文明に強い危機感をもち、それをどう克服したらよいかについて真剣に考えていたことは疑いない。ところが、その克服の仕方について両者の選び取った立場はあまりに対照的であった。シュトラウスは、古典的哲学、古代ギリシア哲学への回帰の道を選び、善悪に関する自然の、つまり理性的な、そして人間を超越した基準が存在することを認めるべきであると主張する。これに対してコジェーヴはヘーゲル哲学を選び取り、主人性（＝古典古代の異教哲学）と奴隷性（＝ユダヤ・キリスト教哲学、ブルジョワ哲学）との綜合によってこそ近代の克服は可能になると考える。シュトラウス自身が認めているように、コジェーヴの立場は次の二点において、シュトラウスの立場と共通する。①現代の思想に対する古典的哲学の絶対的優位を認めていること[94]。②際限のないテクノロジー的進歩とそれに付随するものが（コジェーヴにとってこれらは、普遍等質国家の不可欠の条件であるにもかかわらず）、人間性（コジェーヴにとってそれは、闘争と労働によって形成される）を破壊するという古典思想の見解を結果的には認めていること[95]。ところがシュトラウスが、現代の社会科学を近代的哲学の必然的結果とみなし、近代的哲学を拒絶して古典的哲学に立ち戻るのに対して、コジェーヴはそうはみなさず、現代の社会科学とは、ヘーゲルから決定的教訓を学ぶことを拒否した近代的哲学が不可避的に陥らざるをえなかった堕落による不可避的な産物であると考える。そしてそのヘーゲルの教えとは、ソクラテス的政治学とマキアヴェリ的（またはホッブズ的）政治学、または古典的哲学とユダヤ・キリスト教哲学との綜合である。この綜合は、その構成要素に優位する[96]。

シュトラウスから見れば、コジェーヴは、綜合を実現するために古典的哲学の提出する基準を（そしてそれとともに聖書的道徳をも）低めてしまっているのではないかという疑いがある。この批判はまさしく、マキアヴェリに始まる近代的政治哲学に対してシュトラウスが向けた批判と同じである[97]。ところが他方でシュトラウスは、古典的哲学とユダヤ・キリスト教哲学（つまり聖書的哲学）との何らかの綜合（ヘーゲル＝コジェーヴ的な意味でない綜合）の必要性と重要性を考えていた。シュトラウスの論文集『古典的政治的合理主義の再生』[98]の編者 T. L. パングルは、編者序論において、「古典的合理主義と聖書的啓示との論争、あるいは対話」をシュトラウスは、「人間の自己意識の最高のテーマと見なしていた」と述べる[99]。だとすると、シュトラウスは、古典的哲学と聖書的哲学とを、古典的哲学の基準を低めることなくいわば綜合する道を探究していたと考えることができるように思われる。これこそが、シュトラウスがコジェーヴを批判しつつ彼から学んだことであり、シュトラウスなりにコジェーヴを解釈した結果だったのではないだろうか。

実は、前掲のパングル編集の論文集のなかにあるハイデガー論(100)を、こうした探究の成果の一つとして見なすことができるように思われる。そこで最後にこの論文について少し見ておくことにする。

シュトラウスによれば、ハイデガーは、「いよいよ完全に都市化されいよいよ完全にテクノロジー化された西洋による全地球に対する勝利」、つまり「鉄の強制によってもたらされたか、大量生産された製品の甘い宣伝広告によってもたらされたかはともかく、完全な平均化と画一化」に対する戦いを挑む(101)。人間の人間性はテクノロジーによって死滅の危機にある。テクノロジーは合理主義の成果であり、合理主義はギリシア哲学の成果である。したがってギリシア哲学はテクノロジーの可能性の条件であり、それゆえ、同時にテクノロジーによってもたらされた難局の条件である。そこで、近代的哲学の根源であるのはもとよりテクノロジーの根源でもあるギリシア哲学を本質的に制限するものがなければ、テクノロジーに基づく大衆社会を越えていく希望は存在しない。ギリシア哲学とは全体を理解しようとする試みであり、したがって全体が理解可能であること、つまり全体の根拠は理解可能であり、人間としての人間の自由になること、したがってこれらの根拠は常に存在し、人間に接近可能であることを前提としている。この考え方が、全体を人間が支配する可能性の条件となる。おそらくシュトラウスによれば、合理主義はこれをその極にまで押し進めている。彼によれば、人間支配を越えたものを自覚しなければ希望はないのであるが、これはすなわち、合理主義の限界を越えるということであり、そのためには合理主義の限界を発見せねばならない(102)。ところで、合理主義は、存在の意味に関する特殊な理解に基づいている。それは、「現前すること、手元に用意されていること」としての存在理解である。合理主義のこの基礎は、一個の独断的仮説である。つまり合理主義は、自らが支配することのできない何ものかに基づいている。

このようなギリシア的存在理解に対抗し、それを制限するためには、別個の存在理解、つまり支配しようとする意志につながることのない、在るとは捉えどころのないものだとか一個の神秘だと主張する東洋的な存在理解が必要である。テクノロジーに基づいた世界社会を越え、真の世界社会の到来を期待できるのは、西洋人が東洋から学ぶことができるようになった時だけである[103]。テクノロジーの克服のためには、西洋と東洋の出会いが必要である。ハイデガーはこの出会いの準備をしているのである。西洋は、東西の出会いを可能にするもの、すなわち西洋自身の最深の根底を自らのうちに回復させねばならない。西洋合理主義以前に遡り、ある意味では西洋と東洋との分離以前に遡る自らの最深の根底を回復させねばならない[104]。ところで、西洋の内部ではいつも聖書的伝統によって合理主義の限界が見定められてきた。これは、聖書的な思想が東洋思想の一形態だからである。聖書は、西洋人のうちにある東洋なのである。聖書としての聖書ではなく、東洋的なものとしての聖書は、ギリシア的合理主義を克服するのに役立つのである。ハイデガーがその初期の思想において聖書的要素に訴えた根拠はここにある[105]。ハイデガーは、存在の理解をめぐって東西の出会いを実現しようとした。つまり彼は、西洋の最深の根底である特殊西洋的な存在の経験に遡り、存在者の根拠であるところの存在の忘却を見出す。そして彼は、存在そのものの思考を開くことによって、東洋的な存在理解、つまり存在者の探求や存在者を支配することへの関心を阻むような仕方での存在経験、に到りうるような道を獲得しようとしたのである[106]。

このようなハイデガー理解が、古典的ギリシア哲学と聖書的哲学とのある意味での綜合ないしは和解をめざしてのものであることは明らかであり、この問題意識をシュトラウスはコジェーヴから学んだと考えることができるように思われる[107]。

4．結びに代えて
——コジェーヴとシュトラウスはなぜ論争したか

以上で論じてきたことから、実はコジェーヴもシュトラウスも古代ギリシア哲学と聖書的伝統との綜合または和解という問題意識を共有していたことがわかる。両者の間に生涯にわたる論争が成立した原因はまさにここにあると思われる。果してこの二つの伝統の綜合は可能なのか、もし可能であるとすると、それはいかなる形の綜合なのか、等々をめぐって両者は議論していたと見ることができるのである。そしてこれはまさしく、古典的哲学の解釈や聖書の解釈をめぐる問題でもある。両者がとりわけ書簡によって、プラトン哲学の理解をめぐって議論を戦わせていた理由はここにあると思われる。そして両者の違いは、コジェーヴが「ヘーゲル（マルクス）の真理（the truth of Hegel (Marx)）を信じて」おり、シュトラウスはそれを信じていないという点にある(108)。この場合の「ヘーゲル（マルクス）の真理」とは何を意味するのであろうか。こうしてわれわれは、コジェーヴ＝シュトラウス論争を理解するための入口に立つことになる。

本章は、コジェーヴ哲学の可能性を引き出そうとするものであった。デリダのコジェーヴ解釈——その成果がデリダの「メシアニズムなきメシア的なもの」という概念であった——にしろ、シュトラウスのコジェーヴ解釈——その成果が、古典的哲学と聖書的哲学との綜合ないし和解という問題意識であった——にしろ、始源＝目的論的な解釈によって陳腐化されていたコジェーヴ哲学の独創性を十分に示すものである。こうした解釈に導かれながら、コジェーヴ哲学そのものに立ち戻って考えてみる必要がある。それは、「ポストモダン」とときに評されることのあるわれわれの現代社会に新しい秩序のあり方をもたらす示唆を与えてくれるであろう。

第三章　レオ・シュトラウスの政治哲学

1．はじめに

「各人は、他人を害しない限りで、自分の善いと思う幸福または善の観念を自由に選択し、それを自由に追求することができる。この場合、各人が選択する幸福または善の観念に優劣はなく、それらはすべて平等である。国家は、いかなる幸福または善の観念が選択され、それがいかなる手段で追求されようとも、それによって他人の生命・財産・自由等が侵害されない限り、それに干渉してはならず、かつ、各人の幸福または善の追求を平等に保障しなければならない。」これは、現代の自由主義社会、つまり各人が多様な幸福または善の観念を抱きながら共存しうる社会、を支える法的・政治的基本原則を私なりに定式化したものである。

さらに、このような原則は、社会と社会、または国家と国家との関係にも当てはまる。現代の自由主義社会は、あらゆる社会、あらゆる文化を同じランクのもの、同じだけの価値をもつもの、平等のものとみなす。国際社会とは、このような同格の社会の平和的共存にほかならない。

この原則の思想的基盤は、近代自然権思想、および寛容の原理である。近代自然権思想は、個人が自由に活動することを自然の権利・自然の正しさ《ナチュラル・ライト》として認めることにより、個人の自由な活動に対する国家の不当な干渉を排除することをめざしていた。また寛容の原理は、宗派間の抗争による苦い経験から生まれたものであり、異なる信仰や思想の持主たちが、自分の信じるものを権力や法によって強制することを戒め、平和的な共存を実現することをめざしていた。この二つの原理の解釈から、各人の思想や信条（つまり、何が善いまたは正しいのかについての各人の考え方）は各人の自由に委ねられ、国家が特定の思想や信条に基づいて個人の自由に介入してはならない、という原則が生じる。国家が個人の自由に介入してよいのは、個人の自由に対する他人の不当な侵害がある場合に限られるという原則がこれに加わることによって、上記の原則が生じると考えられる。

ところが、この原則を基礎にしているはずの現代の自由主義社会は、これとは正反対の現象を生み出している。自由主義国家の内部でも、また自由主義的に構成されている国際社会でも、不寛容が横行し、戦争や暴力が頻発している。あるいは、国家や国際社会による、（多くの場合には、安全や秩序維持を名目にした）個人の自由への干渉や管理も強くなる一方である。不思議なことに、これらの現象が、これらの現象を排除することをめざしているはずの上記の原則の下で起こっているのである。このことは、この原則が根本的な問題を抱えていることを示しているのではないだろうか。本章は、近代の自由主義思想に根本的な批判を加えたレオ・シュトラウスの政治哲学に依拠しながら、次のことを示そうとするものである。まず、この原則が抱える問題点を明らかにし、この原則は、異なる幸福または善の観念をもつ諸個人やさまざまな社会の共存を可能にする多元的社会を実現するには不十分なものであることを示す。次に、多元的社会を本当に実現するためには何が必要なのかを考察する。

2．自然権と寛容の原理との矛盾

シュトラウスによれば、政治哲学は、自然と人為とを区別し、自然が人為よりも高い尊厳を有すると認めること、そして自然の正しさの観点から人為を批判すること、したがって自然が普遍的な規範または基準として作用するのを認めること、から始まる(1)。したがって政治哲学は、「本来的に（つまり、自然／本性によって）正しい」ものを認める。このような政治哲学をシュトラウスは「古典的政治哲学」と呼び、プラトンとアリストテレスの政治哲学をその典型とする(2)。これに対して、「近代的政治哲学」、あるいはそれに起源をもつ現代の社会科学は、この「本来的に正しい」ものの存在を否定するか、またはそのようなものをわれわれが知ることは不可能であると考える(3)。ところがシュトラウスによれば、この「本来的に正しい」もの、つまり自然権《ナチュラル・ライト》を否定することによって、現代のニヒリズム的な状況、さらにはその帰結として、ナチズムをはじめとする専制政治や「狂信的蒙昧主義」など、さまざまな悲惨な事態がもたらされたのである(4)。

自然権を否定するならば、本来的に正しいものなど存在しないことになり、善や正に関するいかなる意見に対してもわれわれは寛容でなければならなくなる。これが、現代の自由主義者の立場である。この「寛大な自由主義者」の立場に対して、シュトラウスは次のような批判を加える。彼らのように、「本質的に善なるものや正なるものについての真正の知識などわれわれには得ることが不可能である」とみなすと、個人や社会がいかなる善や正の観念を選好しようとも、その優劣をつけることは不可能となり、したがって、それらすべてに寛容であるしかなくなる。つまり、あらゆる選好や「文明」を同等に尊重すべきものと認めるほかない。つまり、限りない寛容だけが理性に合致することになる。ところがこれは、「他の選好に対しても寛容なすべての選好に、その合理的ないし自然的権利を承認すること、否定的に表現すれば、すべての非寛容ないし「絶対主義者」の立場を否定もしくは断罪する合理的ないし自然的権利を承認すること」を意味する。そして、これは、多様性ないし個別性の尊重こそが自然権（本来的に正しいこと）だと認めることである。ところが、寛容、つまり多様性または個別性の尊重と自然権の承認との間には、矛盾が生じることがある。すなわち、「自由主義者たちが、自然権の最もリベラルな解釈によってさえ多様性ないし個別性に対して課せられる絶対的制限に耐えがたくなったとき、彼らは自然権をとるか、それとも個別性の自由な発展をとるか、その間で選択を迫られることになった」。シュトラウスのこの記述を私なりに説明してみたい。もし多様性または個別性の尊重を自然権（自然の正しさ）とみなすならば、この多様性または個別性を否定する（つまり非寛容な）言説や行為があったならば、それを自然権に反するものとして断罪しなければならなくなる。けれども、多様性または個別性を第一に考える人々は、このような断罪はやめて、これらの言説や行為に対しても、その多様性または個別性を尊重しようとする、つまり寛大であろうとするだろう。シュトラウスによると、自由主義者たちは後者、つまり個別性の自由な発展の方を選んだ。その結果、「非寛容も尊さにおいては寛容と等価と思われるようになった」。こうなると、善や正について、いかなる観念を選好しようとも、たとえそれが多様性や個別性を尊重しないものであろうとも、同じ価値のものとみなさざるをえなくなる。けれども、選好または選択の対象である目的には、やはり優劣、順位をつけざるをえない。そして、この順位づけの根拠は、選択行為そのものに求めざるをえない。すなわち、見せかけの選択と区別された、真正な選択、つまり「断固としたあるいはきわめて真剣な決断」によって選択された目的こそが、真正な目的であるということになる。けれどもシュトラウスによれば、このような決断は、寛容よりもむしろ非寛容に類縁のものである。以上のような推論に基づいて、シュトラウスは次のような結論を下す。「自由主義的相対主義はその根を、寛容の自然権的伝統のなかに、すなわち、万人が自分の理解する限りでの幸福を追求する自然権を有するという観念のなかにもつが、それはそれ自体、非寛容の一つの苗床なのである」(5)。

このようにしてシュトラウスは、自然権の放棄がもたらす現代の悲惨な状況の原因を暴き出す。自然権は放棄すべきでない。自然権に回帰しなければならない。けれども、シュトラウスが回帰するのは、近代的政治哲学における自然権《ナチュラル・ライト》思想ではない。彼が回帰するのは、古典的政治哲学における「自然の正しさ《ナチュラル・ライト》」の思想である。

3．古典的政治哲学への回帰

このような古典的政治哲学への回帰は時代錯誤的であり、そもそも不可能ではないだろうか。シュトラウスは、このような批判を絶えず意識していたように思われる。そして、断固としてそれを退ける。退ける根拠は、次の二点に集約されるように思われる。①このような批判は、古典的政治哲学の誤解に基づくものである。つまりこの批判は、古典的政治哲学が定式化するような、自然／本性において正しいものの基準を、実現されねばならないもの、実現されることをめざしているものと捉えている。そう捉える限り、なるほどこのような基準は高尚すぎて、その実現は不可能であるだろう。したがって古典的政治哲学に回帰しても無意味であるということになろう。けれどもこれは誤解である。古典的政治哲学が定式化する基準、例えばプラトンが『国家』において、善のイデアに基づいて描き出すユートピア的国家像は、実現されることをめざして定式化されたものではない。それは、実現されることが不可能だとは言わないまでも、ほとんど不可能である。そうではなくてそれは、現実の秩序を批判するための基準として作用すべきものである(6)。②古典的政治哲学は、近代に特有の、テクノロジーの際限のない進歩の可能性と、それに付随するもの（人間による自然の征服、哲学的あるいは科学的知識の大衆化、など）をすでに知っており、それを「自然的ならざるもの」として、つまり人間性を破壊するものとして自覚的に退けようとした。したがって、これらから生じる近代に特有の病理現象を根本から批判するためには、古典的政治哲学に回帰することが、われわれにとって最も有効である(7)。

けれども、「自然の正しさ」、あるいは「本来的に正しいもの」が何であるかについては、人によって考え方が異なる。このような見解の相違は、宗教戦争に見られるように、あるいはイデオロギーの相違に基づく政治的対立に見られるように、激しい争いや、場合によっては戦争に到るのではないだろうか。「何が正しいのか」について見解が相違する人々の間に平和的共存を実現するためには、この問題を無視して、すべての人々が合意する原理を基にして社会を構築する以外には手がないのではないだろうか。

シュトラウスによれば、これこそが、マキアヴェリに始まる近代的政治哲学がとった道である(8)。シュトラウスが近代的政治哲学を拒否して、古典的政治哲学への回帰を主張する以上、これに対する回答——それも、古典的政治哲学に基づく回答——を用意しているはずである。そして、この回答こそが、異なる善または正の観念をもつ諸個人やさまざまな社会の共存をいかにして実現するかという、本章の最初に掲げた問題に対する一つの回答となるはずである。

4．善や正の観念を放棄しないで共存しうるか
——コジェーヴ＝シュトラウス論争を手がかりにして

この問題に対するシュトラウスの回答と思われるものを、有名なヘーゲル哲学者であるアレクサンドル・コジェーヴとシュトラウスとが行った論争における、コジェーヴに対するシュトラウスの反論のなかに見出すことができ

る[9]。

シュトラウスによれば、コジェーヴは、近代的政治哲学の立場を「完全なる知識をもって知的に代弁する」者である[10]。それはなぜか。おそらくそれは、コジェーヴが、「何が正しいのか」の問いを回避しながら、人々が永続的に社会を形成し、平和的に共存しうる道を示したからであろう。シュトラウスは言う。「彼ら〔古典的政治哲学の主張者たち〕は人間の力がどれほど有限であるかを知っているがゆえに、最善の体制の実現は偶然によるものと考えた。ユートピアでは満足せずそれを嘲笑した近代の人間は、最善の社会的秩序を実現するための保証を見いだそうと努めた。近代の人間は、このことに成功するために、あるいはむしろ、それが成功し得ると信じることができるために、人間の目標を低めなければならなかった。このことが行われた一つのやり方は、道徳的な徳を、普遍的に承認されることと置き換える、あるいは、幸福を普遍的に承認されるということから導き出される満足と置き換えるというやり方であった」[11]（〔　〕は堅田による補足。以下同じ）。コジェーヴがなしたのは、まさしくこれである。コジェーヴは、この近代的政治哲学のやり方を、その極にまで押し進めたのである。

コジェーヴにとって，社会形成の原動力とは、他人によって承認してもらいたいという欲望（承認欲望）、および承認を求めてなされる生死を賭けた闘争である。この闘争において、死の恐怖に屈し、承認という人間的価値よりも動物的生命の方を選択した者は、この闘争を最後まで押し進める覚悟のある者、つまり動物的生命よりも承認という人間的価値を選択した者を承認し、その奴隷となる。あくまで承認されることを求めた者は、この奴隷の主人となる。奴隷は、主人のために労働する。主人は戦士であり、奴隷は労働者である。主人の支配の下で奴隷は、自分の生産物を自分で消費することができず、主人の消費へと供する。奴隷は、自分の動物的欲望を満足させることができない。こうして、奴隷は労働によって、自分の動物的欲望を克服するすべを学び、部分的に人間化される。ところで、主人は、奴隷からのこのような承認によっては真に満足することができない。なぜなら、真の承認、つまり人を満足させる承認とは、自分が承認した相手からの承認、つまり相互承認でなければならないからである。ところが、主人にとって、相手を承認することは、奴隷になることを意味する。主人はこれを望まない。したがって主人は、主人である限り、決して満足することができない。このため、純粋な主人は、現実に存在する（生存する）ことができない（現実に存在する人間は、主人性と奴隷性との多かれ少なかれ不完全な綜合である。主人の要素が優位するか、奴隷の要素が優位するかに従って、相対的な意味で主人、または奴隷と言うことができるだけである）。ところが奴隷は、すでに主人を承認しているのであるから、真の満足を得るためには、自分を主人に承認させるだけでよい。こうして奴隷は、主人に対してもう一度戦いを挑み、自分を承認させ、真の満足を得るに到る。歴史とは、奴隷が相互承認を達成する過程である。相互承認を達成した奴隷は、もはや奴隷ではない。それは、主人にして奴隷、戦士にして労働者である。すなわちそれは、コジェーヴの言葉でいえば、「公民（Citoyen）」である。ところで、人間が真の満足を得るとき、もはや人間を突き動かすものは何もなくなり、歴史は終わる。このような歴史の終わりは、すべての人間が公民になるときに訪れる。つまり、すべての人間が、自分の個別性を普遍的に承認され、またそのような人間として等質的な存在になるときに訪れる。歴史の終わりには、「普遍等質国家」が出現するであろう[(12)]。

このように、人間を根本から突き動かすのは承認欲望であるというテーゼからすべてを導き出すコジェーヴに対して、シュトラウスは、「知識の探求」こそが人間の最も根本的な原動力であるというテーゼを対置する。コジェーヴは、承認を求める「生死を賭けた闘争」が、自分の「主観的確信」の真理性を確証するために行われると考える。「生死を賭けた闘争」において勝利すること、つまり自分を相手に承認させることによって真理性を確証され、歴史的に実現された「主観的確信」こそが、真理なのである[(13)]（ただし、ある「主観的確信」が決定的に真理であることがわかるのは、「歴史の終わり」においてのみ、つまり、「歴史の終わり」においてそれが実現し、それによってもはや人間がいかなる変革も企てなくなることによってのみである。そして、このような決定的真理こそが、「普遍等質国家」の理念である)。またコジェーヴにおいては、承認欲望を満足させるという実存的問題と、自己の「主観的確信」の真理性を確証するという哲学的問題とは一つである。これに対してシュトラウスは次のように反論する。まず、ある「主観的確信」が実現されること、つまり「生死を賭けた闘争」において勝利する（承認される）ことと、その確信が真理であることとは別である。真理を賢明ならざる者に承認させたところで、それは「単なる信念」へと変形されるだけである。次に、承認を求めることと真理の探求とは別である。前者は後者の妨げとなる(14)。

承認を求めて、言い換えれば自己の「主観的確信」が真であることの確証を求めて闘争する人間を出発点とするコジェーヴに対して、シュトラウスは、自分が無知であることを知っており、それがゆえに真なる知識を探求しようとする人間を出発点にする。このような人間は、自分が何について無知であるのか、つまり何が問題であるのかを知っている。つまり、問題の方が、解決よりもはるかに明証的である(15)。

このコジェーヴ＝シュトラウス論争を理解するために重要な問題がある。それは、すでに第二章で述べたように、シュトラウスがコジェーヴを、彼のいう「歴史主義者」とは捉えていないということである。それどころかコジェーヴもまた、シュトラウスによる「歴史主義」批判に同意しているように思われる(16)。シュトラウスは、「歴史主義」に対して激しい批判を加える。けれども、コジェーヴ＝シュトラウス論争は、「歴史主義」問題を越えたところで行われていると考えられる。これについて少し考えてみたい。

すでに述べたように、古典的政治哲学は、自然と人為（コンヴェンション）の区別を前提にする。ところが、シュトラウスによれば、近代の政治哲学は、この区別を曖昧にしてしまう。例えばスピノザがそうである。スピノザは次のように考える。コンヴェンションは人間のもろもろの行為に端を発するのであるが、これらの人間的行為は、自然的事象と同じく必然的であり、先行する諸原因によって規定されており、したがって自然的である。したがって自然とコンヴェンションとの区別は暫定的または表面的なものでしかない、と[17]。もしこのようなコンヴェンションをつくる「立法者」がいるとすると、このような立法者はすべて賢明であることになる。なぜなら彼は、「自分の人民にとって最善であったことを定めている」、つまり、コンヴェンションを発生させた人間的諸行為を規定する先行原因であるさまざまな自然的条件を完全に計算した、それらに完全に合致したコンヴェンションをつくっていることになるからである。けれども、あらゆる立法者が賢明であるとするこの楽観的な仮説を主張することはできない以上、人は、立法者の誤りや、迷信や、狂気にも言及せざるをえない。けれどもこのような言及が可能であるのは、人が、あらゆる人民の共通善を構成するものについての知識はもちろんのこと、ある種の自然神学をも持っている場合、つまり人為を超越した自然を価値基準として信奉する場合のみである。けれども近代的政治哲学は、このような知識や自然神学に訴えることを拒否するであろう。このような難点から、コンヴェンションをある種の製作と考える考え方が疑問視されるようになる。そしてコンヴェンションは、人間が自覚的につくり出したものではなく、「成長」（動物や植物の成長とは異なるが、それに似た成長）によるものと考えられるようになる。そしてこの成長が、どんな製作よりも、さらには自然に従った合理的な製作よりも、重要で高いランクにあるとされることになる。「「成長」というこの近代的観念も一因となって、自然とコンヴェンションとの古典的区別――それによれば、自然はコンヴェンションよりも高い尊厳をもつ――は、自然と歴史との近代的区別――それによれば、歴史（自由と諸価値との王国）は、自然（目的や価値を欠く）よりも高い尊厳をもつ――によって覆われてしまった」[18]。ところで、正しい事物はすべて人為的《コンヴェンショナル》なものであると主張する、ソクラテス以前のギリシアの哲学者たちは、このような近代的立場と似ているように見える。けれどもシュトラウスによれば、両者は根本的に異なる。それは、この哲学者たちが自然と人為との区別を前提にしていたからである。それでは、この哲学者たちと、ソクラテス以降の、シュトラウスが「古典的政治哲学」と呼ぶものとはどこが異なるのだろうか。シュトラウスはこの問題を、プラトンの『法律』に登場する「アテナイからの客人」（プラトンの他の対話篇におけるソクラテスの役割を演じる）の言葉を用いて説明する。「アテナイからの客人」が政治術や政治学を真剣に受け取るのは、彼が、自然によって正しい事物があることを認めるからである。ところが彼の先行者たちは、自然を最高のものと見ながらも、政治的なものに関心を抱かなかった。この違いを、この「アテナイからの客人」は次の事実に求める。すなわち、彼の先行者たちが肉体（物体）のみを第一存在とみなしたのに対し、魂は肉体からの派生物でも肉体よりもランクにおいて劣っているわけでもなく、むしろ自然によって魂が肉体の支配者であると彼は考えた、という事実である。正しい事物の地位は、魂の地位に依存する。ところで、正義とは、すぐれて共通の善である。もしも自然によって正しい事物があるのだとしたら、自然によって共通の事物があるのでなければならない。けれども肉体とは、自然によって、各人のものまたは私的なものであると思われる。だから魂こそが、正義、したがって自然によって共通の事物の根拠であることになる。アリストテレスは次のように主張することによって、この道を最後まで歩み切る。すなわち、政治的共同体が自然によって存在し、また人間が本性（自然）によって政治的であるのは、人間が言論または理性を自らの特性とする存在であり、したがって、自分の仲間たちとの可能な限り最も完全で最も親密な結合、つまり純粋な思惟における結合の能力のある存在であるからである(19)。

このシュトラウスの記述においては、「成長」の概念が批判されているとみることができる。コンヴェンションの概念が「成長」の概念に取って代わられ、それが今度は「歴史」の概念へと展開する。この「歴史」が「自然」に対置される。合目的的に成長する「歴史」に対して、「自然」は目的を欠き、したがって「歴史」が「自然」よりも高い尊厳をもつと考えられることになる。シュトラウスは、このような「歴史」の概念をもって人間や人間の社会を捉えようとする考え方を「歴史主義」と呼び、批判するのである。

私は、今述べたシュトラウスの記述における「立法者」の概念に注目したい。「成長」の概念は、コンヴェンションを定立する立法者は存在しえないと考えるところから生じる。けれども、このような立法者は存在するのである。シュトラウスは、「政治哲学とは何か」のなかでも、プラトンの『法律』に関して次のように述べている。「もし、クレタの法律、あるいは、何かその他の法律の創始者が神ではないとすれば、法律の原因であるものは、人間存在、つまり、人間的な立法者でなければならない。人間的立法者には様々なタイプの者がある。すなわち、立法者も、民主制における場合と、寡頭制における場合と、君主制における場合とでは、異なった性格を持っているのである。立法者とは支配者であり、支配者の性格は社会的政治的秩序の全体、つまりポリテイアすなわち体制（regime）に依存する。法律の原因となるものはその体制である」[20]。ここでいう「法律」、したがってプラトンが『法律』で論じるところの「法律（ノモス）」とは、ポリスの社会生活の規範全体、倫理的秩序全体、つまりコンヴェンションとほとんど同じ意味であることに注意しなければならない[21]。つまり、シュトラウスによれば、コンヴェンションは、たとえ「体制」によって規定されているにしても、人間的な立法者によって定立されるのである。この立法者または支配者の問題（そしてそれとともに「体制」の問題）こそ、近代の政治哲学、とりわけ「歴史主義」が欠落させ、そしてシュトラウスが古典的政治哲学を復権させることによって蘇らせようとした問題ではなかったかと思われる（シュトラウスはさまざまな著作において、古典的政治哲学を、このような立法者を教え導くことをめざすものとして捉えている）。ところで、コジェーヴもまた、シュトラウスとの論争からわかるように、立法者または支配者の問題（とりわけ彼の場合には、「僭主」の問題）を重視する。「歴史主義者」はこの立法者または支配者の問題を欠落させざるをえない。したがって、コジェーヴは「歴史主義者」ではない。

この立法者または支配者の問題のもつ意味について考えてみよう。そのヒントが、『僭主政治について』に収録された、シュトラウスの、コジェーヴに対する反論文の最後の箇所にある[22]。シュトラウスからすれば、コジェーヴの立場は、古典的政治哲学における根本的区別、すなわち「理解の条件」と「理解の源泉」、言い換えると「哲学が現に存在し永続するための条件（ある種の社会、等々）」と「哲学的洞察の源泉」との区別を無視するものである。コジェーヴにおける「理解の条件」とは、哲学者が、自らの把握した絶対的真理に基づいてなす助言を実行に移すことのできる支配者（僭主）のいる人間的社会——ほとんどすべての社会——であろう。またコジェーヴは、真理とは歴史的に生成すると考える。すなわちコジェーヴにおいては、社会的変化が真理に影響を与えるのである。つまりこれは、「理解の源泉」もまた歴史、つまり人間的世界にあるということである。あるいはコジェーヴの前提を基にするならば、「人間的関心事に無条件的に結びつけられること」が、哲学的理解の源泉になるのであるが、この「人間的関心事に無条件的に結びつけられること」とは、「理解の条件」、つまり人間的世界を考察の対象とする哲学が存続するための条件でもあるであろう。したがってコジェーヴは、「理解の条件」と「理解の源泉」とを同一とみなしていることになる。コジェーヴによれば、人間は地球上を絶対的に自分の居場所にしなければならないし、絶対的に地球の市民でなければならない。これに対して、シュトラウスが支持する古典的政治哲学の前提を基にするならば、哲学は、人間的関心事から絶対的に自分を切り離さねばならない。人間は、絶対的に地球上を自分の居場所にしなければならないわけではない。哲学者は、「全体性の市民（citizen of the whole）」でなければならない。シュトラウスによれば、この「全体性」は人間を超越したものであり、それこそが、哲学が探求する本来の対象なのである(23)。つまり、古典的政治哲学は、人間を超越した「全体性」を「理解の源泉」とする。しかしながら、古典的政治哲学における「理解の条件」、つまり哲学を存続させる条件とは、哲学者が生存することを許し、また全体性や永遠の存在（例えばイデア的存在）にばかり関心を向けるがゆえに、自分のことを含めて人間的事柄に無関心な哲学者の身体的欲求の世話をしてくれる社会である(24)。したがって、コジェーヴにとっても古典的政治哲学（そしてそれを支持するシュトラウス）にとっても、「理解の条件」とは、この地球、つまり人間的社会または人間的世界なのである。しかし、このように人間的社会または世界を、自己が存続するための前提にしながらも、一方はこの同じ人間的社会または世界を探求対象とし（コジェーヴ）、他方は人間を超越する「全体性」を探求対象にするのである（古典的政治哲学、シュトラウス）。後者の立場においては、哲学者は、社会が自分の身体的欲求の世話をしてくれるお返しとして、「全体性」についての探求を行うのである[25]。

ところが、この二つの立場とは異なる立場が存在する。それは、「理解の条件」も「理解の源泉」もいずれも、「全体性」、つまり人間を超越したものにあるとする立場である。この立場をシュトラウスは、ハイデガーのものとみなしているように思われる。今挙げた二つの立場を述べたすぐ後で、シュトラウスは次のように言う。「われわれ〔コジェーヴとシュトラウス〕の議論において、この二つの対立する根本前提の間の争いにはほとんど言及されていない。けれどもわれわれは常にそれを心に留めていた。というのも、われわれが一見したところ、共に存在から僭主政治へと目を転じたのは、次のことを知っていたからである。すなわち、僭主政治の帰結に立ち向かう勇気のない人々、したがって「一方では卑屈に仕え、他方では傲慢に命じる」人々は、まさしく存在について語る以外には何もしないがゆえに、存在の帰結からも逃避せざるをえなかったのである」[26]。まさしくハイデガーとヒトラーとの関係を連想させる部分であるし、実際この部分は、ハイデガーにあてつけた部分であると理解されている[27]。「僭主政治」とは、哲学を存続させる条件である人間社会の問題である。ハイデガーは、それに立ち向かうことなく、僭主（独裁者）には卑屈になり、その一方で他の人々に対しては尊大な態度をとり、ひたすら「存在」について語るだけである。これは、コジェーヴ的立場から言えば、人間的世界または社会とは無縁の「存在」について、自分を存続させている人間的世界または社会を無視して語っていることになり、「理解の条件」も「理解の源泉」も共に間違っていることになる。また、シュトラウス的立場から言えば、自分を存続させてくれている人間的世界または社会の要請を無視することである。その結果、ハイデガーは、自分が語った存在、あるいは自分が存在について語るだけであること、のもたらすもの（ナチスによる悲劇）からも目をそむけ、無責任になるのである。

ここから、僭主政治、一般的に言うと支配者または立法者を哲学者が問題にすることの意味を理解することができる。支配者または立法者について語ることとは、自分を存続させてくれている条件が人間的世界または社会であることを自覚すること、哲学者が自分の社会的責任を自覚することなのである。シュトラウスからすれば（おそらくコジェーヴにとっても）、これを忘れることは、哲学にとって致命的であるだろう（ハイデガーを、シュトラウスが「徹底した歴史主義者」と呼んでいるのは[28]、ここにその理由の一つがあるとも考えられる）。

また、シュトラウスがコジェーヴを評価する理由も、コジェーヴが支配者について語っていること、つまり哲学者たる自分を存続させている条件を人間的世界または社会と考えていること、にあると考えられる。それでは、両者の違いはどこから来るのだろうか。それはおそらく、哲学を存続させている人間的世界または社会の捉え方の違いにある。そしてこの違いは、両者の人間観の違いに由来すると思われる。

コジェーヴによれば、人間はすべて、政治的支配者であろうが哲学者であろうが、承認欲望によって突き動かされ、承認欲望を満足させようと行動する。そのために闘争するが、またそのために社会や国家を形成しもする。すべての人間が自分の承認欲望を満足させうるのは、「普遍等質国家」においてのみである。これは、人間とは本来非社会的な存在であり、社会形成の根源には闘争があるとみる近代的政治哲学の根本的前提を引き継ぐものである。これに対してシュトラウスは、人間はその本性において社会的動物であるという古典的政治哲学のテーゼを復活させようとする。このテーゼを明確に主張したのはアリストテレスである。アリストテレスによれば、人間が社会を形成するのは、「善く生きること」、「善き生活」を求めてである。人間を超越した「全体性」の観想または「知識の探求」にのみ関心をもち、人間的世界または社会には関心をもたず、したがって自分の隣人にさえ関心をもたず、孤独を愛する哲学者でさえ、自分の身体的欲求の世話をしてくれる他の人々、つまり分業の行われている社会を必要とする。したがって、「哲学者は、他の人間の奉仕を必要とする。そして、もし彼が盗人とか詐欺師だなどと非難されたくないなら、彼は、自らの奉仕によって彼らに返報しなければならない。しかし、人間が他の人々の奉仕を必要とすることは、人間が本性的に社会的動物であるとか、あるいは、人間的個体は自足的ではない、というような事実を根拠としている。それゆえ、人間の人間に対する自然的愛慕（attachment）というものが存在するのであって、それは、お互いの利益を算定しようとするいかなる計算にも先立つのである」[29]。このことは、哲学者だけでなく、支配者や、すべての人間にも当てはまる。「人間的存在者を支配するということは、人間的存在者に奉仕することを意味する。確かに、人をして存在者に奉仕するように促すそのような存在者への愛慕は、存在者への愛と呼んでよいであろう。人間的存在者への愛慕は支配者に特有のものであるわけではない。それは単なる人間としての人間のすべてがもっている特性なのである」[30]。

人間は本性上、他の人々、つまり社会なしには生きられないこと、そして人間が社会を形成するのは「善き生活」、つまり善を求めてであること、これを認識するならば、人間は他の人間を愛慕するであろう。シュトラウスが古典的政治哲学への回帰を要求することは、まさしくこれを認識せよと要求することを意味する。ところで、「善き生活」が何であるか、つまり何を善とみるかは、人によって異なるであろう。例えば哲学者ならば、真理を探求する生活を「善き生活」とみなすであろう。けれども、人が社会生活を営む以上、すべての人にとって「共通の善」があるのである。この「共通の善」こそが、自然法として、社会の成員に義務として課せられるのである。古典的政治哲学、とりわけアリストテレスの政治哲学は、まさしくこの自然法的義務を定式化しようとするものであった[31]。おそらくシュトラウスは、今述べた認識に加えて、この自然法によって、多様な、さらには相対立する善の観念をもつ人々の真の共存が可能になると主張するであろう。

けれども、問題はこれだけではない。まず第一に、自分のもつ主観的意見、つまり「主観的確信」を「客観的真理」と主張する哲学者どうしの関係である。「主観的確信」にすぎないものを「客観的真理」と取り違えることにより、異端排斥など数々の悲劇がこれまで起こってきただけに、この問題は重要である。シュトラウスはこの場合も、古典的政治哲学に依拠しながら考える。シュトラウスによれば、哲学者は、絶対的に孤独な生を送ることができない。なぜなら、正常な「主観的確信」と精神異常者の「主観的確信」とは区別できないからである。真の確信は間－主観的なものでなければならない。したがって、哲学者は、自分の確信を共有しうる者、つまり友を必要とする。この友は、実際に哲学者であるか、または哲学者になる可能性のある者でなければならない。また、友であるためには、ある程度の意識的な意見の一致が必要である。けれども、哲学とは知識ではなく、知識の探求である以上、哲学上の友人たちが意見を一致させなければならない事柄は、知られえないか、または明白な真理ではありえない。したがって、哲学上の友人たちが意見を一致させる事柄とは、意見または先入見にほかならない。ところで、意見や先入見は、必然的に多様である。したがって、知識とは区別されるものとしての哲学は、必然的に、哲学的な学派、または宗派という形をとって現れてくる。友愛（friendship）とはこのように、同族的精神からなる集団による一般的な先入見を形成し永遠化することにならざるをえない。友愛は、哲学と両立しえない。したがって哲学者は、哲学者であり続けたいと思うならば、この学派または宗派を去って、広場または市場に出て行かねばならない。すると今度は、広場にいる政治的な人々と抗争することになる。哲学者は広場へ出かけていって、そこで潜在的な哲学者を探し出さねばならない。けれども青年たちを哲学的生活へと改宗させようとする彼の試みは、必然的に都市国家によって、青年たちを堕落させる試みとみなされるであろう(32)。これが第二の問題である。

こうして、二つの抗争が問題となる。一つは、哲学的学派または宗派どうしの抗争であり、もう一つは哲学者と政治的な人々、さらには社会一般との抗争である。前者の抗争（論争）について、シュトラウスは次のように考える。哲学者、つまり哲学的宗派の構成員は、真理を求めて他の宗派の構成員と論争せねばならない。これに対し、コジェーヴが宗派の近代的代替物とみなした「文壇（文芸共和国）（the Republic of Letters, République des Lettres）」は、さまざまな哲学的確信をもった人々を含み、そのなかではあらゆる哲学的流派を、他の流派と同じ敬意をもって取り扱わねばならない。したがって「文壇」は折衷主義的になり、「様々な流派の最も気楽な構成員にとって彼らが非常に不活発な状態にいる場合にだけ、おそらくかろうじて我慢できるものでしかないような何らかの漠然とした中間的な線が、《真理そのもの》、あるいは《常識》に祭り上げられる」。けれども、この「文壇」のように、「真理や真理を探求することよりも意見を一致させる方を選ぶ」のであってはならない。「もしわれわれが、宗派と《文壇》の間で選択を行わねばならないとしたら、われわれは宗派の方を選ばなくてはならない」とシュトラウスは宣言する[(33)]。

けれども、われわれは本当に宗派を選ばなければならないのか、とシュトラウスは問う。哲学とは、知恵ではなく、知恵の探求であり、また無知であることの知識である。したがって哲学者は、自分が何を知らないのかを知っている。つまり哲学者は、「問題」を知っているのだ。「哲学そのものは、諸問題の、すなわち根本的にして包括的な諸問題の、純粋な意識以外の何物でもない」。問題の共有と、問題に関する論争こそが、哲学者を、宗派的な偏見や排除の危険から解放するのである。「存在するものが知恵ではなく知恵の探求だけである限り、あらゆる解決の明証性は問題の明証性よりも必然的に小さいのである。それゆえ、哲学者は、解決の「主観的確信」がその解決の問題性についての彼の意識よりも強くなってくるその瞬間に、哲学者であることを止めるのである。その瞬間に宗派主義者が誕生する」[(34)]。

他の哲学者が宗派主義者である限りにおいて、問題の重要性を自覚する哲学者は、哲学者のグループでは満足できず、広場へ出かけて行かざるをえない。そこで哲学者は、政治的な人々と出会う。政治的な人々は、人間および人間的な事柄に絶対的な重要性を見出す。そうでないと彼らは、自分が属する社会の人々の面倒を見るという自分の仕事に専心できない。そこで、人間を超越した「全体性」についての知識を探求する哲学者、つまり束の間のものである人間や人間的な事柄には関心をもたず、さらには潜在的な哲学者を探し出そうとする哲学者との間に、前に述べた第二の抗争が生じる。この抗争は、すでに述べたように、哲学者が、自分の身体的欲求の世話をしてくれる社会の人々を愛慕し、自らの哲学的活動によって彼らの世話に返報するという哲学の大義を守ることによって解消されるであろう。

以上が、「何が善いのか」、「何が正しいのか」の問いを放棄することなく、異なる幸福または善の観念の持主たちの共存を可能にするためのシュトラウスの方策——古典的政治哲学に依拠した方策——である。今度は、シュトラウスのこの方策で本当によいのかを、彼が一定の評価を与えつつも真っ向から批判したコジェーヴの立場を検討しながら見てみることにしよう。

5．コジェーヴによるシュトラウス批判と、シュトラウス哲学の進展

すでに述べたように、シュトラウスによれば、コジェーヴは、「理解の条件」と「理解の源泉」とを区別していない。コジェーヴは、この両者をいずれも、人間的事象、あるいは人間的世界に求める。この問題を、コジェーヴの議論に即しながらもう少し詳しく見てみることにする。

コジェーヴにおいては、人間が承認欲望を満足させる過程と、歴史的に「普遍等質国家」が実現する過程とは一つのものである。人間は「普遍等質国家」においてのみ、自らの承認欲望を完全に満足させることができる。人間が自らの承認欲望を満足させようとするならば、必然的に「普遍等質国家」へと向かう。また、この「普遍等質国家」は、歴史的に証明された客観

的真理である。すでに見たように、コジェーヴの主張によれば、人間は、自己の「主観的確信」の正しさを証明するために、つまり自分を相手に承認させるために、承認を求める生死を賭けた闘争を行う。したがって、自分を相手に承認させるということは、自分の「主観的確信」、つまり主観的な意見が歴史的に実現されることでもあるのである。このような歴史的に実現された意見が、承認を求める闘争が何度も繰り返されることにより、引き継がれたり修正されたりした結果、最後に残るのが「普遍等質国家」の理念なのである。この「普遍等質国家」の理念が決定的なもの、つまり客観的な真理であることがわかるのは、そこにおいて承認欲望が決定的に満足させられ、もはや承認のための闘争は行われなくなり、したがって歴史が歩みを止める（「歴史の終わり」がやって来る）からである[35]。

おそらく、シュトラウスが「理解の条件」と「理解の源泉」との混同だと考えているのは、コジェーヴのこのような考え方である。この考え方によると、哲学や哲学者が存在するのは、つまり社会が哲学者を存続させてくれるのは（これが「理解の条件」である）、人間の承認欲望を完全に満足させるにはどうしたらよいかを知っており、つまり客観的真理または絶対的知識を知っており、それを支配者やその他の人間に教えることができるからである（この絶対的知識を有している者をコジェーヴは、知識を探求する哲学者と区別して、「賢者（le Sage）」と呼ぶ）[36]。つまり、「理解の条件」は人間的世界である。この客観的真理または絶対的知識とは、人間的歴史を把握することによって獲得される。つまり、「理解の源泉」は人間的歴史、つまり人間的世界である。こうして、コジェーヴにおいては、「理解の条件」も「理解の源泉」もいずれも人間的世界にあることになる。この立場のどこに問題があるのであろうか。

シュトラウスは、コジェーヴの主張の核心をなす「普遍等質国家」を批判する。例えば、「普遍等質国家」においては、これまで人間の人間性をつくりあげてきた、所与＝自然を否定する行為、つまり闘争と労働はもはやない。これはつまり、「普遍等質国家」においては、人間はもはや人間として生きることができないということを意味するのではないだろうか(37)。また、コジェーヴが「普遍等質国家」を賞賛するのは、そこにおいて人間が闘争と労働から解放され、人間の最も高貴な活動である「不変的な真理の観想」、つまり哲学に従事することができるからであろう。けれども、本性によって哲学に向いた人と向かない人とがいるという古典的政治哲学の主張を前提にするならば、「普遍等質国家」においては、哲学に不向きな人々、つまり大多数の人々は満足しえないであろう(38)。等々。

さらにシュトラウスは、コジェーヴに宛てた手紙（1948年8月22日付）のなかで、次のように言う。もし哲学の使命とは自らの時代の精神を思想において把握することにあると想定するならば、つまり「問題になっているすべてのもの」を前提にするならば、承認欲望の導出は納得のいくものである。けれども、「そうでない限り、この導出は恣意的である。自己意識、および承認のために努力することは、「理性的動物（zoon logon echon）」からの派生物として理解してなぜいけないのか」(39)。この批判は、「理解の条件」と「理解の源泉」との混同の問題に大きくかかわるものと思われる。「問題になっているすべてのもの」とは、現実に解決されることを求めているものである。つまりコジェーヴは、彼の生きる時代の精神を思想的に把握し、そうすることによって現実の問題に解決を与えようとしている。この現実の問題を解決するために、承認欲望を出発点、つまり人間の最も根本的な原動力として想定している。けれども、よく考えてみると、承認欲望をそう見る必然性はない。承認を求める闘争を、観想的生活を求めて努力することから派生するものとみなすこともできるはずである。現実の問題を解決することではなく、人間にとって根本的な問題を共有し、解決しようと努力することこそが哲学の任務であると考えるシュトラウスからすると、コジェーヴの考え方は、人間の根本問題に取り組んだものとは思えないのではないだろうか。さらに、前に述べたところからすると、コジェーヴのように、問題よりも解決の方を重視する哲学者は、宗派主義者になるのではないだろうか。

今度は、コジェーヴの立場からシュトラウスの主張を見てみよう。コジェーヴは、シュトラウスが『僭主政治について』で展開したクセノフォン論について、とりわけそこで展開された「僭主政治、あるいは統治一般と知恵、または哲学とのもろもろの関係」に関する問題について、「シュトラウスは、さまざまな問題を定立することで満足する。けれども彼が問題を定立するのは、何らかの解決をめざしてである」と述べる(40)。つまり、コジェーヴによると、問題を定立すること自体が、すでに解決をめざしてなされているのであり、解決と切り離された問題定立などありえない。なぜ解決しようとするのかというと、その問題が、現実の世界において解決を必要としている問題であるからである(41)。つまり、コジェーヴはまさしく、「理解の条件」と「理解の源泉」とは同一だ（両者はいずれも現実の人間的世界である）と言っているのである。そして、シュトラウスが定立する諸問題、つまり古典的政治哲学が提起した諸問題は、ヘーゲルが、承認を求める闘争論によって、少なくとも理論的には決定的な解決を与えたのである(42)。

コジェーヴとシュトラウスは生涯にわたって文通を行い、そこでさまざまな問題、とりわけプラトン哲学の問題を議論し合っていた。両者は互いに影響を与え合っていた(43)。ところが、シュトラウスがコジェーヴからどのような影響を受けたのかをシュトラウス自身が明言した箇所がほとんど見当たらないので(44)、それについては推測するしかない。けれども、少なくとも次の二点においては、コジェーヴの影響を受けたものと推測することができるのではないだろうか。①今言ったように、コジェーヴが、問題は、その解決をめざすことなしには立てられないと指摘した点。この問題についてシュトラウスは、「体制」論をさらに発展させることによって答えようとしたと思われる。②コジェーヴが、「主人と奴隷の弁証法」、すなわち主人性と奴隷性との綜合、古代ギリシア哲学とユダヤ・キリスト教哲学との綜合をもって哲学の諸問題を解決しようとした点。シュトラウスは、この解決に次のような批判を浴びせる。「コジェーヴやヘーゲルが行った古典的道徳と聖書的道徳との綜合は、ともに非常に厳格な自己規制を要求する二つの道徳から、驚くほど締りのない道徳を生み出すという奇跡をもたらす」、と(45)。あるいは、シュトラウスは、近代政治哲学について、古典的政治哲学が定式化した社会的行為の基準を実現可能なように低めようとする、と批判する[46]。つまり、シュトラウスは、綜合や実現をめざして、古典的政治哲学が定式化した道徳的基準が、そしてそれとともに聖書的な道徳が低められていると言うのである。ところがシュトラウスは、とりわけ1950年代以降、古典的合理主義と聖書的啓示との間に論争と対話を開こうとする[47]。これは、コジェーヴのいう古代ギリシア哲学と聖書的哲学との綜合にきわめてよく似ている。おそらくシュトラウスは、古典的道徳と聖書的道徳を、いずれも低めることなしに綜合しようとしたのではないだろうか。もしそうだとすると、これは、シュトラウスによるコジェーヴ哲学の批判的継承であるということになる。

最後に、この二つの問題について考えたい。

6．体制論、および理性と啓示との綜合

シュトラウスは、とりわけ『自然権と歴史』以降、プラトンの『法律』と、それに大きな影響をうけたアリストテレスの政治哲学を重視するようになる[48]。そしてそれは、「体制」論の重視ということを意味する。シュトラウスによれば、プラトンが『国家』において論じたのは、端的に正しい（善い）国家である。けれどもそのような国家は現実には存在しえない。これに対して、『法律』において論じられたのは、現実に存在しうる（実現しうる）最善の国家である[49]。『法律』においては、アテナイやスパルタなどのポリスの実際の法律について議論されるのであるが、法律は、それを制定する立法者、つまり支配者の性質によって規定される。そして、支配者の性質を規定するのは、「体制」である。つまり、体制とは、ある社会が善とみなすものが実現されるように組織された社会秩序であり、この実現のためには、社

会の支配者がその善を備えていなければならない。したがって、『法律』の主題は体制である。アリストテレスは、とりわけ『政治学』において、この体制論を発展させる。さまざまな体制のなかで、どれが最善の体制か、どうすれば最善の体制ができるかをそれは取り扱う(50)。体制どうしの争いとは、何が善かをめぐる争いである。最善の体制とは何かを考えることは、この善をめぐる争いを解決することである。けれども、『国家』において論じられた端的に正しい国家と、最善の体制、つまり現実に存在しうる最善の国家とは無関係ではない。前者は、後者の探求にあたって常に基準として作用しているのである。現実に存在しうる最善の国家は、端的に正しい国家と照らし合わされる(51)。こうして、人間性を超越した「全体性」や「イデア」の探求と、現実の問題の解決とが結び合わされるのである。これは、前節で述べた①の問題に対する回答になっている。

次に、②の問題について考えてみよう。この問題は、われわれ近代人がなぜ、どのようにして古典的政治哲学へと回帰するのかにかかわる。シュトラウスによれば、現代は、理性、または理性的哲学の自己崩壊によってあらゆる正統派信仰（orthodoxy）、すなわち啓示宗教が勝利した時代である。啓示への反抗の最も純粋かつ最高の根拠として登場した、「力への意志」のドクトリンを典型とする現代の無神論もまた、「啓示への信仰の相続人にして審判者」である。それは、人間が神に見捨てられてある状況を見据えるだけの「知的誠実性」をもち、また神への信仰を生んだ人間的原因に独自の解釈を与えることができると主張した。けれどもそれの基礎は、意志や信仰に基づく行為であり、信仰に基礎を置いているために、およそ哲学にとっては致命的なものである。それは、強者や弱者の「力への意志」が、自分以外のあらゆるドクトリンの根拠であるが、自分自身の根拠ではなく、自分自身は本来的に真なるものだと主張した。けれども、それ自身の根拠はやはり信仰である(52)。これに対してシュトラウスは、理性を放棄するのは賢明でないと考えた。「したがって私〔シュトラウスのこと〕は、理性の自己崩壊が、前近代的合理主義、とりわけユダヤ＝中世的合理主義とそれの古典的（アリストテレス的にしてプラトン的）創設、から区別されるものとしての近代的合理主義の、不可避的な結果ではないかと考え始めた」[53]。そこでシュトラウスは、理性と啓示との、あるいは古典的合理主義的哲学と聖書的啓示との対話を試みた中世のユダヤとイスラムの思想家たち（マイモニデス、ファーラービーなど）、そしてスピノザを評価し、深く研究することになったのである[54]。

まさしくこれは、コジェーヴとは異なる形の、古代ギリシアと聖書的伝統とのいわば綜合である。シュトラウスからすれば、両者の対立は、ヘーゲルやコジェーヴの考えるところとは違って、決して解消しないであろう。けれども、両者の間に対話を開かねばならない[55]。

さらにこの問題意識は、西洋と東洋との対話という形でも展開される。シュトラウスは、ハイデガーに関する講義で次のように言う。「西洋の内部では、いつも聖書的伝統によって合理主義の限界が見定められてきた。〔中略〕しかしこのことは正しく理解されなければならない。聖書的な思想は東洋思想の一形態なのである。聖書を絶対視することによって、東洋思想の他の諸形態への道が阻まれてしまう。けれども聖書は、われわれ西洋人のうちにある東洋なのである。聖書としての聖書ではなく、東洋的なものとしての聖書はギリシア的合理主義を克服するのに役立つのである」[56]。

したがって、シュトラウスの提出する古典的政治哲学の解釈は、聖書的思想によって吟味されたものであるということになる。善や正の観念、つまり「自然の正しさ」を放棄することなく多元的社会を実現しうるのは、まさしく古典的政治哲学のこのような解釈であるということになる。

第四章　古典的政治哲学のもつ現代的意義
――レオ・シュトラウスと法哲学

1．はじめに

政治哲学の歴史においては、人間をめぐる二つの根本から対立する考え方が主張されてきた。一つは、人間は本性的に社会的な動物であるという、主に古典的政治哲学（その典型は、プラトンとアリストテレスの政治哲学である）が主張した人間観である。もう一つは、人間とは本性的に孤独であり非社会的な存在であるという、主に近代の政治哲学が前提にする人間観である。そのどちらを採るかによって、社会に関する捉え方が根本的に異なる。

われわれ近代人は、近代的政治哲学が主張するような個人主義的な人間観や社会観を採っているといってよい。われわれの人間観や社会観を最も典型的に表現する理論の一つが、ホッブズやロックの社会契約論である。ところが、これに満足しない人々は、人間が本来的に社会的、さらには国家的な存在であるという一見したところ古典的なテーゼを持ち出し、人間は社会的（国家的）な義務（例えば、社会（国家）のために奉仕する義務）を本性的に負っているのだと主張する。この両者を調停しようとする説もある。近代的な個人主義的人間観と社会観を前提にしながら、そこに共同体的な要素を取り入れていこうとする立場である（市民社会の復権をめざす立場や、「コミュニタリアニズム」と呼ばれる立場が、ほぼこれにあたるであろう）。

けれども、古典的な立場と近代的な立場とを調停すること、さらに「綜合する」ことは、そう容易なことではない。おそらく、この問題を最も深く追求した理論家の一人がレオ・シュトラウスである。彼は、両方の立場を根本から検討し、両者の調停不可能性を強調し、安易な綜合に断固として反対する。けれども、この調停不可能性を鋭く自覚しながらも、両者の間に対話を開こうとしたのである。

シュトラウスの政治哲学については、古典的政治哲学への回帰をひたすら主張する（シュトラウスに好意的な立場から見れば、近代の根本からの克服をめざした、ということになるし、批判的な立場から見れば、時代錯誤的な、ということになる）学説であるとする見方が多い。けれども、これは全くの誤解である。彼は、古典的政治哲学への回帰という形をとりながら、古典的な人間観や社会観と近代的な人間観や社会観との、あるいは古典的政治哲学と近代的政治哲学との調停不可能性、綜合不可能性の深い自覚に立脚する両者のいわば「綜合」（従来の、ヘーゲル的な綜合とは異なる綜合）を行おうとしたのだと考えることができる。

本章は、シュトラウスが行おうとしたこのいわば「綜合」とはいかなるものであったのかについて検討することを目的とする。

このような検討は、法哲学にとっても重要な意味をもつと私は考える。それは、シュトラウスの構想する（と私が考える）「綜合」とは、プラトンやアリストテレスがいうような意味での「法（ノモス）」（いわば、ポリスの倫理的秩序の全体）を用いた「綜合」であるからである。そして、このような意味での「法」の概念の復権は、近代の法実証主義的な法概念に対する根本的な批判を含んでいるのである。

2．近代的政治哲学の問題点と、シュトラウスの問い

シュトラウスによれば、近代の政治哲学（シュトラウスは、その創始者をマキアヴェリとみなす）は、古典的政治哲学が定式化した人間的行為の基準を、あまりに高尚すぎて実現不可能とみなし、それを実現可能なように低めようとするところに特徴をもつ(1)。例えばプラトンは『国家』において、善のイデアに基づきながら、端的に正しい（善い）国家や人間を構想してみせた。けれどもこのような国家や人間像は、言論の上でしか存在しえないユートピアであり、まず現実には存在しえない(2)。そのような理想像に基づいて現実に国家や社会を定立しようとすると、ほとんど必ず失敗する。したがって、国家や社会の存立自体を重要だと考えるならば、古典的政治哲学が定式化した基準（理想像）を、実現可能な形に、つまりそれを基にして実際に社会を定立し、存続させることができるような形に変形しなければならない。ところで、社会とは社会構成員の合意により成り立っているとすると、今述べた近代的な立場は、古典的政治哲学が定式化した基準を、人々がすべて受け入れる（合意する）ことができるような形に変形するということである。この立場をさらに進めると、善や正に関する考慮は一切不要であり、実効的な基準、つまり社会のすべての成員が受容できるような、そして社会を実際に安定的に存続させることができるような基準を定式化することが、政治哲学の目標であると考えられるようになる。シュトラウスによれば、ホッブズはとりわけ『リヴァイアサン』においてこの立場をとるようになった(3)。

以上の考察から、近代的政治哲学は、合意を重視し、善や正を軽視するか無視する立場であり、これに対して古典的政治哲学は、善や正を重視する立場、つまり「何が正しいのか」についての探求を第一の課題とする立場であるということができる。

シュトラウスは、近代の政治哲学における善や正の軽視または無視こそが、近代におけるニヒリズム的状況を生み出した当のものだと考える(4)。しかし近代は、人々がさまざまな善や正に関する観念をもつようになった時代である。このような時代において、プラトンの構想する理想国家のように、善や正に基づいて国家や社会をつくり、存続させることは不可能であるだろう。けれども、善や正に関する問いを放棄することなく、社会を存続させることはできないだろうか。これこそが、シュトラウスの取り組んだ問題だと思われる。シュトラウスは、この問題に対する解答を、古典的政治哲学、とりわけプラトンとアリストテレスの政治哲学のなかに見出す。

3．シュトラウスによる古典的政治哲学への回帰

おそらくシュトラウスからすれば、善や正と合意との調停の問題に、すでに古典的政治哲学は取り組んでいたのである。シュトラウスによれば、プラトンは『国家』において、端的に正しい社会秩序を構想した。このような秩序は、実現不可能とはいわないまでも、その実現の可能性はまずない。これに対して、プラトンが『法律』において取り組んだのは、現実に存在しうる最善の社会秩序である(5)。そして、この探求の鍵となるのが、「ポリテイア」（通常は「国制」と訳されている）の概念である。シュトラウスはこの「ポリテイア」を、「自らの「統治の形態」によって本質的な点を規定されている共同体の生活様態」の意味であるとして、それを「体制（regime）」と訳する(6)。

シュトラウスによれば、古典的政治哲学がいうところの最善の体制（つまり、端的に正しい社会秩序）(7)とは、最善の人々が常に支配する体制、つまり優秀者支配制である。ところで、「善さは、知恵と同一のものではないにしても、知恵に依存するものである」。したがって「最善の体制とはおそらく賢

者の支配であるように思われる」。統治について、何らかの規制によって、知恵の自由な発露を妨げることは馬鹿げている。したがって、賢者の支配は絶対的支配でなければならない。また、愚者の愚かな欲望を斟酌することによって知恵の自由な発露を妨げることも馬鹿げている。したがって、賢者たる支配者たちは、彼らの愚かな臣民に対して責任を負うべきではない。賢者の支配を愚者による選挙あるいは愚者の合意に依存させることは、本性的に優位のものを本性的に劣位のものの支配に服させることであり、自然に反する事態である。けれども、このような賢者による絶対的支配は実現不可能である。それは次の理由による。少数の賢者が多数の愚者を力によって支配することはできない。したがって、多数の愚者が賢者を賢者として認め、賢者の賢明さのゆえに賢者に従うのでなければならないが、賢者のもつ愚者に対する説得力はごく限られているのである(8)。

このように賢者の絶対的支配の実現はまずありえない。より実現の可能性がありうるのは、「愚者が知恵の自然的権利に訴えつつ、かつ多数者の最も低級な欲望を満たすことによって、自分の権利を多数の者に説得して納得させること」、つまり僭主支配の可能性である。したがって、これを避けるために、知恵を統治のための不可欠の要件とする立場は、合意を要件とする立場によって緩和されねばならない(9)。「政治的な問題は、知恵の要件と合意の要件を調停するところにある。ところで、平等主義的自然権の観点からすれば、合意が知恵に優先するのに対し、古典的自然権の立場からすれば、知恵の方が合意に優先する。古典的理論家たちによれば、これら二つの完全に異なる要求――知恵の要求と合意あるいは自由の要求――を統合させる最善の方法は、賢明なる立法者が法典を起草し、それを市民組織が十分に納得して自発的に採用することであった」(10)。

このように、賢者の支配（それは絶対的支配でなければならないのであるが）が実現することは、ほとんど不可能である。したがってそれは、現実には存在しえないユートピアである。それでは、このようなユートピアを定式化することにどんな意味があるのだろうか。シュトラウスは、アレクサンドル・コジェーヴとの論争において[11]、コジェーヴに対する反論文のなかで次のように言う。「古典的解決〔プラトンが『国家』で定式化したようなユートピア的な最善の体制、つまり端的に善いまたは正しい社会秩序のこと〕は、なんらかの現実の秩序を判定するための確固たる基準を提供する。近代的解決は、結局、現実的な状況から独立した基準という、まさにこの観念を破壊するのである」[12]（〔　〕は堅田による補足。以下同じ）。すなわち、端的に正しい社会秩序（体制）とは、現実を超越しているがゆえに、まさしく現実を判断するための基準として作用するのである。このように、プラトンが『国家』において定式化するような最善の体制を、現実を超越したものと考えるようになるのと同時に、シュトラウスは、プラトンが『法律』において定式化し、アリストテレスが『政治学』において引き継いだと彼が考える[13]「法律（ノモス）」および「体制」の概念を重視するようになる。この問題を少し考えてみたい。

今述べたように、端的に正しい社会秩序が原理的にほぼ実現不可能であるとすると、なぜこのようなユートピアを言論の上で構築する必要があるのかというと、それは、現実の秩序を批判し、判定するためである。つまり、古典的政治哲学が定式化してみせるような端的に正しい社会秩序や人間の行為の基準は、その実現をめざすようなものではないのである。古典的政治哲学とは、「何が正しいのか」というような根本問題を共有しながら、その解答、つまりそれに関する真の知識を探求する試みである。けれども、それはまた、「無知の知」でもある。つまり、自分は問題に関する決定的な知識をもちえないことを探求者は自覚しているのである。それこそが、「愛知」、つまりフィロソフィーである。このような問題の共有こそが重要なのであって、それに決定的な解答を要求することは、党派性や宗派主義に陥ることである[14]。したがって、現実の問題を解決するためにであれ、問題を解決しようとすることは、まさしく党派性を招くことになるであろう。けれども、だとすると、シュトラウスが支持する古典的政治哲学は、現実に対して積極的な提言を行うことのできるようなものではないことになる。つまり、現実の問題に対して解決を与えることのできるようなものではないということになる。コジェーヴは、シュトラウスとの論争のなかで、シュトラウスは問題を立てることで満足しているが、そもそも問題は解決・解答を求めて立てられるものであるという批判をなす[15]。つまり、問題は解答を求めて立てられるのであり、なぜ問題が立てられるのかというと、現実の問題を解決するためである、したがって現実の問題の解決をめざさないような問題の定立はありえないとコジェーヴは言うのである。この批判に対して、シュトラウスは、今述べたような党派性に陥る危険性をもって答える。けれども、この批判に対するより積極的な回答が、「法律」および「体制」の重視であったように思われる。

プラトンは、『国家』とは対照的に、『法律』において、クレタやアテナイの体制など、現実に存在するさまざまな体制を問題にする。シュトラウスは、プラトンの『法律』について次のように言う。「もし、クレタの法律、あるいは、何かその他の法律の創始者が神ではないとすれば、法律の原因であるものは、人間存在、つまり、人間的な立法者でなければならない。人間的立法者には様々なタイプの者がある。すなわち、立法者も、民主制における場合と、寡頭制における場合と、君主制における場合とでは、異なった性格を持っているのである。立法者とは支配者（the governing body）であり、支配者の性格は社会的政治的秩序の全体、つまりポリテイアすなわち体制に依存する。法律の原因となるものはその体制である。それゆえ、政治哲学の主導的テーマは、法律であるよりも、むしろ体制である」[16]。ところで、「体制には様々な体制がある。それぞれの体制は、どのような社会であれ、一定の社会の限界を越えたところにまで及ぶ公然のあるいは暗黙の要求を掲げている。それゆえこれらの要求はお互いに衝突し合う。衝突し合う様々な体制が存在しているのである。したがって、一定の衝突し合う諸体制のうちのいずれがより善いものであるのか、そして、究極的にはいずれの体制が最善の体制であるのかという点についてわれわれに考えさせるのは、様々な体制そのものであって、単なる傍観者の偏見では決してないのである」[17]。このように解釈された古典的政治哲学をシュトラウスは現代に蘇らせようとしているのだから、今述べたような最善の体制の探求とは、現実の政治的問題を解決する方策でもあるであろう。コジェーヴによれば、政治的闘争は、承認を求める闘争から生じる(18)。これに対して、おそらくシュトラウスからすれば、現実の政治的闘争とは、体制の争いから生じるということになろう。最善の体制とは何かという問いは、まさしくこのような現実の政治的闘争を解決するために立てられているのである。

プラトンは『法律』において、現実に存在しうる最善の体制を探求する。これに対して『国家』においては、端的に正しい（善い）体制が探求されている。この両者は決して無関係ではない。現実に存在しうる最善の体制を探求するときには、端的に正しい体制が基準として作用しているのである。探求され、定式化された、現実に存在しうる最善の体制は、端的に正しい体制に照らし合わせて修正されることになる(19)。

ところで、端的に正しい体制は現実には存在しえない。それでは、現実に存在しうる最善の（最も正しい）体制を打ち立てるためにはどうすればよいだろうか。

賢者が賢者であるのは、人々の承認によるのではない。人々がいくらある人を賢者であると承認しても、その人が本当に知識をもつのでなければ、賢者ではありえない。ところが、王が王であるためには、人々の承認が必要である。哲人王が知恵の要素と承認または合意の要素とを結びつけることができるのは、偶然による。これに対して法律とは、それ自体において知恵の要素と承認の要素とを結びつけている。法律とは、それに対する人々の承認がなければ、法律として機能することができない。また法律とは、人々を導くことができるようなものでなければ、つまり知恵の表現されたものでなければ、単なる力であるにすぎず、法律としての意味をもたない。したがって、プラトンが『国家』で描いたような哲人王の支配、つまり知恵の支配を実現させるためには、法律によるのでなければならない。哲人王が支配するのではなく、法律が支配するのでなければならない。ところで、体制の「善さ

(正しさ)」とは、知恵が支配するところにある。したがって、現実に存在しうる最善の体制を打ち立てるには、法律によるのでなければならない。法律における知恵の要素を発展させるのでなければならない。

それでは、この「法律（ノモス）」とはいかなるものであろうか。まずそれは、立法者、つまり支配者によって定立されるものである。けれどもそれは、われわれが「法」や「法律」と言うときにまず思い浮かべるような実定法とも異なる。確かに、人間によって定立されるという点では、ノモスは実定法と共通する。けれどもノモスとは、ポリスの社会生活の規範全体を意味する(20)。つまりノモスとは、われわれがいうところの広い意味での倫理または道徳にほぼ相当すると思われるのであり、法は、道徳その他の法以外の社会規範とは異なる独自の領域をもつことを前提にする実定法とは異なる。それでは、ノモスを定立する立法者とは何であろうか。

ノモスを定立する立法者、つまり支配者は、「体制」によって規定される。シュトラウスは、「政治哲学とは何か」のなかで、「体制」について次のように述べている。「体制とは、共に生きることとしての生活の形態のことであり、社会の、そして社会における、生活の仕方のことである。というのも、この仕方は、ある種のタイプの人間の優位性に、ある種のタイプの人間による明確な社会統治に、決定的に依存しているからである。〔中略〕われわれは、ポリテイアという語によって言い表される単純でただ一つの思想を、はっきりと次のように言い表すようにしてもよかろう。すなわち、生とは、何らかの目標へと向けられた活動である。社会的な生とは、ただ社会によってのみ追求され得るような目標へと向けられた一つの活動である。しかし、社会が社会的な生の包括的な目標として一つの特殊な目標をめざすためには、社会はその目標に合致した仕方で組織され、秩序づけられ、組み立てられ、構成されていなければならない。しかしながらこのことは、その権限を持たされた人間たちも、その目標と同類のものでなければならない、ということを意味しているのだ、と」(21)。この記述によると、社会的生活形態、つまり体制が異なるのは、その社会が社会として追求する目標が異なるからである。社会が自己の目標を達成するためには、統治者（支配者、立法者）自身が、この目標と同類のものでなければならない。例えば、人間的卓越性が社会の目標であるとすると、その社会の統治者もまた、人間的に卓越した存在でなければならない。したがって体制は、社会の統治形態、つまり社会が組織され秩序づけられる仕方に決定的に依存している。また逆に、社会の統治者は、社会の目標、つまり体制に規定されている。立法者が体制によって規定されるとは、おそらくこのような事態を指すのであろう。

立法者は、ノモス、つまりその社会における倫理的規範を定立する。したがってこの立法者とは、実定法を定立するような、法的な意味での立法者とは異なる。実はこのような立法者こそ、ユートピア的な古典的政治哲学を批判しつつ、近代の政治哲学が導入せざるをえなくなったものなのである。シュトラウスはその学究生活の前半においては、とりわけスピノザやホッブズの精密な研究によって、近代的政治哲学の本質を深く探求していた。そしてその探求の結果、古典的政治哲学を発見し、それに回帰しようとしたのである。おそらくシュトラウスは、近代的政治哲学の研究を通じて、社会の倫理的規範を定立する立法者の問題に気づき、この問題を契機にして、古典的政治哲学の意義を発見したのではないだろうか。そこで次に、この問題について考えてみたい。

4．ノモスを定立する立法者

ノモス、つまり社会の倫理的秩序、つまりコンヴェンションは、人為的に、つまり立法という行為によって、ではなく、自然発生的に発生したように思われる。けれども、おそらくシュトラウスからすれば、決してそうではない。このような立法者の消去こそが、近代における歴史の概念、したがって彼のいう「歴史主義」を生じさせた源なのである[(22)]。それでは、このコンヴェンションを定立する立法者とはいかなるものであろうか。

コンヴェンションを定立する立法者とは、社会の絶対的支配者、つまりタイラント（tyrant）であるだろう。したがってシュトラウスにとって、タイラントはきわめて重要な問題であったはずである。現にシュトラウスは、『僭主政治について（*On Tyranny*）』という著作を執筆している。そして、この著作をめぐってアレクサンドル・コジェーヴと行った論争において、次のように述べている。「われわれ〔コジェーヴとシュトラウス〕の議論において、二つの対立する根本前提の間の争いにはほとんど言及されていない。けれどもわれわれは常にそれを心に留めていた。というのも、われわれが一見したところ、共に存在から僭主政治へと目を転じたのは、次のことを知っていたからである。すなわち、僭主政治の帰結に立ち向かう勇気のない人々、したがって「一方では卑屈に仕え、他方では傲慢に命じる」人々は、まさしく存在について語る以外には何もしないがゆえに、存在の帰結からも逃避せざるをえなかったのである」(23)。この箇所は、ハイデガーへのあてつけであると考えられている(24)。シュトラウスがコジェーヴに宛てた書簡（1950年6月26日付）のなかで、ハイデガーのことを「徹底した歴史主義者」と呼んでいる(25)ことから考えて、ここでいわれている「存在」とは、コンヴェンション、または「歴史主義」における「歴史」と読み替えることができるように思われる。するとこの箇所は、タイラントの問題を考えないとコンヴェンションは理解できないと言っていることになる。

カール・シュミットのいう「主権者」は、まさしくこのようなタイラントに当たるであろう。このように「主権者」の問題を明確に定立した点で、シュトラウスからすれば、コジェーヴと同様に、シュミットも賞賛に値するであろう。ところでシュトラウスは、まだほとんど無名の頃、まさしくこの主権者問題を「政治的なもの」という原理的レヴェルにおいて取り扱っているシュミットの『政治的なものの概念』に対して詳細な批判的注釈を行い、それがその後の彼の理論的発展の出発点の一つとなった(26)。そこで、タイラント、あるいはノモスまたはコンヴェンションを定立する立法者についてのシュトラウスの考え方を明確にするために、この注釈についてまず検討することにする[27]。

シュトラウスはこの作品においてまず、シュミットが「友」と「敵」との関係、およびそこに含まれる戦争の現実的可能性を、政治の概念として価値中立的な外観の下で提出しながら、実はそれらを道徳的にも価値あるものとして是認しており、それらをもって、シュミットが考えるような本来的な政治や戦争の現実的可能性を消去する自由主義を道徳的に批判しようとしたことを明らかにする[28]。けれども、シュトラウスによれば、シュミットによるこのような政治的なもの、つまり闘争や暴力の是認は、好戦的な道徳を目的とするのではなく、「娯楽」の世界になり、真剣さを忘れた既存の自由主義体制（消費と生産の協同組合）への批判を目的としたものである[29]。シュミットは、端的に戦争状態である自然状態を是認する。このことは、「現状の安全性を放棄すること」、「傷つけられておらず堕落もしていない自然」に戻ることを意味する。このような回帰とともに、「完璧な知の力によって、……人間的な事柄の秩序」が再び生じるであろうとシュミットは主張する。けれども、このような政治に対する道徳の優位は、シュミットの立場と相容れない。シュミットはあくまで、道徳的なものに対する政治的なものの優位を主張する。これは、シュミットが、闘争それ自体を是認しているということ、あらゆる「真剣な」確信、すなわち戦争の現実的可能性に向けられたすべての決断を尊重し、このような決断に対して寛容であるということである。これは、すべての「誠実な」確信を、それらが法律的秩序や平和を神聖視するものである限りで尊敬し、それらに対して寛容である自由主義とよく似ている。したがって、シュミットによる政治的なものの是認とは、シュトラウスによれば、符号を逆にした自由主義である[30]。

したがって、シュトラウスによれば、シュミットによる政治的なものの是認は、自由主義に対する根本からの批判、自由主義に対する闘争を準備するだけにすぎない。シュミットによる自由主義批判は、自由主義的な「技術の精神」、つまり「反宗教的な現世的行動精神という集団的信仰」と、まだ名づけられていない、それと対立する精神や信仰との間の決戦のために、戦場を提供するものである。つまり、正しいものは何かという問いに対する、根本的に対立する二つの解答があり、この二つの解答の間にはいかなる仲裁もありえないのである。したがって、シュトラウスによれば、政治的なものの是認は、シュミットが究極的に言いたいことではない。シュミットが究極的に言いたいことは、自由主義に対立する正しいものの観念、「人間的な事柄の秩序」である。そしてこれは、闘争によってではなく、「完璧な知」、つまり起源への回帰、「傷つけられておらず堕落もしていない自然」への回帰によってのみ得られるのである[(31)]。

以上のような議論からシュトラウスは、シュミットによる政治的なものの是認について、次のような結論を引き出す。「シュミットの自由主義批判は自由主義の地平で遂行されたのだということ、そして彼の非自由主義的傾向は、これまでのところいまだ克服されていない「自由主義的思考の体系性」によって妨げられてしまった、ということである。したがってシュミットによって着手された自由主義批判は、自由主義の彼方の地平が獲得されたときはじめて完成しうるのである」[(32)]。

シュミットは、「傷つけられておらず堕落もしていない自然」、つまり起源への回帰をめざす。そしてこの回帰は、「完璧な知」によって果たされる。けれどもシュトラウスからすれば、シュミットはまだこの起源、つまり「自由主義の彼方の地平」に到達してはいないのである。この注釈の最後でシュトラウスは次のように言う。「そうした自由主義の彼方の地平で、ホッブズは自由主義の基礎を築いた。だから自由主義に対する根底的な批判は、ホッブズの的確な理解をふまえてのみ可能である」[(33)]。つまりホッブズは、「自由主義の彼方の地平」に到達していた。そしてそれこそが、ホッブズの自然状態論である。「ホッブズは自然状態に直面して、それを克服しうる限り克服しようと試みたのであるが、後継者たちは、自然状態を夢想するか、あるいは彼らの主張する歴史や人間の本質へのより深い洞察に基づいて、自然状態を忘却してしまっているのである。しかし――後継者たちの正当性をむげに否定することは許されない――結局のところ、後継者たちの前述した夢想や忘却は、ホッブズによって考え出された自然状態否定の帰結、つまり文明肯定の帰結であるにすぎない」[34]（強調は原文)。この注釈を書いた後、シュトラウスはホッブズの本格的な研究に向かい、『ホッブズの政治学』を完成させることになる[35]。そのなかでシュトラウスは、近代的政治哲学の創始者をホッブズだと主張していたのだが、その後にこの見解を変更し、その栄誉はマキアヴェリに与えられるべきだと考えるようになる[36]。「ホッブズが自らの建造物をその上に打ち立てることのできた大陸の発見者は、コロンブスにも比すべきマキアヴェリであった」[37]。

シュトラウスは、近代的政治哲学を、「歴史主義」、さらにはニヒリズムの元凶であると批判する。けれども、ホッブズについては、「自由主義の彼方の地平」を捉えていたとして、一定の評価を与える。おそらく、ホッブズが捉えていたこの地平とは、自然状態のことである。自然状態から社会や文明が発生するためには、社会や文明の人為的な定立行為が、したがって定立者が必要である。そして、ホッブズより先に、マキアヴェリもまた、この人為的な定立について語っていた。「〔マキアヴェリによれば〕国家社会（civil society）はその根拠を正義のうちにではなく、不正のうちにもつものである。あらゆる国家のなかで最も有名な国家の創建者は兄弟殺しであった。いかなる意味における正義も、それが可能になるのは、社会的秩序が確立した後のことである。ただ人為的秩序の内部においてのみ可能なのである。しかも政治における最高の問題であるこの国家社会の建設は、国家社会成立後のその内部においても極限状態においてはいつも模倣されたのである。マキアヴェリは自分のとるべき方向を見定めるのに、人がどのように生きているかによってよりも、極限状態をもってした」[38]。それでは、ホッブズやマキアヴェリのどこに問題があるのか。それはおそらく、両者が極限状態を基礎にしてすべてを考えようとしたところにある。「ホッブズは、彼の道徳的・政治的理論全体を建設するにあたっては、極限状態に関する観察をその土台に据えた」[39]。さらにシュミットもまた、戦争という例外状況、つまり極限状態を基礎にして「政治的なもの」を考えており、彼は主権者を、「例外状況にかんして決定をくだす者」と定義している[40]。

先に引用した箇所においてシュトラウスは、ホッブズの後継者たちが自然状態を忘却してしまったと批判している。また彼は『都市と人間』において、近代哲学が、社会の秩序（コンヴェンション）を、人間的立法者がつくり出したものとは考えず、植物や動物の成長に類似した一種の「成長」と捉えるようになったことを批判する[41]。このことからも、シュトラウスがホッブズ（さらにはマキアヴェリやシュミット）において評価していた点は、現実の秩序を超越した自然状態の概念、および社会秩序の人為的定立（したがってそれを定立する立法者の存在）という考え方であったと推測してよいように思われる。

ホッブズの問題点は、彼が極限状態を基礎にして理論構成を行ったところにある。なぜ極限状態を基礎にするのかというと、自分の理論を普遍的に適用可能なもの、あらゆる場合に実効性のあるものにするためである[42]。シュトラウスによれば、ホッブズは、人間的な行為の基準としては、アリストテレスが定式化したもので十分だと考える。ところが、理性的な人間はこの基準に自発的に従うことができるが、多くの人間は、情念によって支配されており、強制されなければこの基準を遵守することができない。したがってこの基準をすべての者に遵守させるためには、最も強力な情念、すなわち暴力的な死の恐怖に訴える以外にはない。人間が暴力的な死の恐怖にさらされる状況とは、まさしく極限状態にほかならない[43]。それでは、なぜ極限状態を基にして理論構成を行ってはならないのであろうか。この問題を考えてみたい。

ホッブズの理論に対してシュトラウスはさまざまな形の批判を行っているのであるが[44]、そのなかで最も重要な批判の一つは、近代的政治哲学全体に向けられた次のような批判であると思われる。「近代の思考は、最も徹底した歴史主義において、すなわち、永遠性の観念の忘却があからさまに宣言されることのうちに、その頂点、その最高の自己意識に到達する。というのも、永遠性の忘却、言い換えれば、人間の最内奥から生じる欲求からの、それとともに本源的な問題からの疎外こそ、近代人が、まさにそれが始まったときから、絶対的な主権者たらんとし、自然の主人であり自然の所有者となろうとしたことに対して、つまり、偶然を征服しようとしたことに対して、支払わなければならなかった代価だからである」[45]。この記述は、ホッブズにもぴたりと当てはまる。まさしくホッブズは、自分の理論を普遍的に適用可能なものにするために、「偶然を征服しようとした」のである。すなわちホッブズは、永遠的なもの、つまり人間を超越したもの、例えば古典的政治哲学における自然を、認識不可能なものとみなす。人間は、自らがつくったものしか認識しえない。したがって、自然科学は、仮説的なものであらざるをえない。けれども、自然を支配するにはそれで十分である。シュトラウスは次のように解説する。「われわれは自分で作ったものだけを理解する。われわれは自然的存在者を作り出すのではないから、厳密に言って、自然的存在者は理解不可能である。ホッブズに従えば、この事実は自然科学の可能性と何ら矛盾するものではない。しかしこの事実は、自然科学が基本的には仮説的なものであり、また常に仮説的でありつづけるだろう、という帰結に導くものである。とはいえ、われわれが自然の主人となり所有者となるために必要とすることは、これで十分である。その反面、人間がどれほど自然の征服に成功しようとも、人間が自然を理解することは決してできないのである」[46]。このように自然そのものは人間にとって認識不可能であるが、人間のつくった自然科学は完全に認識可能である。ところで、国家や社会もまた、古典的政治哲学が考えるような自然的なものではなく、人為的な産物である。したがってそれは完全に認識可能である。それでは、この認識はどのようにしてなされるのだろうか。

それは、極限状態を考察することによって可能になる。先に引用した箇所からもわかるように、マキアヴェリは、国家は極限状態から生成すると考える。ホッブズもまたそれを引き継ぐ。このような極限状態としてホッブズは自然状態を考えるのである。そして、なぜ極限状態である自然状態を出発点にするのかというと、それは、普遍的に適用可能な理論、つまり懐疑論者の懐疑を免れるような、絶対に確実な基礎から出発する絶対に確実な理論、つまり知恵そのものを獲得するためである(47)。この絶対に確実な基礎こそが、今や人間の唯一の支えとなる。

このようにホッブズは、人間のための確実な基礎を打ち立てるために、偶然を排除しようとした。まさしくこの点をシュトラウスは批判するのである。シュトラウスは、人間を超越する、つまり人間の支配を越えた自然の概念を保持しつつ、それを社会の人為的定立という考え方と両立させようとする。自然とは人間を超越し、人間の支配を越えたものであるから、自然において善い（正しい）もの、すなわち端的に善い（正しい）体制は、ほとんど実現不可能であり、また実現可能であるにしても、その実現は偶然に左右される。まずマキアヴェリが、続いてホッブズが克服しようとしたのは、この偶然性である(48)。ホッブズは、マキアヴェリとは異なり、自然法の観念を維持するのであるが(49)、この自然法を、情念の力を借りて完全に実現しようとする。「理性は情念に対しては無力である。しかし理性が最も強力な情念と協力するならば、あるいはその情念に奉仕することになれば、理性は全能になることができる」(50)。そしてそれが可能であるのは、国家社会が人間の構成物であり、そのメカニズムを人間が完全に認識しうるからである。「国家社会の製作者としての人間が、国家社会の素材としての人間に内在する問題に決着をつけることができる。人間は正しい社会秩序の実現を保証することができる。なぜなら彼は、諸情念のメカニズムを理解し操作することによって、人間本性を克服することができるからである」(51)。

けれどもシュトラウスによれば、このような偶然の排除によって、つまり社会秩序の問題に決定的な解決を与えようとすることによって（シュトラウスの言葉でいえば、「基本的実践的問題に時と処を問わずきっぱりと答えてくれる正しい社会秩序」(52)を定式化するために）、ホッブズの理論は、善悪の基準、正不正の基準まで排除してしまった。ホッブズの理論によっては、善い体制と悪い体制とを区別することができないし、現にある体制を善い体制にするための方策を考えることもできない（シュトラウスの言葉でいえば、「ホッブズの主権理論は、善い体制と悪い体制（王制と僭主制、貴族制と寡頭制、民主制と衆愚政治）の区別の可能性の否定と共に、混合体制や「法の支配」の可能性の否定をも含意している」(53)）。ところが、古典的政治哲学は、これを考えることを可能にしてくれる。古典的政治哲学は、端的に善い（正しい）体制、つまり現実にはほとんど存在する見込みのない体制を言葉の上で構築してみせると同時に、現実に存在する体制をこの端的に善い体制を基に批判することによって、それをより善いものにしうる（このより善い体制は、混合体制として定式化される）。そして古典的政治哲学は、この改善策を、立法者、つまり社会の定立者、または社会の全体的秩序を与えるだけの権威をもつ者に授けようとする。このような社会の全体的秩序こそ、古典的政治哲学が「法（ノモス）」と呼んだものにほかならない。したがって古典的政治哲学は、このような社会の全体的秩序としての法を問題とするものである。

シュトラウスによれば、彼が批判する「歴史主義」は、マキアヴェリに始まる近代的政治哲学の帰結である。けれどもシュトラウスは、近代的政治哲学の基礎を築いたといえるマキアヴェリとホッブズに一定の評価を与えているように思われる。それはなぜかというと、すでに述べたように、社会が人為的に定立されること、したがって社会（の秩序）を定立する立法者、支配者が現に存在することを彼らが知っていたからだと思われる。ところが彼らは、現実の政治的問題に対して理論によって決定的な解答を与えようとしたために、つまり「基本的実践的問題に時と処を問わずきっぱりと答えてくれる正しい社会秩序」を提示するために、あるいは「政治問題に対して、実際に普遍的に適用できることをめざした普遍妥当性をもつ解決策」を与えようとしたために(54)、そしてそのために極限状態を基にして理論を構築したために、現実を批判しうる基準である善または正の観念を排除してしまったのである。これに対してシュトラウスによれば、古典的政治哲学は、「最善の体制と正統的体制の違いを認識していた」がゆえに、あるいは「今ここで正しい秩序は何であるかという問題に対する解答を与えるものではないし、また与えようとするものでもない」がゆえに、あるいは「本来の政治理論は本質的に、現場における政治家の実践的知恵によって補完される必要がある」ことを知っていたがゆえに、「狂信的な硬直性」や党派性に陥らずに済んだ(55)。ところが近代的政治哲学は、現実の体制を批判し判断しうる基準を喪失し、ナチス独裁体制のような「悪い」体制を「悪い」と判断し批判する能力を失ってしまったのである(56)。

以上のような近代的政治哲学の欠点を克服しうる道をシュトラウスは、古典的政治哲学のなかに発見するのである。シュトラウスは、現実を批判しうる善または正の基準と、社会の人為的定立という観念、つまり社会の秩序を定立する立法者または支配者という観念とを両立させようとする。そして、それを両立させたものが、古典的政治哲学であったのである。この点を明確に示しているように思われるシュトラウスの記述を見てみよう。

「古典的政治哲学の根底にあるものは、ポリス的（政治的）生活は政治的共同体の中で権力をめぐって抗争しつつある諸グループの間の論争によって特徴づけられるという事実であった。それがめざすところは、そのような政治的論争に決着をつけること、すなわち、党派人の精神にあってはそうではないがよき市民の精神にあっては根本的であるとともに典型的な性格の論争、そして人間的卓越性という要求に最も合致していると思われる秩序を見込んだ政治的論争に決着をつけることであった」(57)。この記述からもわかる通り、ポリスの政治に関わる古典的政治哲学は、「本質的に内戦の危機をはらんでいる政治的論争」(58)に決着をつけることを目的としていた。この内戦の危機が現実化するならば、社会（ポリス）は当然崩壊するであろう。したがって社会の秩序とは、人間による努力なしに、当然に存在するものではない。社会秩序の維持のためには人間の力が必要である。つまり、社会秩序は人為的に定立・維持されるのである。シュトラウスは、内戦の危機をはらんだ政治的論争に決着をつけることを目的とする古典的政治哲学は、立法者に教えること、立法者の教師であることをめざすと言う(59)。そしてこの立法者とは、「近代人たちから「国憲の父（the fathers of the Constitution）」といわれているような人々」、「優れた政論家や政治家による変革的な状況の正しい処理が行われうるような、いわば永遠的な基本的枠組みを設立する」人々、あるいは優れた政治家がそのために働いているところの社会的目的を、社会の法律や制度をつくり出すことによってつくり出した人々、のことである[60]。つまりこの立法者とは、まさしく社会秩序の定立者である。そして哲学者は、現実の体制をより善い（正しい）ものにするために立法者に助言するのである。そのためには哲学者は、それ自体において、つまり自然において善なるもの（正しいもの）とは何かを探求しなければならない。

プラトンの『法律』やアリストテレスの『政治学』における、「体制」を問題とする古典的政治哲学は、今述べたように、社会秩序を定立する立法者への助言をめざす。けれども、『国家』におけるプラトンは、端的に善い（正しい）もの、とりわけ端的に善い（正しい）体制、つまりユートピアの探求を行っていた。近代的政治哲学の創始者であるマキアヴェリは、まさしくこの点を問題にした。シュトラウスによれば、マキアヴェリによる「古典的政治哲学の批判と同義である道徳の批判」の要点は次の点にある。すなわち、「ユートピアを描き出すこと、つまり、現実化されることなど絶対にあり得ないような、最善の体制を記述することをもって事足れりとする政治学的アプローチには何か根本的な誤りが存するということである。そこでわれわれは、徳によって、つまり、一つの社会が選択する最高の目的によって、われわれの方向を見定めることは止めることにしよう。そして、これからは、あらゆる社会によって実際に追求されている目的によって、われわれの方向を見定めることにしよう。マキアヴェリは、意識的に、社会的行為の基準を低めるのである」[61]。ユートピアを描こうとする政治哲学は、人間を本性的に善なるもの、つまり徳へと向かうべく定められているものとみなすけれども、マキアヴェリ（あるいはマキアヴェリストであったマルクス）によれば、人は、法律や習慣などによって徳へと習慣づけられねばならない、つまり人間によって徳へと教育されねばならない。つまり、教育者自身も教育されねばならない。そしてこれは、端的に善い体制が現実には存在しえないこと、社会が暴力的に、つまり人為的に定立されたことの証拠である。「最初の教育者たち、つまり、社会の設定者たちが、すでに徳へと教育されているということはあり得ない。すなわち、ローマの設立者は、兄弟を殺した人物であったのである。道徳性などというものが可能であるのは、ただ、道徳性によっては生み出されることのできない、一つのコンテクストの中においてだけである。それというのも、道徳性は、自分自身を生み出すことはできないからである。道徳性が可能であるコンテクストというのは、非道徳的なものによって生み出される」[62]。すでに述べたように、シュトラウスがマキアヴェリやホッブズから学んだ点は、おそらくここにある。そしてそれによって、同じく社会の人為的定立を認める古典的政治哲学の体制論を評価するようになったのだと思われる。ところで、マキアヴェリもホッブズも、古典的政治哲学のように人間を本性的に社会的動物と捉えるのではなく、人間は本性的に非社会的であり、孤独であるとみなす。だからこそ、社会は暴力的に定立され、したがって社会秩序の定立者が存在するのである。けれども、いったん社会が定立されたならば、あるいはある者が社会を定立しようとするまさにそのときに、社会の定立者や社会秩序を与えることのできる権限のある者、つまりシュトラウスのいう「立法者」に対して、実現可能なより善い（正しい）社会秩序を、つまり道徳的であり社会的である秩序を助言することができる。このようにしてシュトラウスは、古典的政治哲学と近代的政治哲学とをいわば「綜合」するのである。シュトラウスによれば、マキアヴェリもホッブズも、古典的政治哲学と同様に、政治哲学の可能性を認めていた[63]。政治哲学の可能性を認めるとはつまり、普遍的問題の存在を認めることである。マキアヴェリは、このような普遍的問題を扱う政治思想における二つの根本的な対立的立場の一方（社会の定立は、暴力や犯罪によって行われるとする立場）の支持者である。これに対してシュトラウスは、もう一方の立場（社会の定立は、自由と正義に基づいて行われるとする立場）を擁護する[64]。普遍的問題、つまり決定的な解答のない問題を前にして、そのことを自覚して論争すること、これが、シュトラウス的な「綜合」であると考えられる。

近代的政治哲学は、マキアヴェリやホッブズ以降、社会秩序が人為的に定立されることを軽視または否定するようになる。シュトラウスは『自然権と歴史』において、この軽視または否定の過程、そしてそれに伴い社会秩序が自然発生的なものとみなされるようになる過程（そしてこのような過程は同時に、自然権思想が危機に瀕していく過程でもあるのだが）を、ロック、ルソー、エドマンド・バークとたどっていく。そしてバークについて次のように言う。「彼〔バークのこと〕は、体制（constitutions）は「成長」しなければならないとする見解に与して、体制は「製作」されることができるとする見解を斥ける。したがって彼は、最善の社会秩序は個人の、賢明なる「立法者」あるいは創始者の作品でありえ、またそうでなければならないとする見解を、とりわけ斥けるのである」(65)。さらに続けて次のように言う。「この点を一段と明確に見るには、イギリスの体制（constitution）についてのバークの見解――彼は控え目に言ってもイギリスの体制をどの体制にも劣らぬものとみなしていた――を、最善の体制に関する古典的見解と対比してみることが必要である。古典的理論によれば、最善の体制は理性の考案物、すなわち、一個人あるいは少数の個人による意識的活動や計画の考案物である。それは人間的自然の完成の要件を最高度に満たすものであるゆえ、あるいは、その構造は自然の範型を模倣するものであるゆえ、自然と合致している、あるいは自然的秩序なのである。しかし、産出の仕方に関して言えば、それは自然的ではない。それは、構想、計画、意識的作成の産物であって、自然的過程ないしその模倣によって出現したものではない。最善の体制は多様な目的に向けられているが、それらの多様な目的は、それらの目的のうちの一つが最高の目的となるような仕方で、本性的に相互に結び合わされている。それゆえ、最善の体制は、本性的に最高の目的であるような単一の目的に特に向けられている。他方、バークによれば、最善の体制が自然と一致し、自然的であるのは、また、そして何よりもまず、それが計画によってではなく、自然的過程の模倣によって成立したからである。すなわち、主導的な反省によるのではなく、継続的に、無意識のうちにとは言わないまでも、ゆるやかに、「非常に長い時間をかけて、また非常に様々な偶然によって」出現したからである」(66)。

以上によって、シュトラウスは、近代的政治哲学、とりわけマキアヴェリやホッブズが提出した、社会秩序（近代的政治哲学が「コンヴェンション」と呼んだもの）の人為的定立という考え方を維持しながら、他方では古典的政治哲学を支持して、そのような社会秩序を善いまたは正しいものにしようとするところに政治哲学の任務はあると考えた（そしてその結果として、古典的政治哲学の「体制」論を発見した）という私の主張が裏付けられたのではないかと考える。

5．結びに代えて
――古典的政治哲学におけるノモスの概念の現代的意義

最後に、これまで述べてきたことをまとめながら、シュトラウスによる古典的政治哲学の復権が、とりわけ現代の法律学にとってどのような意味をもちうるのかを考えてみたい。

マキアヴェリやホッブズは、プラトンが『国家』において展開したようなユートピアとしての最善の（つまり自然にかなった）国家を、それが実現不可能であると批判し、社会（国家）は人為的に定立されると、したがってユートピア的な基準は、実現可能なように低められるべきであると主張した。シュトラウスは、このようなマキアヴェリやホッブズの主張を、善や正の観念を無視しているとして批判しながらも、彼らが社会秩序の人為的定立を主張したことを評価する（そして、彼ら以降の近代的政治哲学が、社会秩序の人為的定立を否定し、社会秩序を自然発生的なものと捉えたことを批判する）。シュトラウスは、社会の人為的定立の観念と、善や正の観念との両立をめざす。そして発見したのが、プラトンの『法律』やアリストテレスの『政治学』における「体制」論であった。

古典的政治哲学において「法（ノモス）」とは、社会秩序全体とほぼ同じ意味であった。シュトラウスによれば、古典的政治哲学は、このようなノモス（近代的政治哲学においてこれに相当するのは、コンヴェンションであろう）が人為的に定立されると考えた。そしてまさしくノモスは人為的に定立されるがゆえに、立法者（ノモスの定立者としての）を教え導くことによって、ノモスつまり社会秩序をより善いまたは正しいものにすることができるのである。シュトラウスは、この人為的に定立される社会秩序を規定するものを「体制（regime）」（ポリテイアの訳語）と呼び、政治哲学の考察対象はこの「体制」であると考える。

このようなシュトラウスの考え方によれば、およそ社会はすべて、人為的に定立されることになる。したがって、いくら社会秩序は自然発生的なものとみなされようとも、社会秩序は人為的に変革可能である。したがって、変革の主体、つまりシュトラウスがいうところの立法者または支配者が現に存在するのである。したがってこの立法者または支配者を説得することによって、社会秩序をより善いものにすることが可能であり、これこそが政治哲学の役割である。ところが、シュトラウスによれば、近代の政治哲学や、それの不可避的な帰結である現代の社会科学は、次の二つのいずれかの立場をとっている。一つは、社会秩序が人為的に定立されると主張しながら、善や正の観念を無視するという立場である。けれどもこの立場は、人為的に定立された社会秩序や定立行為自体を、何らかの形で、例えば社会的な必要性や、秩序が存在して安全が確保される必要性によって正当化しようとする。もう一つは、社会秩序は自然に発生し、成長すると考える立場である。この立場は、自然に発生し成長する社会秩序（コンヴェンション）は、それ自体において正しいものと考える。そして、このそれ自体において正しい秩序を人為的に変更するのは正しくないと考える。これが「歴史主義」である。さもなくば、自然に発生し成長する社会秩序は、善か悪か、正か不正かという価値評価とは相容れないものだと考える。これが「実証主義」または「ニヒリズム」の立場である(67)。

ところで、おそらくシュトラウスは、現代の法律学に巨大な影響を与えたハンス・ケルゼンの法理論を、今述べた二つの立場のうちの前者に属すると考えている。シュトラウスは『自然権と歴史』において、「現代の社会科学は、もしそれが――理由は神のみぞ知る――寛大なリベラリズムを論理の一貫性より優先させなくなれば、かつてマキアヴェリが実行したように思われることを実際にやってのけるだろう。すなわち、自由な人民に対してのみならず圧制者（tyrants）に対しても、同等の能力と敏速さをもってアドバイスを与えることだろう」と述べ(68)、この箇所に注をつけて、このような「現代の社会科学」の例としてケルゼンを挙げている。そしてそこでシュトラウスは、ケルゼンの『一般国家学』の一節を引用している（ただし、シュトラウス自身が指摘しているように、この一節は英訳版では削除されている。けれどもシュトラウスは、削除した理由がわからないと言う）。その一節においてケルゼンは次のように言う。専制政治の中にはいかなる法秩序も存在せず、そこを支配しているのは専制君主の恣意である、と主張されているが、それは誤りである。専制的に支配された国家にも人間の行動には秩序があり、その秩序はまさしく法秩序である。「恣意と思われたものは、あらゆる決定を独占し、従属的諸機関の活動を無制約的に規定し、ひとたびうち立てられた規範をいつでも一般的あるいは単なる特殊的効力をもって撤廃したり変更したりする独裁者の法的可能性にすぎない」。つまり、独裁体制にも法または法秩序があるのである、と(69)。けれども、ここでいわれているような「法」とは、専制君主または独裁者の力を法的な概念でもって説明し、そうすることで正当化するものにすぎないであろう。法が、専制君主の行動を規制する力をもつとは考えられていない。これは、典型的な法実証主義の立場である。

これに対して、法に支配者を、したがって社会を規制する実効的な力を与えようとするとどうなるか。これが、ホッブズ以降の近代的政治哲学がとった立場である。ホッブズやロックの前提を引き継いだルソーは、実定法によって自然法を吸収する、つまり自然法に決して反することのない実定法をつくることによって、この問題を解決しようとする(70)。けれどもルソーはその一方で、いかに正義にかなう社会であれ、個人にとっては拘束であると考え、個人と社会との解決不可能な葛藤、あるいは「無規定的で規定されえぬ自由と国家社会の要求との間にある齟齬」を考え続けた(71)。この葛藤の解決策は、すべての人間が利己的に振舞うことにより、正しい秩序が結果として自然に形成される（シュトラウスの言葉でいえば、「正しい秩序の実現は見さかいのない利己的な情念によって達成される。すなわち、正しい秩序は、決して正しい秩序へと向けられているわけではないさまざまな人間的活動の、意図せざる副産物なのである」）という、ドイツ観念論を典型とする考え方によって与えられた。自然に形成されるとは、歴史的に形成されるということであるから、この考え方は「歴史主義」へと到る(72)。この考え方の根底には、歴史の過程は合理的であるという見解があるのだが、ニーチェはこの見解を退ける(73)。ニーチェは、歴史過程を「力への意志」が衝突する過程とみなすニヒリズム的見解に到った。シュトラウスは、このニーチェ的な見解が現在のわれわれをも規定しているとみなし(74)、それをきびしく批判する。今述べたホッブズ以来の理論的動向は、自然法（自然権ないし自然の正しさ）を実効的たらしめようとする、近代的な形での自然法論、シュトラウスがいうところの「近代的自然権」論である(75)。

おそらく現代の法哲学の多くは、今述べたようなケルゼン的な法実証主義か、あるいは近代的自然法論かのいずれかに当てはまると思われる。したがってシュトラウスによるこの二つの立場に対する批判と、古典的政治哲学または古典的自然法論への回帰の主張は、それに賛成するにしろ反対するにしろ、現代の法哲学にとって大きなインパクトをもちうるものと考える。

また現代の実定法学の多くは、研究対象である「法」を、実定法（憲法を頂点とする国家法の体系を典型とする）と捉えている。古典的なノモスという広い意味で捉えることはほとんどない。それはおそらく、ノモスという広い意味での法を、自然発生的なものとして、つまりまさしくコンヴェンションとして捉えているからではないだろうか。そのように捉えた場合、人間が自覚的に変革・改善しうるのは、実定法のみであるということになる。したがって、研究が実定法に限定されるのは当然である。けれども、シュトラウスが主張するように、社会秩序全体が人為的に定立されるのであり、それをより善いまたはより正義にかなったものにしうるのだと考えるならば、研究対象も研究方法も変わってくるのではないだろうか。生命倫理問題や地球環境問題など、これまでの法学的枠組みでは捉えることの難しい問題に直面している現在、これは考えてみるに値することだと思われる。

第五章　「人間の権利」について
——J. デリダと M. ヴィレーとの「論争」

1. はじめに

フランスの著名な法哲学者・ローマ法学者であるミシェル・ヴィレー（1914―1988）は、近代の哲学や法哲学に対する激しい批判を展開したことで知られている。彼は、その名声にもかかわらず、そのあまりに反時代的な理論的営為のために、生前はおろか、死後もなお、正当に評価されているとは言い難く、依然として特異な思想家だとみなされているようである(1)。

ヴィレーによれば、固有の意味での法学には、「権利」なる観念は不要であるし、ましてや「人間の権利」なる観念は全く入り込む余地がない(2)。これは、「人間の権利」を最高の価値とみなす近代の多くの法律学、法哲学や哲学に対する強烈な批判である。

ところが、興味深いことに、ジャック・デリダは、ヴィレーのこのような時代錯誤的ともいえる批判を真剣に受け止めていたようである。デリダは、『哲学への権利について（法／権利から哲学へ）』の中の比較的長い注において、次のように述べている。「この導入的な考察の枠内では、M. ヴィレーが、とりわけカントの『人倫の形而上学』のフランス語版（A. フィロネンコ訳、ヴラン社、1979年）に寄せた序文のなかで開く——そしてすぐに閉じる——非常に不可欠な論争そのものにとりかかることはできない。この長い序文のもろもろの結論はおそらく、長く綿密な議論を——そしてたぶん、この巨大な問題系〔カントが『人倫の形而上学』の「まえがき」と「序論」で設定したような「通俗的哲学」の問いのことだと思われる〕の一般的な手直しを——呼び起こすであろう」(〔 〕は堅田による補足。以下、特に断らない限りは同じである)(3)。

デリダが、ヴィレーが開いたという「論争」を直接に展開することはなかった。本章では、デリダがヴィレーの主張の何をどのように問題にしようとしたのかという点を中心にして、両者の間にこの「論争」(実際に行われることがなかったという意味で、括弧つきの「論争」)を開いてみようと思う。

この「論争」は、「人間の権利」や「人権」と呼ばれているものの捉え方について、重要な示唆を与えてくれるように私には思われるし、おそらくデリダにもそのような問題意識があったものと思われる。現代社会において、「人間の権利」や「人権」の観念がこの上もなく重要であることには、大多数の人々が同意するであろう。ところが、その重要であるはずの人権がいともたやすく侵害されている。それはなぜだろうか。われわれは、人権の捉え方についてどこか間違っているのではないだろうか。このような問題意識をもって、両者の「論争」の検討にとりかかることにする。

2．ヴィレーによる「人間の権利」批判

まず、ヴィレーによる「人間の権利」批判の概要を、彼の『法と人間の諸権利』(4) に依りながら示すことにする。

ヴィレーの基本的な主張の一つは、法学や法的実践という独自の領域が存在するということである。ところが哲学（者）が法（droit）を取り扱うことによって、この独自性が無視され、法がそれにふさわしい仕方で取り扱われ

ていない、と彼は批判する。つまりヴィレーは、法律家の法学と哲学者の法学とを分け、後者を批判するのである。ヴィレーによれば、「人間の権利」という観念は、近代の哲学者がつくりだしたものであり、厳密な意味での法、つまり法律家が関心をもつ法とは何の関係もない。

ヴィレーによれば、法学や法的実践という独自の領域が形成されたのは、アリストテレスが『ニコマコス倫理学』第五巻において「一般的正義」（アリストテレスによれば、徳全般と同じものである）と「特殊的正義」（アリストテレスによれば、徳、つまり「一般的正義」の一部としての正義。「配分的正義」と「交換的正義」とから成る）とを区別したことに由来する。そしてこの区別を引き継ぎ、「特殊的正義」を発展させたローマの知識人（特にキケロ）や法律家たちが、厳密なまたは固有の意味での法学や法的実践を大いに発展させたのである。ところが、ストア派やエピクロス派、ユダヤ＝キリスト教は、アリストテレスの「一般的正義」――つまり、「特殊的正義」にかかわる厳密な意味での法と区別された、道徳一般――を探求の対象とした。そして、ストア派とキリスト教に大きな影響を受けて形成された近代哲学、とりわけ近代自然法学派が、「人間の権利」なる観念をつくったのである。

このような流れを受けて、近代のロマニスト（ローマ法学者）や法学者たちは、ローマ法をも、個人がもつ「権利」または「主観的法（droit subjectif）」の概念を基礎にして理解・解釈しようとする。けれどもヴィレーによれば、ローマ法や当時のローマ法学には、「権利」なる観念はなかったのである。ローマ法を「権利」の「体系」として理解するのは、近代的な観点からの歪んだ理解である（ローマ法は、コード、つまり「体系」でもなかった）。

ヴィレーによれば、古代ローマの法学においては、アリストテレスの to dikaion の翻訳である jus とは、「特殊的正義の対象」である。ところが、これが「一般的正義の対象」として、つまり道徳の対象として捉えられるとき、jus 本来の意味（厳密な意味での法）、そして独自の領域としての法学の意義が見失われる。このとき jus は道徳的掟と同一視される。あるいは、道徳的掟を実現するための手段となる。ところで、道徳的な掟や義務は、「人間の本性／自然（Nature de l'homme）」から演繹的に導き出される。ここに、「人間の本性」論（人間学）、道徳論、法学が一体となり、体系をなすことになる。この体系を展開するのは哲学者である。

ヴィレーは、哲学者が展開するこのような法学をきびしく批判し、固有の意味での法学を再評価しようとする。以下で述べるように、ヴィレーが、『人倫の形而上学』フランス語版の序文で展開したカント批判も、基本的にはこれと同じ形の批判である。つまり、カントの「法論」は、まさしく哲学者の法学なのである。

3．デリダによる「人間の権利」の評価

これに対して、近代批判という点ではヴィレーと共通するデリダの以下の文章に注目していただきたい（いずれも、9・11同時テロについてデリダが受けたインタヴューからの引用である）。「私たちはいまだかつてないほど人権の側に立つ必要があります（il faut）。私たちには人権が必要です（*il faut*）。私たちは人権の窮乏のなかにあり、また人権も窮乏のなかにあります。というのも、つねになんらかの欠如、不足、不十分さ、不満足があるからです。人権は決して満足させられません。人権が自然のものでないことを私たちが思い出すのにこのことだけで十分です。人権は歴史を有します——新しく、複雑で、まだ終わっていない歴史を。フランス革命と最初の人権宣言の数々から第二次大戦後の宣言に至るまでずっと、人権は絶えず豊かにされ、改良され、明確にされ、定義されてきました（女性の権利、子供の権利、労働権、教育権、「人間と市民の権利」を越えた人権、等々）。こうした歴史性、こうした改善可能性を肯定的な仕方で考慮に入れるためには、そこで作動しているあらゆる概念に対するありうべきもっともラディカルな尋問を禁じては絶対になりません。そうした尋問されるべき概念とは、人間の人間性（人類の、あるいは「人間の固有

性」は、「人道に対する罪」のような最近の司法的な概念ないし行為遂行性《パフォーマティヴ》の歴史に関する問いばかりでなく、非人間的な生ける存在者たちにかかわる問い全体をも惹起します）や、したがって権利や法（droit）の概念そのもの、さらには歴史の概念などです」（強調は原文）(5)。

つまりデリダは、「人権」の概念の基礎をなす、「人間の人間性」、「権利」、「法」、「歴史」といった概念を絶えず根本から問い直すという条件つきで、「人権」をわれわれ現代の人間にとって最もなくてはならない貴重なものと見なしているのである。

さらに、同じくデリダの次の文章を読んでいただきたい。「コスモポリタニズムの考えは、……エペソ人への手紙における聖パウロ、ストア学派、カントに遡る、とても古い伝統から現われたものです。〔中略〕この伝統の諸限界が、この世界市民的《コスモポリティカル》な理念を定式化した存在神学的、哲学的、宗教的なもろもろの言説によって定義され規定されてきた仕方を問いに付することによって、その限界を私たち自身の時代に合わせて調整するように努めなくてはなりません」(6)。例えば、「古典的な仕方で考えられたコスモポリタニズムはなんらかの国家主権形態を、世界国家のような何かを前提にしていますが、そうした概念は神学－政治的だったり世俗的だったりします（つまりその系譜としては世俗的ですが、ひそかに神学－政治的だという意味です）」。デリダによれば、この神学－政治的な主権概念を脱構築することが、コスモポリタニズムを現代に活かすことである(7)。

この箇所では、ヴィレーが批判しているキリスト教、ストア派、カントに由来する「コスモポリタニズム」の理念が、その限界を現代に合わせて調整するという条件で、評価されている。そして、この調整のなかでも、この理念の神学－政治的な前提を批判することが特に重要だと指摘されている。そしておそらくデリダからすれば、「人権」の概念を現代に活かすことと、「コスモポリタニズム」の理念を現代に活かすこととは、不可分に結びついている。「国家の主権的権威が問いに付され、国際司法裁判所が設立され、国家元首や軍の指導者などが自国の司法制度から移されて裁かれていますが、実はそれは、今日ますます人権とその普遍性の名において行われるようになっているのです。人道に対する罪や戦争犯罪といった概念は、もはや国家の司法制度や主権国家の権威の下にはありません。少なくとも原理的には」(8)。

4．デリダとヴィレーとの「論争」

以上で論じたことを前提にして、デリダが直接に引用するヴィレーの記述を検討してみよう。「われわれ〔法律家や法の哲学者たち――デリダによる補足〕にとって、カントの「法論」は、われわれの仕事の対象、もろもろの合目的性、方法、もろもろの道具立ての脇を通り抜けていくので、法の理論ではない。それは、法の哲学の忘却の時代の頂点を画する。カントは、法についてわれわれに語っていると考えていたのだが（彼が自然法学派のドイツ的なもろもろのしきたりの犠牲者であったことは確かである）、それとは別のことをなしていたのである。もしカントが、もろもろの原理やア・プリオリなもろもろの基礎に関する学を、法の数学として構成していると考えていたとすると、彼は、われわれの法的な経験とは本質的に無縁の、一種の非ユークリッド数学から始めたことになる。少なくとも、法の歴史家たる一人の法律家の反応はこのようなものである――理解してもらえるとはあまり期待していない一人の法律家の。もし哲学者たちが、法について知っている一切のことを、カントを読むことによって、あるいはフィヒテやヘーゲルを読むことによって、あるいはケルゼンを含む彼ら以外のカントのさまざまな後継者を読むことによって学んだのだとすると、哲学者たちがわれわれのカント批判をまじめに受け取ることに同意する見込みはない。〔中略〕なるほど「法論」の成功は、その時代によって説明されうる。「法論」は、19世紀の初めには、ある特定の政策、国家主義の大義、個人主義、ブルジョワリベラリズムに奉仕することができた。けれども裁判官の役割も法の役割も、自分をある当事者に奉仕させることでは決してなかった……」（強調は、ヴィレーによる）[9]。

すでに見たように、デリダは、ヴィレーが「論争」を開き、すぐに閉じたと言う。おそらくこの「論争」とは、『人倫の形而上学』のなかの「法論」においてカントが「法／権利（droit, Recht）」を演繹的に導き出す前提となる「人間」または「人間性」の概念の地位にかかわる。カントは、人間を理性的存在者として捉える。そしてこの人間的理性、ヴィレーの言葉でいえば、「完全に理性的であるような思考する主体の道徳的意識の核心から得られる「命法」」を、ア・プリオリに妥当する自明の原理と見なし、そこから人間の「法／権利」を演繹的に導き出す。ヴィレーが批判するのはまさにこの点である[10]。ヴィレーによれば、「法」とは、人間どうしの関係に関するもの、つまり人間どうしの正義にかなう「関係」である。この正義にかなう関係は、経験によって、つまり社会的現実の観察者によって帰納的に発見されるのであり、何らかの人間の「本質」から演繹的に導き出すことはできない[11]。おそらくデリダは、ヴィレーによるこのカント批判に同意すると同時に、それを批判するであろう。すなわち、確かに、カントが仮定する「人間（性）」の概念を、演繹的に形成される体系の、ア・プリオリに妥当する第一原理と捉えるならば、ヴィレーの言うように、カントは誤っているであろう。けれども、カントの「人間（性）」の概念を、これとは違った仕方で解釈することができるのではないだろうか、と。ヴィレーは、カントが法律家ではなく哲学者または道徳理論家として法の哲学を展開しており、ヴィレーのいうような厳密な意味での法や、この厳密な意味での法を実践する法律家が関心をもつ法に無知である、と批判する[12]だけで、このカントの別の解釈可能性を展開していない――おそらくこれが、ヴィレーは「論争」をすぐに閉じてしまうと言うことによってデリダが言わんとしたことであると思われる。

それではデリダは、カントにおける法／権利の基礎をどのように捉えているのだろうか。カントによれば、厳密なまたは純粋な法を道徳から区別するのは、外部性の価値である。道徳は、自分自身が立法し、責務または拘束性の意識をもって自発的に、つまり内的に従わねばならない。これに対して、法を定立するのは外部の者でありうるし、強制をもって法に従うように義務づけることができる。また、道徳が内面を問題にするのに対し、法は外部に現われた行為を問題にする(13)。けれども、デリダのカント解釈によれば、外部性だけでは、法を基礎づけるのには十分でない。法の基礎は、法的なものではなくて、道徳的なものである。この解釈を正当化するものとして、デリダは次のカントの文章を引用する。「この法〔厳密な法〕も当然、掟／法則（loi）にもとづく各人の責務〔obligation, Verbindlichkeit. 邦訳は「拘束性」となっている〕の意識に依拠するものではあるが、この法が純粋であるべきだとすれば、選択意志（arbitre, Willkür）を責務の履行へと規定するにあたっては、この意識を動機となすように求めてはならぬし、また求めることもできないのであって、むしろ普遍的掟／法則に従って何びとの自由とも調和しうる外的強制の可能性という原理に基礎を求めるのである」(14)。デリダによれば、この責務の意識は、法の動機としては排除されているものの、やはり厳密な法の意識なのである。「責務の意識はすでに法的であり、いまだ道徳的である。厳密な法を「基礎づける」のは責務の意識である。けれども、この責務の意識は、それが基礎づけるものの次元には属さないとカントは示唆する。厳密な法の基礎は法的ではないことになる。これは、ハイデガー的な身振りに従って、法の法性または法の本質は……何ら法的ではないと言うことができるような意味においてではなく、法の、法であることとは、法であることへの法の（道徳的かつ法的な）権利である――つまり、存在の次元／命令（ordre）ではなく、掟の次元／命令である――という意味において理解しなければならない」(15)。

デリダは、今述べたカント解釈において、厳密な法と道徳とが共通の基礎をもつとカントは示唆していると言っている。おそらくデリダもこのカントの見解に賛成するだろう。それは、デリダが『法の力』において、カントの道徳概念の本質である、義務や掟／法則（loi）への尊敬の念を、法／権利（droit）と不可分の関係にあり、かつ法／権利の「脱構築」を導く正義と結びつけているところからもわかる[16]。つまり、確かにデリダも、ヴィレーのカント解釈と同じく、カントにおいては法と道徳とが一体となっていることを認めているのである。そしてデリダは、ヴィレーとは反対に、この一体化を評価しているのである。

ただし、カントが、ヴィレーのいうような「一種の非ユークリッド数学」を展開しているとはデリダは考えない。カントは確かに厳密な法を、数学とのアナロジーによって語ろうとするが、デリダによれば、このアナロジーは次のような役割を果たす。デリダによれば、カントは、厳密な法、つまり法の純粋な概念との関係で、作用・反作用同一の法則の下での物体の自由な運動という力学的概念や、数学とのアナロジーを持ち出す。これによって、法（droit）が、「まっすぐ」の意味での droit と結びつけられる。「こうした力学的概念〔作用・反作用同一の法則の下での物体の自由な運動〕の根底にはさらに純粋数学（例えば幾何学）における純形式的概念が存在する。そこで、理性は悟性に対して〈この純粋数学とのアナロジーによって得られる〉ア・プリオリな直観をもできるだけ供給して、法概念の構成のために役立たせるよう配慮しているわけである」（〈　〉は訳者による補足。この補足は正しいと考える）[17]。デリダはこれについて次のように言う。「理性のこのような配慮なしには、このような配慮が獲得させ、保証すると同時に乗り越えるもろもろの境界／限界（limites）の体系なしには、いかなる「提示」も可能ではないであろうし、……厳密に哲学的ないかなるレトリックも、教育法も、伝達も、議論も可能ではないであろう」（強調は原文）[18]。

つまりデリダは、カントによる数学の援用、数学とのアナロジーによる法の説明は、悟性が法の純粋な概念を把握できるようにするための理性の配慮であると捉えるのである。つまり、ヴィレーの言うように、カントは道徳的な一種の数学を演繹的に構築しているわけではないのである。けれども、次のような疑問が生じるかもしれない。つまり、確かにカントは、法の数学を展開しているわけではない。しかしながら、理性に与えられる法の純粋な概念を出発点にして、したがってこのような法の概念の前提となる人間の概念を出発点にして、法の体系を構築している以上、カントは、ヴィレーの解釈通り、法の演繹的な体系を構成しているのだ、と。デリダはこの疑問に対して、たぶん次のように答えるであろう。

デリダは、カント哲学の二つの面に言及する。まず第一の面について。カントは当時のドイツにおいて、国立大学の教員、つまりある言説や思想の価値を判断し、正統化する権力をもつ機関の一員であった。デリダによると、「カント哲学は、所与の社会的＝政治的諸条件において、哲学の公的－教え－になることと同質であった、またはそうなることへの傾向にあった」[(19)]。これは、事実上の問題としてそうであったというだけではない。カント哲学の構造上も、その傾向があるのである。「カント的言説のいわゆる「内的」組織は、そのレトリック的＝概念的枠組みにおいて、その建築術的動機において、もろもろの境界／限界からなるその体系において、その意味論的なもろもろの対立の機構において、批判的理念そのものに働きかける。判断する任務、真なることを語る（けれどもまた、そしてまさにこれによって、能力を見分けたり、資格を与えたり、もろもろの正統性を産出し広めたりする人々に権威を与える）任務、法やより根本的には真理を語り、また法の理説の形而上学的諸原理を語る任務、厳密なものを厳密でないものから区別することのできる諸基準さえも提供する任務、厳密で規定的な諸規則に従って、法の秩序における「あいまいさ」や「雑種性」の可能性を演繹する任務、こうした任務を、国家によって、さらには任意の世俗的・宗教的権力によって、こう言ってよければ担わされた（ただし、もちろんまったく自由に、つまりアカデミズムの自律を尊重されたうえで担わされた）一つの哲学的制度にとって、このような建築術以上に不可欠のものがあるだろうか。感覚的なものと知性的なもの、現象と本体、内的現象と外的現象、純粋な感覚的なものと経験的な感覚的なもの、超越論的なものと経験的なもの、純粋なものと不純なもの、ア・プリオリとア・ポステリオリ、客観的なものと主観的なもの、感性と構想力と悟性と理性、これらの原理的で明快な対立を伴ったカントタイプの言説的機構ほどに、この点で有効なものがあるだろうか。この機構のもろもろの「内的」難点について言うと、この機構が、これらの対立の純粋性を維持するのにこの上なく困難になると……、これらの対立もまたカノン的になった」[20]。

こうしてカント哲学は、当時のドイツにおける近代国家の構成にとって最も利用しやすい好都合なものであった。つまり、カントの学説そのものが、ある人々や機関を正統化する基準、彼らに正統性を付与する基準、いわば公的な真理そのものとして作用していたということになる。このようなものとして捉えられるならば、カントの学説は、基本原理から出発するア・プリオリに正しい、それ自体として真理である、明確な境界をもった揺らぐことのない演繹的体系として理解される傾向をもつことになるであろう。この面をとってみると、ヴィレーのカント批判はある程度あたっているかもしれない。

けれどもデリダは、カント哲学のもう一つの面に注目する。つまり、カントの学説は、正統化する基準そのものを問い直すという面をもつのである。「カント主義とは、もろもろの概念的境界／限界（limites）によって強力に組織された一つのネットワーク、一つの批判、一つの形而上学、一つの弁証法、純粋理性の一学科であるだけではない。それは、限界づけること（délimitation）の本質的プロジェクト（projet）、つまり限界（limite）の定立、これらの境界／限界に関する判断の基礎づけまたは正統化としての限界の思想、として自らを提示する一言説である。この定立と正統化との舞台、この正統化する定立の舞台は、構造的にかつ不可分に、法的＝政治的＝哲学的である」（強調は原文）[21]。つまりデリダによると、カント哲学の本質は限界づけること、境界を設定することにあるのだが、限界＝境界を設定するとはそれを正統化することでもある。つまりカント哲学は、境界を正統化する、つまりそれを批判的に吟味して、それを越え出る（そして新たな境界を立てる）という面をもつのである。デリダはさらに続ける。「このような舞台において、哲学者とは何か。法について権利を語る者、国家そのもの、神学そのもの、医学そのもの、法そのものと哲学そのものとの関係について真なることを語る者、である。すぐれてカント的な問いとは、「いかなる権利か（quid juris）」

という問いである。もっともこの問いは、必ずしもそのものとして、厳密な意味で（stricto sensu）、文字通り現れるわけではないが……。この問いは、あらゆる知識に対して、あらゆる実践に対して、さらには法の純粋概念のあらゆる規定に対してさえ定立される……」[22]。つまりカントは、哲学することによって、既存の国家、神学、医学、法、つまり正統性を与える既存の基準そのものの前提をなす原理を限界づけ、それによってこれらの領域に適切な役割を与えると同時に、それらが越権して、他の領域に不当な介入をなさないようにするのである。このときに発せられる問いが、「いかなる権利か」である。例えば、神学が国家に介入する場合、果たして神学には、そのような介入をなす「いかなる権利」があるのかが問われ、吟味されることになるであろう。つまり、カント哲学は、正統性を与える基準そのものを問い直すという面をもつのである。

したがって、カント的な法律主義（juridisme）とは、「法について権利を語ること〔法が法に値するか、つまり法でありうる権利をもつのかを語ること〕、法の本質や法の純粋な概念を規定すること、基礎づけを正当化として解釈することが哲学者の管轄に属するまさにそのときに、「いかなる権利か」という問いの（厳密でない）形式を際限なく拡張することにある。哲学とは、次のような理性の法廷の番人である。すなわち、『純粋理性批判』（1781）の最初の序文が、理性の法的歴史を論じた後に制定ないし召集する、実際には「制定する」ように「誘う」、より正確に言うと……「あらゆる理性の使命のなかでも最も困難な、自分自身の認識という使命」を「改めて企てる」よう理性に対してなされる誘いに応答する制定と呼ぶ、名づけるところの理性の法廷である」[23]。この場合、この誘いは、理性の法廷の制定に先行し、理性の法廷は一つの反復にしかすぎないように見える。けれども実際には、この誘い自体が、反復の一形式である。なぜならそれは、自分自身の認識という「ある古い使命」を「再び企てる」ように誘うからである[24]。

デリダはさらに説明していく。「純粋理性の批判（このタイトルを担うプロジェクトと作品、理性の法的歴史全体によってそのタイトルが保証されるプロジェクトと作品）とは、自然的でも根源的でもない一出来事という地位をもつのであるから、なるほど一つの制定である。けれどもそれは、（ある誘いに）応答し、それよりもはるかに古いある「企て（entreprise）」を「改めて」反復する（répète）ところの制定である。この制定は、反復（itération）のなかで生じる。けれども、その新しい、いわば「近代的」な特徴とは、ある古い使命のこの再＝制定における「法廷」という形式である。なるほどこの近代性は、哲学のある種のラテン性やある種のローマ性の要素のなかにも書き込まれている。けれどもカント以前に、理性そのものを法廷にまで構成した者がどこにいただろうか。すなわち、その威力または暴力（少なくとも、ゲヴァルトとベンヤミンなら言うであろう）が、自分自身の法則（掟）以外の法則によっては保証されることがないというところに由来する法廷にまで。自分自身の法則とはつまり、それによって絶えず自分が自分自身に先行するために、自分が法則の前にあると同時に法則の以前にあるというような法則である」（強調は原文）(25)。

デリダによれば、まず理性の法廷があり、これは批判そのものである。次に理性の法廷に関する言説がある。これが、『純粋理性批判』というタイトルを担い、カントの署名のある批判である。この後者の批判は、それが提示するとみなされているもの、つまり理性の法廷に見合っているだろうか。カントはこの問いを司法的空間へと書き込む。哲学的読みとは訴訟である。著者は裁判官でありかつ当事者である。著者は自分を忌避して、読者を、最終審級における裁判官とする。さらに、前のところで、「古い使命」を「改めて企てる」ように理性を誘うと述べたが、誘う主体は何か。デリダによれば、それは無関心である。つまり、伝統的な形而上学や形而上学者のジャーゴンに対する無関心である。けれどもこの無関心は、カントによれば、「現代の成熟した判断力」の現れである(26)。

このようにデリダは、カント的理性の特性を浮かび上がらせる。カントが「通俗性」を重要視していることがわかる。カントは、最終審級における理性の法廷を、読者、つまり形而上学に無関心な一般人に委ねているのである。

デリダによれば、カントにおける「いかなる権利か」の問いの拡張、つまり「過度の法律主義（hyperjuridisme）」は次のような意味をもつ。「明示的にであれ黙示的にであれ、広い意味においてであれ厳密な意味においてであれ、「いかなる権利か」という問いを強調する哲学者は、ある判断を検討すること、またはある構成された領域において働いている法を語ることでは満足しない。彼は法の（法に関する）権利を語ろうとする。われわれは後に『諸学部の争い』、とりわけ法学部と哲学部との諸関係に関するところを読むことによって、今述べたことを文字通りのかたちで確認するであろう。すなわち、法に関する真理がもはや法律家ではなく哲学者の管轄に属するようなときがやって来る。法や法律家のさまざまな判断について（理論的＝事実確認的な言明によって）真理を語る権利が、国家権力によって……無制限に哲学部そのものに付与されねばならない。……この権利要求の図式は、カントの後も、哲学的ウニヴェルシタスの諸構造、諸言説、諸概念を通じて骨格部分は無傷のままに維持されている。この図式によれば、哲学とは、法の一様式または一契機にすぎないものではないし、ましてやもろもろの特殊な正統性を権威づける特殊な一正統性、正統性の権力の単なる一つではない。すなわちそれは、反省的なもろもろの自己表象形式における、掟に関する言説そのもの、あらゆる正統性の絶対的源泉そのもの、法の法そのもの、正義の正義そのものである」[(27)]。

さらにデリダによれば、カントにおける「いかなる権利か」の問いの拡張は、哲学に伝統的な、そしてカント以降も引き継がれる「誇張法（hyperbole）」である。だからこそ、カント的な「いかなる権利か」の問いは、「ある古い使命」の反復なのである。「すでに述べたように、「いかなる権利か」の問いの過剰は、引き継がれる。この問いは、法的ヘゲモニーの形式において、前カント的な形式のさまざまな哲学的誇張法を再開する。例えば、プラトンやプロティノスにおける、存在者（存在者性）を超えていく、したがって存在者と知識とのあらゆる領域を、あらゆる学科を超えていく epekeina tes ousias〔存在の彼方に〕の超越性を再開する」[28]。デリダはこの誇張法を一種の象徴と捉える。「誇張法は、普遍的知識の統一性を同時に保証するようなものになっている。誇張法は、存在する（認識の形で、ある種の理論的プラクシスの形で、さらには啓蒙された、つまりある知識によって自らを正当化すると主張するある種の倫理や政治の形で存在する）ものの全体の上に象徴的に突き出し、かつこの全体を象徴的に支配する。したがって誇張法は、それが越え出ていくものを取り集めて構成する限りにおいて、また配置し維持する限りにおいて、一種の象徴でもある。誇張法は、自分自身を権威づけることによって、出頭させる」（強調は原文）[29]。

この誇張法、つまり「いかなる権利か」の問いは、自分で自分を権威づけることによって、象徴として権威や権力をもつ。けれどもそれは、現実的な権力はほとんどもたない。つまりそれは、無力な権力である。このような権力の空間は、アカデミックな制度である大学である。けれどもデリダによれば、この制度の壁の外にも、つまり「大学のアレゴリーや換喩において、またこの権力と表象〔無力な権力と、それをもった自己の表象のことだと思われる〕を自らに与える社会体において」も、大学的な場所を認めなければならない[30]。

このカント的批判、つまり真理への誇張法的な問いかけは、一方では、真理を求めるさまざまな知識分野の真理の規範、例えば「客観性（objectivité）」としての真理の規定とそれに伴う責任を放棄することなく、つまり科学と哲学の批判的理想を脅かすことなく、けれども他方では、「客観性に見合った自由よりも自由な、それとは違ったかたちで自由な自由」への応答として、無制限の責任の意識をもってこの規範やこの理想の権威を問いただすことによって、なされる。なぜなら、制限された責任の意識は、その責任を果たしさえしていれば自分は潔白であるという「潔白意識（bonne conscience）」を生み出し、応答を止めさせ、責任の意識を失せさせてしまうからである[31]。

このようなカント的な「いかなる権利か」の問いを、「人間の権利」、人権の発する問いとして理解することができないだろうか。

5．カントにおける「人間の権利」の概念の意義、「人間（性）」の概念の地位

以上のように、デリダによれば、カントは、「いかなる権利か」という問いを、法学のみならずあらゆる学問分野に押し及ぼしている。デリダによれば、これがカント的な「批判」なのである。それは、一切の正統化の基準を問いただす。カントの「法論」は、この問いを法学に押し及ぼしたもの、つまり法学の「批判」であると考えることができるのではないだろうか。それでは、この「批判」を導くものは何だろうか。それは、人間性の尊重であると考えられる。

カントは、「法論への序論」において、「生得的権利はただ一つである」という表題に続いて次のように言う。「自由（他人の強要的な選択意志からの独立性）こそは、それが普遍的法則に従ってあらゆる他人の自由と調和しうるものであるかぎりにおいて、この唯一・根源的な、その人間性のゆえに万人誰しもに帰属するところの権利である」(32)。私の自由は、（理性の普遍的法則に従って）他のすべての者の自由と調和しなければ、真の自由ではない。したがって、法の強制力によってこの調和を実現しても、それは自由に対する不当な干渉にはならない。他のすべての者の自由と調和する限りにおいて、私の自由は正当である。このとき、私は自由である権利をもつ。この他者の自由への尊重が、義務として、意識に対する拘束性として人間に課せられる場合に、「徳論」が問題となる。そして、このような他者の自由と調和する自由こそが、「その人間性のゆえに万人誰しもに帰属するところの権利」である。

理性の普遍的法則に従った、自己の自由と他者の自由とが調和した状態とは、理性のア・プリオリな命令である「定言命法」（「汝の格率が普遍的法則とな

ることを汝が同時にその格率によって意志しうる場合にのみ、その格率に従って行為せよ」）に従った状態である。カントにおいては、定言命法とは、法と道徳とに共通の根源であるだろう。カントによれば、この定言命法とは、他者、つまり他の理性的存在者もまた、この定言命法の下にあることを含んでおり、したがって他者もまた定言命法の下で自己立法する存在であることの承認を含んでいる。だからこそ、自己の格率が普遍的法則となるように行為しなければならないのである。したがって定言命法は、他者、つまり理性的存在者、つまり（カントにおいては理性こそが人間の本質、人間性なのであるから）人間性の尊重を含んでいるのである。さらに、自分の人間性の尊重をも含んでいるのである。したがって定言命法は、「自己や他者の人格の中にある人間性を、単なる手段としてではなく、目的そのものとして扱え」という命法を含んでいることになる(33)。

このように、カントの「定言命法」は、人間性の尊重を基礎とする。その定言命法を基礎とする、前述の「生得的権利」もまた、人間性の尊重を基礎にするといってよいであろう。この「生得的権利」とは、われわれが言うところの「人間の権利」または「人権」に相当するものと考えてよいと思われる。そしてカントは「法論」において、この「生得的権利」、つまり理性の普遍的法則に従って自己の自由と他者の自由とが調和するかどうかという観点から既存の法的概念を問いただし、また定義し直していると考えることができるのではないだろうか。そしてこれは、デリダの言うような、「いかなる権利か」の問いによる法学の批判の実践であると考えることができるであろう。だとすると、カントの法学批判の作業の根底には、「人間性の尊重」やそれに基づく「人間の権利」があると見てよいのではないだろうか。

例えば所有権の問題をとってみよう。ヴィレーはカントの所有権論を次のように批判する。「〔カントによると〕所有権の最初の源泉は、ある一方的な行為……、つまり受益者の意志の運動による「観念的」取得としての占有である（この点で、カントの分析はサヴィニーに示唆を与えることになるだろう）。〔中略〕ローマの法学〔古代ローマの法学のこと〕においては、共同体が私人に対して、占有によって獲得することを認める少数の場合（狩猟と漁）を除いて、ある分配以外から所有の権利が生じることはありえなかった。分配は、諸個人の間の関係であるから、個人に優位するある源泉、つまり掟、慣習、または裁判所から生じなければならない」（強調は原文）(34)。けれどもカントは、「いかなる権利か」の問いをもって、この「個人に優位する源泉」の正当性または正統性そのものを問いただしているのではないだろうか。言い換えると、自己の自由と他者の自由とが両立するような分配の基準を考えようとしているのではないだろうか。

このように、「いかなる権利か」の問い、つまりカント的「批判」を、人間性に発する問いと考えると、カントにおける「人間（性）」の概念とは、ヴィレーのように、体系を演繹的に構成するための基本原理と捉えるべきではないということになるだろう。むしろそれは、正統性を付与する既存の基準を問い直す、つまり「批判」するという行為遂行を導く原動力であるといえるであろう。この正統性の既存の基準は、体系、つまり構築物を演繹的に構成するための基本原理として作用するであろう。したがって、正統性の既存の基準を問いただすカント的な「批判」は、デリダの「脱構築」の先駆としての意味をもっているといえるだろう。デリダもカントをこのように解釈していると考えられる（ただしデリダはおそらく、カント的な理性や人間性の概念を問い直す必要があると考えているだろうが）。

第六章　ミシェル・ヴィレーの「人間の権利」批判と法哲学

1．はじめに

前章で述べたように、フランスの著名な法哲学者・ローマ法学者であるミシェル・ヴィレーの法哲学は、そのあまりの反時代性のゆえに、その生前はおろか、死後もなお、正当に評価されているとは言い難い(1)。ところが近年、「ポストモダン」といわれる、近代に対する根本的批判を展開する思想的潮流が台頭し、それが法哲学の分野にも波及し、「ポストモダン法学」と称される潮流が形成されるのに呼応するかのように、ヴィレーの法哲学に対する再評価の機運が生じている(2)。私もまた、「ポストモダン法学」の立場から、ヴィレーの法哲学に注目している一人である。本章では、ヴィレー法哲学の研究の第一歩として、典型的に近代の産物である「人間の権利」の観念に対するヴィレーの批判を詳しく検討することにする(3)。

2. ヴィレーの主張の概観

ヴィレーの法哲学の基本的な主張の一つは、法学や法的実践という独自の領域が存在するということである。ところが哲学（者）が法を取り扱うことによって、この独自性が無視され、法がそれにふさわしい仕方で取り扱われていない、と彼は批判する（この、法にふさわしい取り扱い方とは一種の技法（近代的な science と区別された、art）、つまり「法的技法（art juridique）」であるとヴィレーはいう）。そして彼によれば、「人間の権利」という、近代の哲学者によってつくり出された観念は、これをはっきりと示している。

ヴィレーによれば、法学や法的実践という独自の領域が形成され、発展したのは、アリストテレスによる「一般的正義」と「特殊的正義」との区別、およびそれを引き継ぎ、「特殊的正義」を発展させたローマの知識人（特にキケロ）や法律家によってである。ところが、ストア派やエピクロス派、ユダヤ＝キリスト教は、アリストテレスの「一般的正義」――つまり、「特殊的正義」にかかわる厳密な意味での法と区別された、道徳一般――を探求の対象とした。そして、ストア派とキリスト教に大きな影響を受けて形成された近代哲学、とりわけ近代自然法学派が、「人間の権利」なる観念をつくったのである。

このような流れを受けて、近代のローマ法学者（ロマニスト）や法学者たちは、ローマ法をも、個人がもつ「権利」または「主観的法（droit subjectif）」の概念を基礎にして理解・解釈しようとする。けれども、ヴィレーによれば、ローマ法や当時のローマの法学には、「権利」なる観念はなかったのである。ローマ法を「権利」の「体系」として理解するのは、近代的な観点からの歪んだ理解である（彼によれば、ローマ法は、コード、つまり「体系」でもなかった）。

ヴィレーによれば、古代ローマの法学においては、アリストテレスの to dikaion の翻訳である jus（フランス語の droit に当たる）とは、「特殊的正義の対象」である。ところが、これが「一般的正義の対象」として、つまり道徳の対象として捉えられるとき、jus 本来の意味（厳密な意味での法）、そして独自の領域としての法学の意義が見失われる。jus は道徳的掟と同一視される。あるいは、道徳的掟を実現するための手段となる。ところで、道徳的な掟や義務は、「人間の自然／本性」から演繹的に導き出される。ここに、「人間の本性」論（人間学）、道徳論、法学が一体となり、体系をなす。この体系を展開するのは哲学者である。

ヴィレーは、哲学者が展開する法学とは区別された、固有の意味での法学を再発見し、その意義を再評価することをめざしているものと思われる。

3．アリストテレスによる、厳密な意味での法の発見

ヴィレーによれば、アリストテレスは、厳密な意味での法に関する最初の哲学者である。ストア派の創始者たちやエピクロスが関心をもっていたのは道徳（morale）である。プラトンの関心は天上にあり、またプラトンが正義（justice）を問題にする場合にも、この正義とは道徳的正義または普遍的正義、政治の正義であって、法的問題としての正義ではない。アリストテレスこそが、目を地上に向けた。彼は地上の生活におけるほとんどあらゆる事物に観察の目を向けた。法に関する諸現象にも目を向けた（DDH 38）。次にヴィレーは、ギリシアにおいてもローマ人にとっても、法（droit）の観念は正義の観念と結びついていることを指摘する。例えば『ローマ市民法大全』は、jus は justitia から派生したと指摘している。またギリシア語においては、juste と翻訳されるのも droit と翻訳されるのも、dikaion という同一の語である。そして現代のヨーロッパ諸言語も、この点ではこれら古代の言語

表現と無縁のものではない (DDH 39)。

ヴィレーによれば、われわれ現代人が抱く正義の観念とは、観念的なもの、「一つの理想、精神の産物、想像的存在」である。またそれは「完全なる自由と平等の夢——別の言葉でいうと、天国のようなある未来における、われわれ「人間の諸権利」の実現」である。けれども法律家はそれには関心がない。これに対して、アリストテレスにとって、正義とは現実であり、現実の一部門である (DDH 39-40)。さらにヴィレーによれば、厳密な意味での法に関心をもつわれわれは、ユダヤ゠キリスト教的な聖書的正義観念——観念論の正義はここから派生した——もまた、捨象せねばならない。旧約聖書のギリシア語版やラテン語版には Dikaiosunê や Justitia の語がしばしば登場するが、これらの語は、ヘブライ語の tsedaka、あるいはそれと隣接する Mischpat のような語である。けれどもこれらの語が意味するのは、神的掟への服従、聖性つまり神への合一である。このような聖書的な正義を示す用語も、アリストテレスが論じるような法的技法とは関係ない (DDH 40)。

ヴィレーは、アリストテレスの法と正義の概念を定式化するにあたって、哲学史家がアリストテレスの道徳と呼ぶものを考察するのであるが、この「道徳」とは、近代人がいう意味での「道徳」ではない。つまりそれは、コード、つまり行為規範の体系、あるいは神や理性が指示する命令の体系では全くない。アリストテレスがなしたのは、mœurs、つまりエチカの記述と分析である。エチカとはつまり、さまざまな種類の人間がポリスにおいて見せてくれる行為の仕方や彼らの内的傾向のことである (DDH 40)。

アリストテレスが厳密な意味での法を定義しているのは、『ニコマコス倫理学』第五巻においてである。そこで彼は、dikaiosunê の二つの意味を区別する。すなわち、「一般的正義 (justice générale)」と、その一部分としての「特殊的正義 (justice particulière)」とである。「一般的正義」についてヴィレーは次のように説明する。「正義の徳 (徳とは、善、つまりわれわれの行為が向かっていくのが「自然」であるもの、へと向かうタイプの習慣的活動のことである) とは常に、秩序 (l'ordre) に仕える活動である。すなわち秩序とは、ギリシア人にとっては、美や調和と符合する最高の価値をなすように思われる。ギリシア人がある第一次的な意味で「正義にかなう」と呼び慣わすのは、普遍的な宇宙秩序に自らを一致させる傾向をもつ人間である。正義にかなう人間は、世界のなかで、自分に帰される固有の位置を占め、生の劇場において自らの役割をうまく演じる。〔中略〕全体としての秩序が実現されること、「一般的」、「全体的」、完成した（teleia）正義の合目的性とはこのようなものであることがわかる。別の言葉でいうと、「一般的」正義を、道徳的掟《ロワ》全体の遵守と同一視することが可能である。ここから、「一般的」正義の別名である「合法的正義」がでてくる。この点について、あるギリシア詩人の一節を引用すると、このように理解された正義とは、「すべての徳の合計である」」（強調は原文）（DDH 41-42）。つまり、一般的正義とは、ポリス社会全体の秩序、この意味での道徳と同義である。

これに対して、「特殊的正義」についてのヴィレーの説明は次の通りである。「ギリシア語においては、商人について、商人は誠実であるとき、商品の価格についてごまかさないとき、自分の借金を正確に支払うときに正義にかなっていると言う。アリストテレスにとっては、正義にかなう人間とは、ある社会的グループの内部において分配される外的財／外的な善きもの（biens extérieurs）について、「自分の取り分より多くを受け取らない」（自分の取り分より少なく受け取らない）人間のことである。このような「正義」は、全体的正義の一部分（meros）である」（DDH 42）。

つまりギリシア語では、同一の語が、普遍的秩序への奉仕と、この普遍的秩序の一部分であるところの、外的財の適切な分配（partage）とを同時に意味するのである（DDH 43）。

ヴィレーによれば、アレストテレスのすぐれた注釈者であるトマス・アクィナスは、正義と法との関係について、法（to dikaion）とは「正義の対象（l'objet de la justice）」——対象とは、追求される目的／終わり（fin）のことである——であると考える。つまり法とは、「正義にかなう」人間の活動が向かっていくような秩序、調和である。ヴィレーは、このトマスの解釈を基に、アリストテレスの正義と法についての分析を行なう（DDH 43）。一般的正義に対応しうる法は、無定型、不完全、無規定的である。ところがアリストテレス以前のギリシア哲学者の大部分は、これ以外の法を知らなかった。例えばプラトンの『国家』（フランス語版には、「正義（Dikaion）について」という副題が付与されている）のなかの対話においては、都市国家における普遍的秩序の回復がめざされている。その場合の正義、つまり普遍的秩序とは、都市国家の進行を導く哲学者、戦士、労働者、奴隷の間の正義にかなうヒエラルキーと相違とが尊重されることである。哲人王がつくる法律《ロワ》とは、この秩序の永続性を維持することを任務とする。したがって、法が法律の遵守と一致する傾向にある。ヴィレーによれば、古代の哲学者のほとんど全員がto dikaionをこの意味で捉えていた。アリストテレスも、『政治学』においてはそうであったし、『ニコマコス倫理学』においても最初の部分からしばらくは（つまり、「特殊的正義」に関する議論が始まる前までは）そうであった（DDH 44）。

ここから、法を、道徳的規則のための道具とみなすような法の考え方がでてきた。例えば刑法は、道徳的義務を課するための手段、道徳的掟への特定の違反（殺人、近親相姦、暴力、冒瀆、異端、中絶）を制裁する手段とみなされることがあった。あるいはローマの「万民法」は、部分的には、ヘレニズム的道徳から採られた準則（契約の遵守、同盟への忠誠、賓客や困窮者に与えられるべき尊重、その他のもろもろの「人道的」義務）から構成されているように思われる。そしてヴィレーによれば、近代の法理論――ヴィレーによれば、ストア派的道徳とキリスト教からその着想を引き出している――はまさしく、この道に入り込んだ。近代法哲学は、法（droit）と掟／法律（lois）とを同一視する。これに対してアリストテレスの『ニコマコス倫理学』やローマのDigeste（『学説彙纂』）は、このような混同はしていない。法律は、一般的正義の「対象」である普遍的秩序そのものと混同してはならないとヴィレーは言う（DDH 44）。それでは、この普遍的秩序を法と呼んでよいだろうかとヴィレーは問う。そう呼ぶことも可能であろう。けれども、このようなはっきりしない、定義しえない法に法律家は何の関心ももたないであろう。to dikaion という実詞によって意味されているのは、判明で規定された事物である。アリストテレスはまさしく、「特殊的正義」を分析することによって、to dikaion を定義するに到る（DDH 44-45）。

アリストテレスが分析するこの第二の種類の正義、すなわち「特殊的正義」は、あるグループにおいて分割される「外的財」について、自分の取り分よりも多くまたは少なく受け取らないということを目的とする。この目標は、各人の財や責務の間の比率（proportion）が測定され規定されない限り達成されない。ヴィレーによれば、アリストテレスのいう「特殊的正義」の対象によってわれわれは、「法」と名づける必要のある有限なものにかかわり合う。それとともに、法的技法の領域に投げ出される。特殊的正義の実現のためには、個人（particuliers）のそれぞれの取り分を測定しなければならないが、そのために彼らは裁判官（Dikastēs）に訴える。裁判官の前には、互いに争う二人の訴訟当事者がいる。彼らは暴力によって争いをなくするのではなく、正義／裁判（justice）、つまり裁判官に訴える。裁判官は、判決によって各人の取り分を規定した後、彼らを帰らせる（DDH 45）。

ヴィレーはここで、トマスによるアリストテレスのテクストの『注解』を用いて次のような補足をする。特殊的正義とは何よりもまず、裁判官やその補助者である法律家たちの徳である。そして、法律が裁判官の仕事を導くことを目的とするときには、その補助者のなかには立法者が含まれねばならない。諸個人は、「正義にかなう」ためには、法律家がつくった法の諸規定を執行するだけでよいのである（DDH 45-46）。

ここからヴィレーは、次のような派生的原理を導き出す。アリストテレスにとっては、政治的であること（ポリス的であること）は、法（厳密な意味での）の性質に属する。特殊的正義が機能するためには裁判官が現実に存在しなければならないが、裁判官の決定は、もし裁判官が争いの当事者によって任意に選ばれただけであるならば、効力がない（inefficace）危険がある。したがって、裁判官なしには法はなく、また組織された都市国家なくして裁判官

(や裁判官に忠告する法律家) はないのである (したがって、家族法や国際法は、厳密な意味での法ではない) (DDH 46)。

ヴィレーによれば、このアリストテレスの発見を引き継ぎ、特殊的正義の実現をめざしたのが、ローマの法学である。ローマ人は、アリストテレスの to dikaion を jus と翻訳した。

次に、ヴィレーの説明に従って、「特殊的正義」やその対象としての法をアリストテレスがどう特徴づけているのかを見てみよう。

①　ヴィレーによれば、実詞としての to dikaion は、ある「存在者」を指示する。この場合の存在者とは、正義の対象／目的 (objet)、正義にかなう人間の対象／目的、裁判官の努力の最終目的である。それは、「正義にかなうもの」、「正義にかなう事物」である。そしてそれは、「実体」ではなく、それとは別の種類の存在者である「関係」である。つまり、あるグループにおける財や責任の正義にかなう分配という関係である。この正義にかなう関係は、自然発生的に生成したアテネの国制においては、観察者によって発見される (DDH 48)。

②　to dikaion とは、比率／比例 (proportion)、つまり比例的な分配の効果である。「人間の権利の宣言は、自由や、尊厳の尊重を万人に同一に約束する。しかし自由も尊厳も、分配される「外的財」の中には入らない。それらは法の素材ではない。特殊的正義は、割り当てられる対象、すなわち公的任務、名誉、物質的財、責務、にのみかかわる」(DDH 49-50)。この関係には二種類ある。(a)まず、配分 (distributions) について。「最初の種類の法は、配分において生じる。すなわち、dikaion en tais dianomais。スコラ哲学者はそこから彼らの「配分的正義」を引き出した。〔中略〕アリストテレスのテクストによれば、裁判官の職務は、あらかじめ行なわれている――われわれは、それが誰によって行なわれているのかあまりわかっていない――、けれども裁判官自身によって行なわれたのではない割り当ての正義を検証することである」(強調は原文) (DDH 50)。そして、「「配分に関して」は、正義にかなうこととは、配分される事物の量と、人々のさまざまな資質との間の比

例からなることをアリストテレスは確認する」（強調は原文）（DDH 51）。(b)財産から財産への価値の転換について。アリストテレスはこれを sunallagmata と呼び、ラテン語では commutationes と呼ばれた。これは交換ということであるが、ただし sunallagma は、意志的と呼ばれる契約的交換のほかに、無意志的と呼ばれる交換（犯罪と刑罰または金銭賠償との交換のような）を含む。これが、dikaion en tois sunallagmasin と呼ばれる第二の種類の法的関係である。スコラ哲学者はそこから、彼らの「交換的正義」を引き出した（DDH 51）。この場合の正義にかなう関係とは、例えば刑罰が罪と等しい（同害報復の原理）とか、被った損害の賠償とか、売られた物には等しい価値の価格が支払われるべきであるといったような、相互の給付の平等からなるように思われる。この場合裁判官は、人物の間の相違を考慮に入れる必要はない。同じ商品を誰から買おうが、価格は同じである。つまり、「交換（commutations）」に関しては、dikaion とは単純な平等の関係、「算術的」平等の関係であるように思われる。けれどもヴィレーによれば、アリストテレスはこの結論では満足しない。アリストテレスは同害報復に反論し、契約的交換についても、単純すぎる平等の定式に反論する。「靴屋によって作られた産物と、大工によって作られた産物との交換があるとする。裁判官が靴の価格と家の価格とを評価するときには、この二つの職業の異なる資質を考慮に入れねばならないであろう」（DDH 51-52）。ここからヴィレーは、「さまざまな人物に認められる droits は不平等であるだろう」と結論づける（DDH 52）。

ヴィレーによれば、dikaion の分析を補完するために、アリストテレスは、それを第三項、すなわち meson（中間または中庸）によって定義する。この語は、法学によって追求される対象だけでなく、法学によって用いられる方法にもかかわる。そもそも中間または中庸とは、法律家に固有のテーマではない。それは、アリストテレスの道徳の全般、すべての徳にわたる問題である。なぜなら、「すべての徳は、一般的正義からでてくるからである。これらの徳は、秩序に一致することを目的とする。そして、およそ秩序とは、極端の間の正当な中間である」（強調は原文）（DDH 52）。例えば節制とは、放蕩と、肉体的快楽の軽蔑との中間である。勇気は、恐怖と無謀との中間である。この場合、正当な均衡は、主体そのものの中にある。これとは逆に、法とは対象の世界に属する。法が設定する中間とは、聖トマスが『注解』において言うように、事物のなかに自分の場所をもつ。この中間は、外的世界の観察によって探求されるであろう（DDH 52)。

したがって、法に関する中間とは、その方法にもかかわる。ヴィレーによるアリストテレス解釈――これは、トマス・アクィナスのアリストテレス解釈に基づくものであるが――をさらに追ってみよう。この世界の自然的存在は、「可能態」と「現実態」とに分割されており、自らの目的／終わり(fin)、つまり完全なる「形相」をめざすほかはない。けれども実際には、これらの存在はそこからはほど遠く、頂上を逃して、そのどちらかの側面から滑り落ちる。だから世界には、臆病な人間や無謀な人間はたくさんいるのに、真の勇気をもった者はごくわずかなのである。特殊的正義についても同様である。特殊的正義は、国家（cité）において、外的な財や責任の適切な分配をめざす。けれどもそれはまず成功しない。比率／比例は、過剰や不足によって損なわれる。例えば、法律によって、経営者に莫大な利益が認められたかと思うと、他方では経営者からあまりに多くの税を取りすぎ、そのため彼らから新規労働者の雇用への関心を失わせ、失業が広まる、というように。正義は、誰も自分の取り分よりも多くまたは少なく受け取らないことを要求する（DDH 52-53)。

したがってヴィレーによれば、法学、法的な技法が弁証法的な方法を用いることほど自然なことはない。つまり法的技法においては、まず、矛盾する意見の突き合わせが行われる。なぜなら、それぞれの意見は、現実の何らかの様相を反映するからである。あらゆる訴訟においては、敵対する二人の弁論を聞き、法律家の提出する対立するテーゼ――一方は、多すぎるものが帰属させられることを望み、もう一方は、十分なものが帰属させられることのないように望む――を突き合わせてみるのでなければならない。裁判官は、正当な中間に達するためには、一方では付け加え、他方では差し引かねばならない。両極端から出発して、中間を探求せねばならない（DDH 53）。

以上のようなアリストテレスの法と正義の概念をヴィレーは次のようにまとめる。「アリストテレスの分析によれば、法とは、社会的現実の観察と、この現実に関するさまざまな観点を突き合わせることとによって発見される。というのも、法、すなわち語の特殊的な意味での正義の対象とは、まさしくこの中間、つまり政治的グループのメンバーの間で分配される事物の適切な比率／比例であるからである」（強調は原文）（DDH 54）。

4．ローマの法学と法の観念
――「権利」の観念、「人間の権利」の観念の不在

(1) 「権利」の観念の不在

アリストテレスにおける固有・厳密な意味での法をローマ人は、jus と翻訳した。これは、国家制定法を意味する lex とは厳密に区別される。jus は裁判において発見され、実現される。この jus とは、人間どうしの現実的な「正しい（正義にかなう）関係」であり、近代法学のいうところの「権利」または「主観的法」では全くない。ローマ時代に「権利」の観念はなかった。ローマ法を「権利」の概念を用いて解釈するのは、近代哲学に影響されたローマ法学者の犯した誤りである。ヴィレーは、なぜこのような誤りが生まれたのかを考察する。

ヴィレーによれば、ローマ法と、いわゆる「学者の」法との間には、誤解、取り違いがある。教会法は別にして、ラテン語で公表され、法学部で教えられた、社会正義の諸問題に関するあらゆる理説が、誤って「ローマ的」と名づけられた。とりわけ、近代の「自然法」学派の体系がそうであった。ところが、「近代自然法学派は、ローマ市民法に対抗するかたちで構成されていた。この学派の創設者たちは、ローマの法学に対する敵意をあからさま

にした。彼らの野心は、普遍的といわれる、それとは別の法（jus universum）を構築することにあった。その諸原理は、『ローマ市民法大全』から生じたのではない。むしろ、後期スコラ学派の諸論文から、ある種のキリスト教的ストア派道徳から、中世の最後の数世紀来継承された唯名論から、ホッブズの体系から——すでにプーフェンドルフはそこから大きな影響を受けていた——、たちまち近代自然法学派に浸透したロックの諸観念から、そしてデカルト主義の方法についていうと、ライプニッツの合理主義から、生じたのである。パンデクテン法学者については、カントの影響があるだろう。けれども、これらの著作家たちの多くはロマニストの称号を要求し、彼らの体系はローマ的なものとして通ることになった。契約や、主観的法や、所有権に関する彼らの定義、彼らの法源論がまさしく、われわれのローマ法の教科書において再現されているのである」（DDH 56）。

けれどもヴィレーによれば、ローマの法学や実務は、完全にアリストテレスの正義論、とりわけ「特殊的正義」論を基に形成され、展開されたのである。現代の法学者、ローマ法学者は、これを完全に無視し、「主観的法」のような近代的観念を基にローマ法を解釈しようとするのである。ローマ法がアリストテレスの「特殊的正義」論を継承していること、ローマ法における権利の概念の不在をヴィレーは、キケロの法の定義や、『学説彙纂』における法の諸原理の説明を例に取りながら論証していく。ここで一つだけ取り上げると、ウルピアヌスに由来するとされる、「正義とは、各人にその droit を帰属させようとする（Jus suum cuique tribuere）恒常的で継続的な意思である」という有名な定義がある。「多くの者は、この定義を、一般的正義——すなわち、各人がその正当な位置に置かれること、そして全体のなかで自分の固有の役割を維持すること、をめざす社会的徳——に当てはめた。けれども法律家にとっては、各人にその jus を帰属させることが問題である。すなわち、jus とは、後に論証するように、割り当てられた外的な財または責任のことである」（DDH 62）。さらにヴィレーは言う。「後に、近代のロマニストたちは、tribuere に換えて reddere の語を置くことによって、この定式を偽造する。この場合には、隣人に対して、彼に帰すべきものを、帰すべきもの／借金（dette）の内容があらかじめわかっているかのようにして、返す、ということになる。これは誤りである。裁判官の任務とは、各市民のそれぞれのjuraを帰属させること、したがって規定すること、以外にはない」（強調は原文）（DDH 62-63）。たぶんこれは次のような意味であろう。AがBから1万円の商品を買ったとすると、AはBに対して1万円を支払わねばならない。これを、BはAに対して1万円支払ってもらう権利をもっているのだから、AはBに対して1万円支払うべきである、したがって裁判官はそのような判決を下すのだ、と考えてはならないであろう。これは、次のように考えるべきである。すなわち、裁判官は、両者の言い分を聞いたうえで、AとBとの関係を正義にかなったものにするためには、AはBに対して1万円支払わねばならない、と考える。つまり裁判官は、アリストテレスにおける「交換的正義」に従って、Bに帰すべきものを規定したのである。

ヴィレーによれば、「主観的法」、つまり権利の概念は、パンデクテン法学者たちが19世紀の初めにつくり上げたものである。ローマ法のjusにはそのような意味はない（DDH 69-70）。ところが、ガイウスの『法学提要』の第二巻において、jusの語が新しい意味を担っているように見え、そこに主観的法の観念を見出すことができると考える者があったとヴィレーは指摘する。そしてヴィレーはこの考え方を否定する。まず第一。ヴィレーによれば、法（droit）の一般的概念の定義は、哲学者の関心を引くだけである。ガイウスは、法律家たちに向かって論じているのであり、その際に彼はdroitを複数形で用いながら彼らに語ろうとする。ヴィレーによれば、複数形を好んで用いることが、古代のリアリズムの一つの特徴である。古代ギリシアの哲学者たちは、感覚的現実の観察から出発したが、それによって彼らは複数の事物を目にすることになった。彼らは抽象の作用によって、類の統一的概念へと——ただし、そのなかのさまざまな種を見失うことなく——到達した。例えばアリストテレスの『ニコマコス倫理学』とは、道徳なるものに関する著作ではなく、複数の習俗についての研究であった。dikaionも、単数形と同じ程度に複数形でも用いられた（ta dikaia）。ローマ人たちもそうであった。ガイウスもまたそうであった。自然法的諸関係も、万民法的諸関係も多様であるが、市民法的諸関係はそれらよりもはるかに多様である。例えば、ローマの都市国家に固有の市民法的諸関係、つまり制度は数え切れないほどある。ガイウスは『法学提要』の最初のところでそれらを「ローマ人民の複数のdroits」と呼び、次にそれらがいかなる源泉によって規定されているのかを指摘する（法律、平民会議決、勅法、法学者の回答、等々）（DDH 72-74）。

第二の理由。ヴィレーによれば、ガイウスは『法学提要』第二巻の最初のところで、jusについて示唆的な定義を与えているという。まず、事物（res, choses）が取り扱われる。それによると、事物とは、人がそれについて言い争うもの、訴訟のcauses（原因、大義）である。私的な事物とは、各人が、訴訟の過程で裁判官によって、自分に帰属させるように要求するものである。ところでガイウスは、この事物を「有体的」と「無体的」とに分ける。ガイウスは、法的な事物のなかに有体的でないものがあると言う。例えば、hereditas（相続人たちが互いに言い争う財産）、用益物権、隷属、責務など。これらの事物は無体的である。例えば、なるほど故人の財産は、「有体」物、つまり家や奴隷や黄金を含む。けれども、hereditasは債権や借財を含むことがあり、hereditasの総体は、触れることも見ることもできないものである。ヴィレーはこれを推し進めて、次のように言う。すなわち、法について言い争いが起こるすべての事物は、無体的と見なすべきであった（トマス・アクィナスは、所有物についてこう示唆している）、と。ヴィレーによれば、ローマにおいては、proprietasは無体的な事物であったし、法が取り扱うすべての「事物」についてもそう言うことができるであろう。そしてヴィレーによれば、ガイウスのテクストは、無体的な事物に対してjuraという名前を充てているのである。この二つは同義語である。事物、つまり法律家のcausesとは、物理学者のいうような事物ではなく、相互主観的な社会生活においてもつべき権能、機能、役割である（DDH 74-76）。

第三の理由。ヴィレーによれば、以上のような理由があるにもかかわらず、近代のロマニストたちは、ガイウスに「主観的法」の観念を見出すことができると考えた。とりわけ、jura praediorum――近代法における地役権的なもの――を扱う一節が問題となる（『法学提要』、II，14）。そのなかには、jus altius tollendi や jus eundi がある。前者を、「家の所有者に付与された、家をさらに高くする資格」、後者を、「耕作者に付与された、隣人の畑を通行する資格」と翻訳することは自然であるように思われる。このときわれわれは、主体の利益になるような自由または有利さ、つまり、jura という語によって表現される「主観的法」をもつように見える。また、用益（usufruit）は jus utendi と呼ばれているが、この jus utendi は、別の人物が所有者である事物を使用する自由を意味するように思われる。けれどもヴィレーはこの解釈に反対する。まず、ガイウスのテクスト（『学説彙纂』、VII，2，2において再現されているもの）が jus altius tollendi について語るとき、彼は同じ文章のなかで aut non extollendi と続ける。これは、「自分の家をさらに高くしない Jus」という意味になるが、私の家をさらに高くしないという有利さまたは自由が私に付与されているということは、意味をなさないであろう。また、jus utendi は、事物を利用する自由を意味しない。「ローマ法においては、完全な所有の資格をもつ者であっても、jus utendi を思い通りにできると主張することはできない（『学説彙纂』、VII，6，5…）。家の完全な所有資格者が家を利用する自由をもたない以上、誰がそれをもつというのか」（DDH 77）。

以上をはじめとするさまざまな例からヴィレーは、ガイウスにおいては、jus とは事物を指示すると言う。「ガイウスは、jura を一種の res、つまり裁判官が人々の間に配分することを任務とする（あるいは、「訴訟の大義」、訴訟の題材を形成しうる）諸対象、にする」（強調は原文）（DDH 77-78）。そして、古代ローマにおける jus の意味を次のようにまとめる。「『法学提要』における Jus とは、主体に近しい属性、つまり行為する自由ではなくて（自由は分配されない）、グループのなかで、他の人々との関係によって各人に帰属するような、もろもろの事物の一部分である。これを、イェーリングの「利益」という言葉で翻訳することもできない。あなたが、あなたの家をさらに高くすることを妨げる地位（jus non extollendi aedes）を裁判官によってあなたに帰属させることは、あなたにとっては有利さではない。責務（jus obligationis）の網に加わることは、少なくとも債務者にとっては、利益になることではない。hereditas（jus successionis）のなかには負債があるかもしれない。jus civitatis をもつことは、兵役に服する責務を含むのだ。「地所」を所有するということは、それに課せられているもろもろの拘束を受け入れること、そして税を納めるのを承諾することである。事物はもろもろの義務を含む。各人は、社会的グループの内部において、次のような状況にある。すなわち、彼の jus、つまり彼に帰属する取り分が、通常は、もろもろの有利さと不都合との、もろもろの財と責任との複合体であるような状況である」（DDH 78）。

(2)「人間の権利」の観念の不在

ヴィレーは言う。「われわれは古典古代の社会的理説を擁護しようとする。その理説は、われわれの理説よりも、次の点で優れている。すなわちそれは、人間学、道徳、法という三つの学科を正確に区別し、それらを混合するのではなく、そのそれぞれを適切な場所に置く、という点である」（DDH 82）。

ヴィレーによれば、近代の発明物である「人間の権利」における「人間」または「人間性」の内容と、古代の哲学者たちが想定した「人間」または「人間性」の内容とは根本的に異なる。例えばサルトル――ヴィレーは、サルトル哲学を、近代哲学の一つの典型と見なしているようである――は、すべての人間に共通するものは自由、つまり「根拠なく行為しうる自由」であると考える。けれどもヴィレーにいわせれば、これはむしろ人間本性の否定である。したがってそれは、現代が生んだ人種主義や強制収容所などの非人間的な現象と結びついている。これに対して古代の哲学は、もっと実質的な人間本性を想定する。例えば古代ギリシアの思想家たちは、世界のなかに秩序を想定し、さまざまな類と種のヒエラルキーをそこに認めるのであるが、このヒエラルキーにおいて人間は、ロゴスを備えた唯一の存在として、尊厳において優越している。例えばアリストテレスは、人間には、「自分の固有の理性が世界に投げかける光に従って、自分の行為のなかからいくつかを選択する能力」が付与されていると考える。これはつまり、「理性的に行動する自由」であり、サルトルの考え方とは正反対である（DDH 82-83）。さらにヴィレーによれば、アリストテレスは主人と奴隷とが存在することを「自然的」だと宣言したが、これは、それがエコノミーに不可欠であり、また主人と奴隷の双方にとって善いことであると考えたからである。決して奴隷の人間性を否定したのではない。つまり、彼の想定する人間性とは、普遍主義的なものであった。彼は、共通の人間本性の存在を肯定するのであり、むしろ近代の唯名論や実証主義の方が、この偉大な原理に対する懐疑を表明しているのである。そして、アリストテレスについて述べられたことは、ソクラテスやプラトン、ストア派にも当てはまる。そしてローマ人たちが彼らの考え方を引き継ぐ（DDH 84-85）。

ヴィレーによれば、ローマ人たちは、この普遍主義的な人間学に対応するかたちで、普遍主義的道徳を打ち立てた。例えばキケロは、「一つの真の法《ロワ》、自然的で、万人に広まっている正しい理性が現実に存在する」と述べる。この法は道徳的なものであり、人間に義務を命じ、悪しき行為を禁止する（DDH 86）。

すでに述べたように、人間の本性に由来するこのような義務、つまり徳は、アリストテレスが「一般的正義」と呼んだものに相当する。古代ローマの思想家や法律家たちが、これと、「特殊的正義」に由来する厳密な意味での法とを混同することはなかった。ところが近代の思想家は、この混同を犯している。つまり、「道徳」から「法」を導き出してしまう。これを典型的に表しているのが、近代自然法学派の用いる「自然法」の概念である。なるほど古代ローマの法律家たちも、「自然法（jus naturale）」について語る。しかし、ヴィレーによれば、彼らが、彼らを悩ますように思われるこの表現を用いることはめったにない。また『学説彙纂』（I，1，1）においては、この表現は、動物を含む、アニマをもった存在 (êtres animés) に共通するいくつかの制度を指し示す。そこから「人間の権利」を引き出すことはできない。けれども他のローマの法律家にとっては、その表現は、普遍的道徳に基づくもろもろの義務を想起させた (DDH 93)。「万民法 (jus gentium)」はどうだろうか。それは、『学説彙纂』の第一編（I，1，1，4）においては、「およそ人間的諸民族に共通する法」と定義された。またガイウスは、『法学提要』の冒頭で、すべての文明化された民族に等しく妥当する一つの法、すべての人間に共通の一つの法が現実に存在することを認める。けれどもヴィレーによれば、これを「人間の権利」と翻訳してはならない。この法は、「主観的」なものではない。『学説彙纂』（I，1，4・5）によれば、この法は「普遍的に普及したもろもろの制度」、例えば奴隷制、奴隷解放、販売、購入、責務、国際的商取引から構成されている。また、『学説彙纂』のその前の部分では、それは、もろもろの徳、または道徳的なもろもろの義務から構成されている。例えば、神々への崇拝、親や祖国への服従、他人の暴力や侮辱から自分を防衛すべき義務。この場合には、それは普遍的な道徳の掟を意味する (DDH 93-94)。

ヴィレーによれば、ローマの法学者たちは、「自然法」や「万民法」といった表現をほとんど用いなかった。けれども『学説彙纂』の第一編にはそれらがでてくる。近代自然法学派の著作家たちは、『学説彙纂』のこの部分を、法と道徳的掟との同一視を正当化するために、また彼らが「国際法」――さらには、「普遍的」とされる完全な法的体系――の構築を支えるために導入した法と道徳との混合を正当化するために、利用した。さらに彼らは、「ときとして、『ローマ市民法大全』におけるこれらのあまりでてこない諸断片――これらはきわめて思いつき的な仕方で解釈された――から「人間の権利」の形象を演繹するように装った。明らかな歪曲である」(DDH 94)。

「市民法 (jus civile)」についてヴィレーは次のように言う。「正真正銘のローマの発明物は市民法であった。キケロが ars の形式の下で、ギリシアに由来するある種の現実主義的哲学の助けを借りてその構成を記述したのは、

jus civileのみである。jus civileは、ローマ人による「法学提要」の計画の核心をなしており、ヨーロッパはローマ法を『ローマ市民法大全』から受け取った。ローマ人が特有の諸目的や正確な適用範囲を分析したのは市民法であった（それは、政治的グループにおける財の分配にかかわる）……。人間の権利の場所はそこにはない。人間の権利について語ることは、アリストテレスの『ニコマコス倫理学』や、キケロや、『ローマ市民法大全』について行なってきた読解からでてきた法の理念と矛盾するし、一貫しないであろう」（強調は原文）（DDH 94-95）。

さらにヴィレーは、近代の人権概念に次のような激しい批判を向ける。「いわゆる「権利の主体」から出発して、その観点から社会正義の諸問題に取りかかろうとすることほどにひどい無分別を私〔ヴィレーのこと〕は知らない。当事者の利害のために、ある場合には被告人の「権利」のみを、またある場合には被害者の「権利」のみを口にする弁護士の行動とはこのようなものである。法学の視点はこのようなものではない。法律家の第一の行動基準は、両方の言い分を聞くこと（Audiatur et altera pars）であるからである。労働の「主体」である労働者の尊厳から、近年のある回勅は、ストライキへの、組合への、「正当な賃金」への労働者の「権利」を導き出す。これらの言葉が意味のないものでない限り、私は次のように主張する——「労働者の権利」とは、雇用者の権利との関係でのみ、またグループの全体的富を考慮に入れてのみ、理解しうるのである、と。不幸なことにわれわれは、ここまで来てしまっている。すなわち、すべての者——組合、女性たち、障害者たち——が、自分自身に対する、かつ自分だけに対するナルシシズム的考慮のみに基づいて、自分の「権利」を計算する習慣になってしまっているのだ。このやり方によって、人間（l'Homme）という主体から、人間たちの政治的・社会的本性について考慮されることなく演繹されることによって、人間の権利が生まれた。これらの権利は無限である。すなわち、「幸福」、「健康」、ある物を全面的に、自分だけのために所有する権利、完全なるもろもろの自由。ここにはまさしく、主体の観点がある。けれどもこれらは、守ることのできない、非現実的でイデオロギー的な、誤った約束である」（強調は原文。〔　〕は堅田による補足）（DDH 96-97）。

5．「人間の権利」の観念の誕生

ヴィレーによれば、「人間の権利（droits de l' homme）」とは、17世紀に開花した近代哲学の産物である。中世の終わり以降、文化が世俗化すると同時に、十全な意味での、つまり神学部のコントロールから解放された哲学が再生した。この哲学——これは、古代の古典的異教哲学との対比で、近代哲学と呼ばれる——は、ヴィレーによれば、キリスト教神学の「娘、相続人にして継承者」である（DDH 131）。

ヴィレーによれば、「人間の権利」はその第一の源泉を、ある種のキリスト教神学にもつ。けれどもそれは、次の三重の意味で逸脱した神学である。

①　それは、根本において逸脱している。近代の哲学者たちは、神を切り縮める。例えばライプニッツは、神を二つの合理的公理へと切り縮めた。「近代人の哲学は、理神論へと傾く。すなわち、キリストに代えて、人間の理性が産出する神を置こうとする」。こうして、未来の宗教、例えばコントの宗教、あるいは「現代ヨーロッパの宗教」であるマルクスの宗教が告知される。すなわちこの宗教は、以前は神に与えられていた崇拝が人間に移し替えられた、神なき人間の宗教である（DDH 131-132）。

②　形式において逸脱している。ヴィレーによれば、神学においては、論理と体系的精神とを過度に用いることは危険である。聖書的寓話は、合理的理屈づけとは相容れないのである。12・13世紀、とりわけ聖トマスは、神学を組織された「学芸（art）」のランクへと仕立てながら、古代ギリシア哲学者たちの弁証法的方法を神学へと導入した。この哲学者たちは、問題から、つまりさまざまな観点を突き合わせることから出発して思考したが、その際

には、下から上へ、Métaphysique（形而上学）の前に Physique（自然学）を考察する。すなわち彼らは、まず第一に具体的なものや感覚的現実を観察し、そこからさまざまな抽象的観念を引き出すのだが、決して閉じた体系に行き着くことはなかった。ヴィレーによれば、アリストテレスの哲学はこのようなかたちで組織されていたし、聖トマスは『神学大全』において、これと同じ上昇的探求方法を用いた（DDH 132-133）。

ところが、14・15世紀の反動の時代に、新しい世代の神学者たちに方法の変化が起こったとヴィレーは考える。神学は、帰納的ではなく演繹的に歩まねばならないと彼らは考える。彼らによれば、神学的真理は上方から、つまり神的パロールの啓示されたもろもろのテクストからやって来る。スコトゥスやオッカムは彼らの道徳を、神的掟、つまり神の実定的命令のテクストを基に基礎づけ、人間の行為を命じる準則や禁止命令や許可をこのテクストから演繹する。形式論理が発展し、アリストテレスの論理学から、厳密な演繹の理論、「科学的三段論法」の理論のみが借用された（DDH 133）。

後期スコラ学派（16世紀にとりわけスペインで発展した。ヴィトリア、ソト、モリーナ、スアレスら（DDH 125-126））から近代人たちは、演繹的体系への嗜好を受け継いだとヴィレーはみる。このスペイン人たちは、古代の弁証法的方法に忠実なふりをしながら、それを倒錯させる。彼らが構築したのは、原理から結果へと降下する方法で進むアプリオリな教説である。16世紀の神学部は、ドグマの名の下に、すべて（哲学、法、天文学）に介入しようとしたが、ヴィレーによれば、これは、すべてを支配しようとする聖職者の思い上がりの帰結である。このようにしてこの神学者たちは、古典的哲学が打ち立てたさまざまな区別や、さまざまな学芸の自律性を喪失した。ヴィレーは言う。「一般的なものから個別的なものへとアプリオリに、演繹によって進むのであるから、その後は形而上学が、自然学や道徳よりも先に来る。すなわち彼ら〔神学者たち〕は、「自然法」の諸原理、つまり神が創造したような人間の自然に書き込まれた、理性による将来的諸原理から、形而上学を抽出する。道徳から法（droit）がでてくる」（強調は原文。〔　〕は堅田による補足）。これに対して、「古代人たちは、法に固有の源泉——都市国家における人間どうしの諸関係の観察——を付与することにより、法の特殊性を承認していた。今や人は、法を、道徳を介して、人間の類的本質の定義から演繹し始める」（強調は原文）（DDH 133-134）。

③　逸脱の第三の側面。今述べたような神学は、哲学における固有なもの——ヴィレーは、『神学大全』もそれを受け継いでいるという——、つまり真理の純粋な探求の精神を見くびる。「フランシスコ派神学は、聖トマスの時代以降、彼の主知主義に反抗した。すなわちフランシスコ会は……、祈りと慈善行為へと向けられていた。ロジャー・ベーコン（フランシスコ派宗教人）の有名なテクストは、無益な思弁よりもむしろ、有益な機械を構築するよう哲学者たちに求める」（DDH 134）。フランシスコ派であったスコトゥスもオッカムも、研究を見くびることはなかったが、彼らの道徳は神の礼拝と諸個人（個体）への奉仕に向かっていた。またスペインのスコラ哲学者たちの精神を、ヴィレーは「プラグマティズム」と特徴づける。「これらの神学者たちは、自分が有益であろうとする。何に対してか。人間（l'Homme）に対して、あるいはすべての人間たちに対して、とはわれわれは言わないであろう。このような表現は意味をなさない。有益さ＝効用（utilité）とは、われわれが今日理解する限りでは、もっと規定された諸目的をめざす。これらの目的は、限定された、そして状況に依存したさまざまな大義（causes）、例えばインディオ(*)たちの大義に奉仕する」（DDH 134）。

ヴィレーは次のように結論づける。「有益であろう、研究を実践的な生活に奉仕させようというこの意志は、近代の哲学者たちに伝えられたように思われる。この点でなお彼らは、ある種の神学の相続人である。〔中略〕われわれは技術と功利主義的科学との時代に入る。13世紀にロジャー・ベーコンが夢見ていたさまざまな機械が、ついにそれによって構築される」（強調は原文）（DDH 135）。

以上のような背景から、「人間の権利」なる観念が生まれたのだとヴィレーは言う。

ホッブズの『リヴァイアサン』第一四章の冒頭に次のような一節がある。「著作家たちが「ユス・ナトゥラレ」と一般に呼んでいる《自然権》とは、各人が自分自身の自然すなわち生命を維持するために、自分の力を自分が欲するように用いうるよう各人が持っている自由である。したがって、それは自分自身の判断と理性とにおいて、そのためにもっとも適当な手段であると考えられるあらゆることを行なう自由である」[4]。ヴィレーによれば、彼の知る限り、これが「人間の権利」を定義した最初のテクストである（ただし、ホッブズがこの言葉の発明者だというのではなく、ホッブズの作品に、その源泉、内容、本来の機能がはっきりと現われているということだ、とヴィレーは断っている）（DDH 136）。

ヴィレーは、ホッブズが、どのような思想的影響の下で「人間の権利」に至ったのかを考察する。まず、近代自然法学派が、それを基礎にして法を築き上げたところの「人間の自然／本性」についてである。中世神学は、神や聖書に遡ったが、ホッブズはそうしなければならないとは思わなかった。その道をホッブズに示したのは、スペインのスコラ哲学者たちだったとヴィレーは言う。「聖トマスとは逆に、彼ら〔スペインのスコラ哲学者たち〕は、「超自然」（啓示と恩寵によって到達できるような、人間の超自然的な諸目的）と、もともとは神が創造したような人間の「純粋な自然」（natura pura）——哲学者はそれに働きかけることができるだけであろう——との分離をつくり上げていた」（〔　〕は堅田による補足）（DDH 137-138）。スアレスは、*Traité des Lois* において、「人間」の共通の「自然」のなかに神的立法者によって書き込まれた「自然の掟（loi）」から法を演繹した。このとき彼は、権利よりも義務を引き出していた。これとは対照的にホッブズは、「自然の掟」という混乱した観念に手をつける前に、端的に「人間」から出発する（DDH 138）。

ホッブズは、「自然状態」において複数の人間が共存するさまを描き出す。ホッブズが「自然状態」の語を神学から借用したのは間違いないとヴィレーは言う。ホッブズは、ルクレティウスが描いたような、原初の生活における人間の黄金時代というギリシア・ローマ神話を使ってその記述を豊かにする

(DDH 138)。

けれどもホッブズにおいては、「自然状態」とは科学的な仮説である。ホッブズは、ガリレイのもとで、パドバ学派から学んだ「分解 - 構成」の方法を用いる。彼は「自然状態」を、無数の孤立した人間からなると見なす。社会は、人間たちから構成される。ホッブズは、オッカムの唯名論の影響を強く受けて、「自然」のなかに諸個人しか見出さない。けれどもこれらの個人は、共通の「自然」を備えており、あらゆるヒエラルキーを免れ、自然において平等かつ自由である。これは、ストア派哲学の再生によって強化された、神学者たちの主要モチーフだとヴィレーは言う。そして、現実に反した、虚構的なこのイメージこそが、「人間の権利」や人間の「自然権」の源泉であるとヴィレーは言う。それでは、この「自然状態」の仮説において、各個人の権利、各個人に帰属させねばならないものとは何か、とヴィレーは問う。論理的には、それは「自由」である。「なぜなら、この「自然状態」においては、いかなる掟も、個人の自由を制限するとはみなされないからである。ホッブズ的な法／権利の観念は、ジェルソンやウィリアム・オッカムの伝統――法を道徳に、つまり自由を生み出す、道徳的掟の不在に還元する伝統――と結びつく」(DDH 138-139)。つまり、ホッブズが「自然状態」の諸個人に帰属させる自由、つまり「自然権」とは、この自由を制約する道徳的掟の不在を意味するのであり、したがってホッブズもまた、法／権利を道徳から導き出していることになる。

6．検　　討

以上のようなヴィレーの近代法学批判、「人間の権利」批判をわれわれはどう理解すればよいのだろうか。そこから何を学ぶことができるだろうか。この問題を最後に考えてみたい。

近年、ヴィレーを論じた著作の出版、およびヴィレーの著作の復刊を精力的に行っているS. リアルスのある著作[5]をヒントに考えてみよう。リアルスは、ヴィレーの思想の本質を「偶像（または偶像崇拝）批判」と捉える。ヴィレーの「人間の権利」批判もその一環である。リアルスはこのヴィレーの偶像批判を、キリスト教徒としてのヴィレーの心情と深く結びついていると同時に、とりわけ近代において顕著な、事物に対する崇拝、つまり事物の偶像化に対する危機感にも由来すると考える（VI 8-15, 17-19）。ところが他方において、リアルスによれば、ヴィレーには、このいわば「反＝偶像崇拝主義」という側面のほかに、「事物」への関心、「新たなリアリズム」の勧めという側面がある。とりわけ彼の法哲学においてそうである（VI 21）。したがって、この両面を統一的に把握することが、ヴィレーの思想を理解するための鍵であるということになるだろう。

リアルスは、このような理解を前提にして、ヴィレーの「人間の権利」批判、そしてヴィレーによる「特殊的正義」と厳密なまたは固有の意味での法の賞賛の意味を考える。ヴィレーは、「人間の権利」が、「人間の本性」から演繹的に導き出されることを批判する。このような演繹は、「人間」が偶像化され、偶像として崇拝されていることである。これに対してヴィレーは、アリストテレスによる「特殊的正義」の発見を高く評価する。「特殊的正義」とは、ある共同体における「正しい（正義にかなう）関係」であり、これは経験的に発見される。すでに行われている外的財の分配を、この「特殊的正義」にかなうようにすることが、裁判官の使命である。この点をとると、ヴィレーは、「特殊的正義」、およびその実現としての固有の意味での法を賞賛しているように思われる。けれどもリアルスは、この解釈に反対する。つまりリアルスによれば、ヴィレーはこの「特殊的正義」と固有の意味での法を、「全体化するヴィジョン」（VI 37）、つまり「特殊的正義」と固有の意味での法とをその一部とする全体的な秩序の構想、のなかに適切に位置づけようとする。つまり、ヴィレーがいったんは法の概念から排除した「一般的正義」や道徳の総体を、ヴィレーは再び彼の法の理論に取り込もうとしているのである。リアルスによれば、ヴィレーを研究する上できわめて重要な、1995年に出版された『哲学と法とに関する考察』(6)におけるヴィレーの自然法論はまさしくこのようなものである。けれどもこの自然法論は、ヴィレーが批判したような、「人間の本性」から演繹的に構成されるような自然法論ではない。この「人間の本性」から演繹される自然法論は、「人間の本性」が観念のうえで、想像的に想定されるのであるから、観念論――ヴィレーの言葉でいえば「合理主義的観念論」(VI 38)――である。これに対して、「人間の本性」論なき自然法論とでもいうべきヴィレーの自然法論は、われわれを経験、経験論へと差し向ける。そしてヴィレーは、この「人間の本性」論なき自然法論を、トマス・アクィナスのなかに見出すのである。ヴィレーがトミストである所以である(VI 31-38)。

この、私が「人間の本性」論なき自然法論と名づけたものを、リアルスは、ヴィレーの言葉を用いながら次のように描いてみせる。「ヴィレー的立場は、正義を、もろもろの徳の一つとしての正義の水準に、そして法をその固有の次元に断固として置き直す以下のようなさまざまな断片によってまさしく特徴づけられるように思われる。すなわち、「私〔ヴィレーのこと――堅田による補足〕についていうと、慈愛(charité)が正義と、少なくともわれわれが正義についてもっており、またもたねばならない現世的観念と対立すると確信している。というのも、正義は、理想のなかではなくて世界のなかで行使される――そして慈愛は、神の国の名においてこの世界の秩序を乱しにやって来る――からである」。あるいは、「自然法の理説には、ひどく覚めたある側面がある。というのもこの理説は、合理主義的観念論の拒絶であり、われわれを経験へと、経験論へと差し向けるからである」。あるいは「[……]聖書の正義が国家の正義と取り違えられる可能性がある。ここから、法の死というユートピアがでてくる。これこそ危険な誤解である」。あるいは最後に、「[……]古典的自然法とは、内容を欠いているかのようである」、それは「ある深刻な懐疑主義の告白である」、それは「告白された失敗にほかならない」、それは単なる請願(postulation)でしかない」(VI 37-38)

(この引用文中の「　」は、いずれもリアルスによる、ヴィレーの『哲学と法とに関する考察』からの引用である。[……] は、リアルスによる省略である)。

このリアルスによるヴィレーの引用から、ヴィレーが、私が「人間の本性」論なき自然法論と名づけたもの——ヴィレーはこれを「古典的自然法」と呼んでいる——について奇妙な特徴づけを与えていることがわかる。最初のヴィレーからの引用文においては、「慈愛」が「正義」と対置されている。この「正義」とは、「世界」のなかで行使されるものであるから、「特殊的正義」のことであろう。したがってそれと対立する「慈愛」は、「人間の本性」論なき自然法論に属するものと考えることができる。したがってヴィレーによれば、「人間の本性」論なき自然法論は、「神の国の名においてこの世界の秩序を乱しにやって来る」。またそれは、「合理主義的観念論」を拒絶し、「経験」や「経験論」にわれわれを差し向ける。またそれは、「内容を欠いているかのよう」であり、「深刻な懐疑主義の告白」であり、「告白された失敗」であり、単なる請願である。つまり、「人間の本性」論なき自然法論は、人間には認識しえないようなものであり (cf. VI 40)、けれども人間を義務づけ、世界の秩序に介入するのである。つまりそれは、一種の神の奇跡のようなものである。けれどもそれは、単なる神への信仰に由来するものではない。それは、「深刻な懐疑主義の告白」であり、「告白された失敗」である。つまり、この「人間の本性」論なき自然法論は、世界の秩序に対する深刻な懐疑からでてくる。したがってそれは、単なる信仰の業ではなく、人間の思考作業と結びついている。またそれは失敗が運命づけられているのであるから、この懐疑は終わりのない作業となる。

「人間の本性」論なき自然法論をこのように特徴づけてみると、それは、ジャック・デリダのいう「メシアニズムなきメシア的なもの」にとてもよく似ていることがわかる。ここでいうところの「メシアニズム」とは、特定のメシアの形象を伴い、歴史の終わりにメシアが現前して、堕落した人類を審判・救済するという構造をもった思想のことである。デリダによれば、このような思想は、ユダヤ教、キリスト教、イスラム教といった宗教思想に典型的に見られるものであるが、それにとどまらず、およそ「形而上学」と彼が呼ぶ思考様式一般の構造でもある。このような「メシアニズム」においては、将来におけるメシアの到来・現前は、人類の堕落のなかにすでに書き込まれ、予想され、計算されている。これに対して、「メシアニズムなきメシア的なもの」とは、予想不可能・計算不可能なかたちで人類の歴史の過程に割って入る。したがってそれは出来事そのものである。それは歴史の通常の流れを遮断するのであるから、それが善い出来事であれ悪しき出来事であれ、多かれ少なかれ「悲劇」または「カタストロフ」という性格を帯びる。けれどもこの予見不可能な出来事、「カタストロフ」こそが、人類に対して「未来（à-venir）」――未だ来たらざるもの、これからやって来るもの、来たるべきもの――を開く。そしてこの「未来」、開けこそが、人類を救済へと、あらかじめ約束することなく約束する。この約束によってわれわれは義務づけられる。われわれはこの義務を無視するのではなく、引き受けねばならない。つまりわれわれはこの出来事を、単なる出来事として、無意味なアクシデントとして排除するのではなく、それを解釈し、現状を変革するためのいわば足がかりとせねばならない。ところで、出来事とは予測不可能なものであるから、いつやって来るかわからない。また出来事の解釈とは、特定の真理を前提にし、それに行き着くためのものではない。この二重の意味において、出来事の解釈とは終わりのないもの、無際限のものとなる(7)。

この出来事、つまり無意味なものは、他なるものであり、他者の到来・告知である。例えば民主主義や人権といった概念は、より正確にいうと民主主義や人権の既存の観念は、この他者の到来によって再検討され、つくり直されねばならない。このようなつくり直しが可能であるということは、民主主義や人権の純粋な概念、いわばカント的な「理念」、さらにはプラトン的な「イデア」が（現存することなく）存在するということである。出来事の到来において、これらの純粋な概念がわれわれに告知されるのである。けれどもそれらをそれ自体として把握することはわれわれには不可能であり、それらはわれわれを超越したものとしてあり続ける。けれども出来事の到来において、これらの純粋な概念は確かに機能するのである[8]。

このように見てくると、その経験主義において（デリダの場合には、出来事は、経験される以外にはない）、その無内容さにおいて、現実に対する懐疑や批判において、そして懐疑や批判が終わることのない作業であることにおいて、そして理想への願望または請願であることにおいて、ヴィレーの「人間の本性」論なき自然法論とデリダの「メシアニズムなきメシア的なもの」との間には、確かに際立った類似性がある。

このようにヴィレーの思想とデリダの思想とをつなげようとすることは、単なる外見上の類似に基づいて、問題意識も思想的背景も全く異なる二人の思想家を無理やり結びつけることだという批判があるかもしれない。けれども、決してそうではない。前章で検討したように、実はデリダ自身が、ヴィレーの思想に反応しているのである。デリダは、『哲学への権利について（法／権利から哲学へ）』のある注において、ヴィレーがカントの『人倫の形而上学』の第一部「法論」のフランス語訳に寄せた序文について言及している[9]。ヴィレーはこの序文において、カントが彼の法体系を、一定の人間の概念とそれに基づいた権利、つまり「人間の権利」を原理として演繹的に構成することを批判する。つまり、カントの法学とは、哲学者の法学であり、法律家はそれには何の関心も抱かないとヴィレーは批判しているのである[10]。つまり、カントの法論は、「人間の本性」論による自然法論だとヴィレーは言っているのである。これに対して、私見によれば、デリダはこの注において、カントの「人間」や「人間の権利」の概念をヴィレーのように理解する必要はないということを示唆しているように思われる[11]。デリダの「メシアニズムなきメシア的なもの」の考え方からすれば、カントの「人間」や「人間の権利」の概念は、出来事の到来に伴って既存の観念をつくり直すときに作用する「理念」として理解すべきである、ということになると思われる。ところで、すでに述べたように、「メシアニズムなきメシア的なもの」と、ヴィレーの「人間の本性」論なき自然法論とを接近させて考えるとき、ヴィレー自身が、「人間の権利」に関する新たな考え方を提示していたのだということになる。つまり、「人間の権利」に対するヴィレーの激しい、破壊的な批判は、新たな「人間の権利」の概念を構想するための作業であったと考えることができるのではないだろうか。私としては、ヴィレーの「人間の権利」批判の意義をここに見出すことができると考えている。

第七章　「歴史の終わり」は無限定的に続く
――コジェーヴ『法の現象学』に潜む矛盾の意味

1．はじめに

アレクサンドル・コジェーヴの有名な「歴史の終わり」の概念については、フランシス・フクヤマ[(1)]やジャック・デリダ[(2)]をはじめ何人かの論者によって重視され、検討されているが、その議論は主に『ヘーゲル読解入門』[(3)]を基に行われている。ところがコジェーヴはそのほかに膨大な未発表の草稿群を残しており、それらのいくつかについては彼の死後に公刊されている。したがってコジェーヴの思想の全容は、それらを考慮に入れてはじめて明らかになるといえるだろう。

ところで、『ヘーゲル読解入門』は政治、人間の政治的様相に関する考察であるといわれており[(4)]、後に述べるようにその指摘は当たっていると思う。ところが、政治と密接に関連する法に関するすぐれた草稿をコジェーヴは残しており、これは後に『法の現象学』[(5)]として出版された。この著作は、コジェーヴ自身も満足のいく出来映えだと語っているように、きわめて完成度が高く、またさらに第二次大戦後の彼のフランス政府高級官吏としての行動の行動プランになったと評価されているにもかかわらず[(6)]、またその法哲学的な意義が評価されながらも(7)、十分な研究が行われてきたとは言い難い。とりわけ、この法に関する力作をじっくりと読み、政治を論じた『ヘーゲル読解入門』と対照しながら検討すると、これまで語られてきたような「歴史の終わり」のイメージが大きく修正されるように思われる。

本章は、「コジェーヴの考える「歴史の終わり」とは何か」という問題を中心にして、私もその訳者の一人である彼の『法の現象学』の内容と意義について検討しようという試みである。

この検討は、一つの実践的な意義をもつ。それは、現代社会を理解するための最も重要なキー・ワードの一つである「グローバリゼーション」とは何かについて、原理的に解明する手がかりを与えてくれるということである。後でも述べるように（第５節）、コジェーヴ（の思想）と「グローバリゼーション」とは本質的なところで結びついている。「グローバリゼーション」を原理的に理解するための最良のテクストの一つはまさしくコジェーヴのテクスト、とりわけ『法の現象学』であると思われる。

２．問題の設定
――「歴史の終わり」とは何か

コジェーヴによれば、政治とは二者、つまり「友」と「敵」との関係である。彼によれば、人間は、「承認欲望」をもつことによって動物（人間自身が「ホモ・サピエンス」という動物でもある）と区別される。この「承認欲望」をもつ二者の間に「承認をめぐる生死を賭けた闘争」が生まれ、そのなかで「死の恐怖」を感じることによって人間はまず（潜在的に）人間化される。けれどもこの闘争は、「死の恐怖」を克服して闘争に勝利した「主人」と、彼に屈して闘争に敗れ、その結果「主人」を承認し彼に隷属することになった「奴隷」との関係という形で終わる。ところが主人は、自分が承認しない相手からの承認に満足しえない。承認が人を満足させるのは、自分が承認する相手からの承認のみであるからだ。ところが主人が主人である限りにおいて、彼は他人を承認することができない。なぜなら、それは彼にとって、彼が拒否したもの、つまり他者への「隷属」を意味するからである。したがって主人は、主人である限りにおいて、十分に満足することができない。彼にできるのは、戦場で死ぬことのみである。主人は一挙にその人間性を完成させるのであり、進化はありえない。主人には、歴史から消え去るしか道はない。これに対して奴隷は、すでに自分の主人を承認しているのであるから、今度はもう一度この主人に対して戦いを挑み、自分を承認させるだけでよい。それによって完全な満足を得ることができる。そのうえ奴隷は、この相互承認を望みもする。それは、彼が主人の命令によって主人のために労働するところからくる。奴隷は、主人の欲望の対象を自分の労働によって作り出す。したがってその過程で自分の動物的欲望の充足を断念しなければならず、その限りで自分の動物性を克服し、人間化される。けれども彼は奴隷である限り、自分の人間性を十全に実現していない。したがって彼は自分を解放して全面的に人間化すべく、主人にもう一度戦いを挑むのである。「歴史」とは、奴隷によるこの「相互承認」の実現の過程である。

以上が有名な、コジェーヴによって解釈されたヘーゲルの「主人と奴隷の弁証法」論の概略である（本書でもすでに何度も述べている）。この議論によれば、歴史は、「相互承認」が実現することによって終わる。そのとき奴隷は、単なる主人や奴隷ではなく、主人にして奴隷、戦士にして労働者になる。つまり彼は両者を「綜合」したのであり、これをコジェーヴは「公民(Citoyen)」と呼ぶ。もちろん、これは実際の歴史を解釈するための理論的モデルにすぎず、コジェーヴは『ヘーゲル読解入門』において、このモデルを使いながら歴史的な出来事の意味を解釈していく。

ところで、このモデルは二者関係であるから、政治的関係を理解するためのものであるといってよい。ところが、このモデルでは説明のつかない問題がある。例えば、主人たち、すなわち「友」の間に社会が形成されることを説明できない。もちろん、共通の敵をもつ限りで「友」の共同体が存在する。けれども、「友」どうしの間で社会的な相互的行為が行われる場合、このモデルではその説明がつかない。なぜなら、社会関係とは他者（この場合には他の「友」）へのある程度の隷属を意味するからである。主人はこのような隷属を望まないはずである。したがって、社会を形成する限りで主人はいわば奴隷化していることになる。つまり、コジェーヴ的に言えば、主人性と奴隷性とをすでに（不完全ながら）綜合しているのであり、したがってすでに「公民」なのだ、ということになる。

けれども、この奴隷性はどのようにして主人のなかに導入されるのだろうか。コジェーヴはこの問題に明確には答えていないように思われる。しかしコジェーヴの論理に従って考えれば、おそらく次のように答えることが可能であると思われる。主人は奴隷（になった者）と平等な条件の下で闘争することによって人間（この場合には主人）になった。したがって、主人が「友」の共同体において他の主人と関係する場合もまた、この平等が維持されなければならない。ところで、もし主人と主人との関係、つまり相互作用が平等を欠く場合、同じく平等な条件の下での闘争によって人間化された、けれどもこの二人の主人とは利害関係のない第三の主人＝友がこの相互作用に介入して、平等性を回復せざるをえない。この第三者が介入したとたん、二人の主人＝当事者の関係は、「法の関係」になる。ところで、主人と主人との間で行われる相互作用とはいかなるものだろうか。それは、「奴隷的」な相互作用ではない。それは、後に述べるような「特殊性」に基づくものであるはずである。このような相互作用をなす限りにおいて、主人は純粋な主人として行為してはいない。主人が主人としてなすのは戦争のみであり、戦争において、あるいは政治的な相互作用において主人たちは「友」として協調して行為するのであり、そこに争い（つまり、不平等を含んだ相互作用）が生じる余地はない。したがって、「特殊性」に基づく相互作用において主人は主人としての資格で行為するのではない。他方で、主人であることは、主人の生活の全体を支配するであろうから、もしこの相互作用が平等に反しているならば、そこに平等を実現しようとする第三者の介入を受け入れざるをえないであろう。もっともそれは一種の隷属を意味する。けれども、この第三者の介入を受ける相互作用をなす主人は主人として行為していない。したがって、このような相互作用については第三者に従うであろうし、この限りにおいて一種の「隷属」の要素が導入されるであろう。つまり、主人が社会を形成するのは、つまり一種の隷属の要素が導入されるのは、第三者の介入、つまり「法（Droit）」によってである[(8)]。

この第三者たる主人の観点に立てば、彼と他の二人の主人とは、共に共通の敵をもち、それとの闘争のなかで人間化された。したがって、彼らと「友」であり続けようとする限り、彼は彼らの不平等な関係のなかに介入せざるをえないであろう。したがって、この第三者たる主人の介入は、「敵」との闘争という政治的な要求に基づく。けれども、それだけではない。彼は、平等という「正義」を人間の間に実現したいという欲望をももっている。この欲望だけでも、彼が介入をなすには十分であると思われる。おそらくコジェーヴなら次のように言うであろう。実際には、この二つの動機が相まってこの第三者は介入する。彼が純粋に正義を実現したいという動機のみで介入することが可能になるのは、対外的にも対内的にも政治的な敵が一切なくなる「普遍等質国家」においてのみ、つまり「歴史の終わり」においてのみである、と。このときにはじめて、政治的考慮から解放された、「十全な法」が実現するのだ、と（この問題は、『法の現象学』第25節で詳細に論じられている）。

主人の共同体は、「敵」として、奴隷の共同体をもつ。主人の共同体は勝者のグループ、奴隷の共同体は敗者のグループである。コジェーヴによれば、敗者＝奴隷のグループにも、潜在的には法が存在する。奴隷が奴隷になったのは、自分が主人に屈することによって生命を維持することと、奴隷として主人に奉仕することとを比較して、前者の方が自分にとって有利であると判断したからである。ところが、この結果は、平等な条件の下での闘争（コジェーヴの言葉でいえば、「人間発生的闘争」）から、つまり人間を人間たらしめる条件の下での闘争から、つまり「正義にかなった」闘争から生まれたのであるから、その結果も「正義にかなった」、「正当な」ものでなければならない。どこに正当性があるのか。それは、生命を維持することという有利と、主人に隷属するという不利とが「等価」の関係にあるというところにである。したがって、奴隷にとって正義とは、この等価性のことである。もし奴隷どうしの関係があるならば、そしてもしそれが不等価であるならば、同じ奴隷のグループに属する第三者たる奴隷が、この関係を等価的たらしめるために介入するであろう。したがって法があるであろう（ただし奴隷は主人の支配に服する以上、この法は潜在的に存在するにとどまる）。

ところで、法とは（第三者による）正義の実現であり、正義にかなうことによって人間は人間たりうる。逆にいうと、人間を人間たらしめるものこそが正義である。したがって法は人間存在に適用される。主人にとって、人間とは「主人」と同義である。したがって主人の社会では、法または正義の観念は主人にのみ適用される。けれども、現実には、奴隷もまた、人間発生的な「承認欲望」をもち、いったんは自分の生命を危険に晒したのであるから、潜在的にではあるが、人間である。そして労働によって、部分的にではあるが、この人間性を顕在化させている。したがって、奴隷の人間性を承認しないのは誤りである。けれども、主人が主人である限りで、奴隷を人間存在として認めるのは不可能である。けれども、法によって主人もまた、隷属的な要素をもつに到る。したがって主人は奴隷を人間存在として承認する可能性がある。あるいは、隷属的な要素をもつことによって、主人の社会でもまた等価性の正義が適用されることがある。この場合、主人と奴隷との関係にも、あるいは奴隷どうしの関係にも等価性の正義を法として適用する可能性がでてくる。この場合、奴隷もまた法的人格として承認される。ところで、正義とは人間を人間たらしめるものである。したがって奴隷を人間として認めざるをえなくなる。

以上から、法は、「友」と「敵」、「主人」と「奴隷」という政治的関係に新しい要素を導入することがわかる。そして、この政治的な二者関係は、その純粋な状態では、つまり純粋な「主人」と純粋な「奴隷」との関係としては、現実存在することはできない（コジェーヴはこれらを論理的な原理だと語っている）。それを現実に存在させるのは、つまりいわば「不純」な要素を導入するのは、正義を実現するための第三者の介入、つまり法である。

さて、政治と法とは、相互に還元することのできない自律的・独立的な現象である。現実の人間社会は（そして社会がなければ人間は人間として現実に存在しえない）、政治的でありかつ法的である。したがって、人間について、政治的な「終わり」と法的な「終わり」について語ることができるであろう。「終わり」というのは、その人間的な可能性が汲み尽くされるということである。コジェーヴによると、フランス革命、及びその理念を世界的に広めようとするナポレオンの、イエナの戦いにおける勝利によって、歴史は終わったという。そして、この「歴史の終わり」において人間は、その可能性の一切を汲み尽くし、動物性に回帰するか（アメリカ合衆国型）、または日本的なスノビスムにおいて生きるかするしかないように思われるという。けれども、これは、人間の政治的な終わりに関する発言にすぎないと思われる。なぜなら、この場合にいわれている人間性、あるいは人間の可能性とは、闘争と労働という人間発生的な、そして政治的な、自然否定的行為についてのみのことだからである。人間の人間性を形成するのは、闘争と労働という、自然の否定であった。この闘争と労働とが意味を失うとき、つまりもはや政治的に重要な闘争がなくなり、また労働の人間形成的な意味がなくなるとき、もはや人間は人間でなくなり、この意味では「歴史の終わり」が来たと言える。そしてそれは、例えばアメリカ合衆国ではすでに到来しているし、全世界的に見ても、この終わりがそう遠くない時期に到来するように思えたとコジェーヴは言う（ところが日本に旅行して、別の「歴史の終わらせ方」があることを知った、と続く）。確かに、この問題提起は重要であると私には思われる。もしコジェーヴが正しいとすると、人間が人間であり続けるためには、新しい否定性のあり方を見出す必要があるであろう。

コジェーヴの以上の発言は、1968年の『ヘーゲル読解入門』第二版で追加された注のなかでのものであるが、そのなかで彼は、すでに1948年に見解を変えて、イエナの戦いによってすでに歴史が終わったというヘーゲルの考え方が正しいと考えるに到ったと述べている。ところが、1943年に執筆した『法の現象学』では、もう一つの「歴史の終わり」について語っていると私には思われる。それは、「普遍等質国家」の到来による歴史の終わりである。確かに『ヘーゲル読解入門』においても「普遍等質国家」について語られてはいるが、より具体的にはむしろ『法の現象学』の方で、多くのページを割いて語られている。しかもそれは、主人的な「平等の正義」と奴隷的な「等価性の正義」とを綜合した「公平の正義」、及びそれを実現する「公民の法」に関係づけられている。「身分と協約（契約）の弁証法は、普遍的で等質的な国家とともに歴史の終わりに到達し、決定的綜合に到る」(EPD 586/673)。まず私が問いたいのは、この二つの「歴史の終わり」がいかなる関係にあるのか、ということである。次に問いたいのは、次のことである。確かに理念としては、「普遍等質国家」による法的な「歴史の終わり」、つまり人類の法的進化の歴史の終わり、を描くことはできる。けれども、それは本当に実現しうるものなのだろうか。この二つの問いに答えるためには、『法の現象学』を詳しく検討する必要がある。

3．政治的な「歴史の終わり」と法的な「歴史の終わり」

今言及したように、『ヘーゲル読解入門』第二版においてコジェーヴは、「歴史の終わり」――私はこれを「政治の終わり」の意味での「歴史の終わり」と解釈しているのだが――はすでに到来していると述べている。そしてこれは、「普遍等質国家」の到来と同じことである。「普遍的」とは、国家が全人類を包摂し、もはや外部に政治的敵をもたない――したがってもはや戦争は起こらない――、ということである。「等質的」とは、この普遍的国家の国民が、すべて「公民」として平等であり、したがってもはや内戦や革命は生じない、ということである。コジェーヴによれば、フランス革命、及びナポレオンによる革命理念の伝播は、この「普遍等質国家」誕生のいわば種が蒔かれたことを意味する。その後の二つの世界大戦も、ソヴィエト革命をはじめ各地で頻発した革命も、結局はフランス革命の理念の拡大、そしてそれ以前のいわば過去の遺物の一掃にほかならない。

確かに、少なくとも現代において、他国を敵とみなして自国に併合するか、さもなければその国民もろとも絶滅させるという形での戦争はもはやないであろう。また、すべての国家のすべての国民は、「人間」として承認されている。この意味では、確かに「普遍等質国家」は、国家としての体裁をまだとってはいないものの、現実に存在しているといえる。

けれども、今述べた事態を法の観点から眺めるとどうなるだろうか。まず、各国の法体系は多かれ少なかれ異なっている。確かに先進諸国の法体系はかなりの程度において同じ内容をもち、統一の動きもある。けれどもやはり完全に同じ内容をもつにはほど遠い。これをコジェーヴ的に表現すると、各国の法体系の基礎をなす正義の原理、より正確にいうと「公平の正義」を構成する「平等の正義」と「等価性の正義」との割合、が各国により異なる、ということになる (cf. EPD 332/392)。ところで、政治的には「普遍等質国家」は到来している。ところが現在でも、「国民国家」が現実に存在している。したがって、この「国民国家」を「国家」たらしめているのは、法体系の違い、すなわちそれが採用する正義の原理の違いである、ということになるだろう。法的に見ると、普遍的な法体系はまだ存在しておらず、したがってこの意味で「普遍的国家」はまだ到来していない。

また、確かに現代では、すべての国民は「法の主体」、つまり「法的人格」として承認されている。けれども、異なる法体系の下にある国民が同一の権利と義務をもつということにはなっていない。それどころか、同一の法体系の下にあってさえ、「法の主体」がすべて同一の権利と義務をもつとはいえない。コジェーヴは「子供と狂人」の問題を厄介だから考慮からはずすと言っている（cf. EPD 578/663）ので、われわれもこの問題を棚上げにするとしても、例えば男性と女性の問題がある。女性の参政権が認められたのは比較的最近のことであるし、兵役は男性のみの義務であろう。子どもを生むのは女性のみであるから、この点から男女に権利義務の差が生じることもあるであろう。さらに、形式的には同じ（平等な）権利義務をもつにしても、実質的にはとても平等とはいえないというケースも数多い。つまり、すべての法の主体が平等であるとはとてもいえず、したがってこの意味では「等質的国家」もまたまだ実現していない。

つまり、法的に考えると、「普遍等質国家」の実現にはほど遠い。したがってこの意味での「歴史の終わり」はまだ到来していない。これはコジェーヴ自身も認めるところである。したがって、純粋に政治的なものではないが、法体系の違いに由来するいわば準＝政治的闘争（戦争を含む）や準＝内戦、準＝革命が存在するであろう。

けれどもコジェーヴによれば、法的な「普遍等質国家」は理念としてはすでに存在しており、それを描き出すことはできるという。そしてそれを描いてみせたのが『法の現象学』であるということになる。

問題は、人類に十分に長い時間を与えるならばいつの日か法的な「普遍等質国家」が実現し、この意味で「歴史の終わり」が到来する、と考えてよいのかということである。コジェーヴの記述を読むと、彼自身はこのように考えていたような印象を受ける。けれどもよく読んでみると、おそらくこの印象は誤りである。『法の現象学』における記述を詳しく検討すると、コジェーヴは次のように考えていたと思われる。法的な「普遍等質国家」は決してそれ自体として現実に存在することはない。それは、人間が有限な存在であるから、つまり人間に与えられた時間が少ないから、という事実的な理由からではない。法的な「普遍等質国家」が現実に到来しえないのは、原理的な理由による。けれどもそれは理念としては存在し続ける。この意味では法的な「歴史の終わり」はすでに到来している。この「歴史の終わり」、「普遍等質国家」を描き出すことは可能である。人間は、「歴史の終わり」という様相の下で、「普遍等質国家」(法的な) を実現しようと努力し続ける。この「歴史の終わり」は理念として描かれうるのであるから、いつの日かこの努力は終わり、「普遍等質国家」は実現するはずである。この努力が無限に続くとは考えられない。ところが他方で、法的な「普遍等質国家」は原理的に考えて実現不可能である。つまり、「終わり」は先取りされながら、その実現が無限定的に延期されるのである。そして、結論を先取りしていえば、いわゆる「グローバリゼーション」とは、このような矛盾した状況の下に生きる現代の人間のあり方に対応するものとして理解することが可能である。次節では、コジェーヴの記述に即しながら以上の点について論証してみたい。

4.「公平の正義」と「特殊的なもの」
——二つの「等価性」と二つの「綜合」

コジェーヴによれば、現実に存在する法はすべて、貴族主義的な「平等の正義」と、奴隷的・ブルジョワ的な「等価性の正義」との多かれ少なかれ不完全な「綜合」である「公平の正義」に基礎を置く。彼は、「平等の正義」を実現する法を「貴族法」、「等価性の正義」を実現する法を「ブルジョワ法」、「公平の正義」を実現する法、つまり「貴族法」と「ブルジョワ法」との「綜合」を「公民の法」と名づける。したがって、現実に存在する法はすべて「公民の法」である。そして、法、あるいは法体系を異なるものにするのは、その法または法体系の基礎をなす「公民の正義」を構成する「平等の正義」と「等価性の正義」との割合の相違である。現在、顕在的に現実存在する唯一の法は「国民国家の法」、すなわち「実定法」であり、この「国民国家の法」は体系をなしている。この体系を構成するのが、この「割合」である。以下では、特に断らない限り、「法体系」とは、この「国民国家の法」体系のことを指すものとする。

ところで、平等は等価であることを要請しないし、等価もまた、平等であることを要請しない。等価でない平等がありうるし、平等でない等価がありうる。したがって、「平等の正義」と「等価性の正義」とは、それぞれ独立した源泉をもつ（前者の源泉が「主人性」であり、後者の源泉が「奴隷性」である）。けれども、「公平の正義」を実現する「公民の法」においては、人間的相互作用に不平等が導入されれば「平等の正義」がこれを（公平無私の第三者の介入という形で）除去し、また不等価が導入されれば「等価性の正義」がこれを（同じく公平無私の第三者の介入によって）除去する。こうしてすべての不平等と不等価が除去され、その法体系の下にあるすべての人間、つまりすべての「法的人格」が平等にして等価になるまで、この法体系は進化し続ける。さらに、法と政治とは相互に自律的・独立的なものであるから、法にとっては、その法が適用されるAがX国家の国民であろうがY国家の国民であろうが関係ない。したがって法体系は、一国を越えて普遍的に自己を伝播し、全人類を包摂しようとするであろう。この意味で法体系は普遍化しようとする。このように普遍化し、すべての人間が平等にして等価、つまりこの意味で「等質的」になるとき、法の進化は終わる。そしてこのとき法的な「普遍等質国家」が実現する。全世界の人間が同じ人間として等質化されるとき、もはや政治的にも法的にもいかなる政治的闘争や戦争も、内戦や革命もなくなるであろう。人間はもはや進化を止めるであろう。こうして法的にも政治的にも「歴史の終わり」が到来する。

ところでコジェーヴは、主人的要素を「普遍（的なもの）(l'universel, universalité)」、奴隷的要素を「個別（的なもの）(le particulier, particularité)」と表現する。人間とはこの「普遍」と「個別」との「綜合」である。人間的現象である法もまた、主人的な「貴族法」と奴隷的な「ブルジョワ法」との「綜合」である。そしてこの「普遍」と「個別」とは決して矛盾しない。法と正義に関していえば、「平等」と「等価」とは決して矛盾しない。コジェーヴの次の記述を見ていただきたい。これは、夕食のために食物を数人の間にどのように分配するかの問題である。

夕食用の食物の分配の例をもう一度取り上げよう。平等の原理は、権利所有者に平等な取り分が分配されることを要求し、それ以上の配慮は行わないだろう。しかし等価性の原理は、これらの平等な取り分が本当に等価であるかどうか問いただすだろう。ある人々が他の人々よりも空腹であることが確認されるならば、全くそうなっていないことがわかるだろう。この場合には、取り分が食物に対する各人の必要に比例するよう、違った形の分配がなされるだろう。この原理がこうして満たされれば、人はそれで満足するだろう。しかし、もう一方の原理は、この分配の不平等にショックを受け、この不平等を除去しようとするだろう。ただし、等価性の原理にショックを与えないよう、関係者の不平等を除去せねばならないだろう。したがって、なぜある人々が他の人々よりも空腹であるのかが問われるだろう。この違いが、一方の人々は昼食を食べ、他方の人々は食べなかったという事実の結果であると確認されるならば、今後は全員が昼食を食べられるよう配慮がなされるだろう。したがって等価性の原理は、平等の原理がより完全に自らを実現すべく促すだろう。そして平等は、完全なものになることにより、等価性と一致する。なぜなら、権利所有者が真に平等であるならば、彼らの取り分の平等はそれらの等価性ともはや異ならないし、またそれらの等価性とはそれらの平等にほかならないからだ。(EPD 315/371-372)

この例からわかるように、完全な平等は等価性を含んでいる。等価性と両立するような形で平等を実現しようとする。これが「公平の正義」であり、「公民の法」はこのような等価性を含んだ平等を実現しようとする。そもそも完全な等価性とは完全な平等＝等質性の下でのみ実現するであろう。したがって「等価性の正義」は「平等の正義」と両立しうると考えられる。

ところが、平等であることの望めない人間的関係が存在する。例えば、男性と女性との間には、決してなくすることのできない生物学的差異が残り、したがって男性と女性とを完全に平等にする、つまり等質化することはできない。このような差異に基づく関係については平等化を断念し、「等価性の正義」のみを適用せざるをえない。このような「等価性の正義」と、平等と両立する「等価性の正義」とを同じものと見てよいのだろうか。

平等と両立する等価性と、平等化が不可能であることを前提にして適用される等価性。この二つの等価性が同じものかどうかを見るために、次の問題を考えてみよう。すなわち、「平等の正義」と「等価性の正義」とは異なる源泉から生じる、相互に独立したものであり、したがってその適用にあたってもまた相互に独立している、といえるだろうか。すなわち、「平等の正義」は「等価性の正義」に配慮することなく適用されるし、また「等価性の正義」は「平等の正義」に配慮することなく適用される、といえるだろうか。「公民の法」の下で「平等の正義」を適用しようとする者は、もし等価性を含まない形で平等を実現するならば、実現される平等は「等価性の正義」によって覆されることを知っているだろう（今引用した例はまさにこれである）。また「等価性の正義」を実現しようとする者は、もしそれによって平等を侵害するならば、実現される等価性が「平等の正義」によって覆されることを知っているだろう。したがって、「公民の法」の下では、「平等の正義」と「等価性の正義」とは、互いに配慮しあうといえるだろう。ところが、平等になりえない人間的関係に「等価性の正義」を適用しようとする者は、すでにある平等やこれから実現されるであろう平等と矛盾しないように配慮しはするだろうが、今この適用にあたって、平等と両立するような形で「等価性の正義」を適用しようとするわけではない。なぜなら彼は、問題になっている人間的関係は平等にはなりえない関係だと知っているからである。したがってこの二つの「等価性の正義」は同一ではなく、区別されるべきだと考えられる。

ところで、『法の現象学』のなかには、今挙げた、生物学的差異をなくすことのできない関係のほかに、「等価性の正義」が「平等の正義」の実現に配慮することなく適用されるもう一つの人間的関係がある。それは、「個人的所有（propriété personnelle）」に基づいて形成される関係である。そして、この観念とともに、「特殊（的なもの）（le spécifique）」、「特殊性（spécificité）」の観念が導入される。この「特殊性」は、「個別性」とは区別されねばならない。この「個人的所有」を特徴づけているコジェーヴの文章を引用しよう。

> 現に、もし各人が自分の身体の所有者であるなら、彼は身体の付属物の所有者、身体を現実存在させて維持するに役立つ、身体に結びついたもの（衣服、食べ物、等々）の所有者であろう。ところで、空間＝時間的な物質的本体がすべて違っているように、身体は必然的に相互に異なっている。それらは、それぞれのここといま（hic et nunc）の「これ」によって異なる。だから身体の付属物もまた異なる。それらは、異なる身体の機能すなわち「体質」、「性格」、「趣味」等々の機能として異なるだろう。これらの付属物をもつ身体は個人の「個人的所有」になる。そしてこの所有が分離可能である限りで、それは交換に提供され、交換を要求することさえするだろう。これらの所有物〔財産〕は互いに異なるのだから。ところで、所有と所有の交換がありうるところでは、所有と義務の法（協約、契約、不法行為の）がある。こうして例えば、人は公園や庭園を設備するために数人で仲間をつくることができる、あるいは古い家具を貸したり、自分が描いた絵を他人がつくった彫像と交換したりすることができるし、あるいはさらに他人によって同意されない顕在的行為によって彼の身体またはその付属物をだめにすることもある。(EPD 576-577/661-662)（強調は原文。〔　〕は訳者による補充説明である。）

> 個人的所有は、一人の個人を彼でないすべてのものから区別して際立たせる特殊性――身体――を前提にする。そしてそれは、諸個人の特殊性間の特殊な関係――彼らの身体の相互作用――の可能性を含む。反対に、個人的所有（身体に縛られる）は、いくつかの特殊性――別の身体とは違った衣服を着た、それとは違う育てられ方をした、等々の身体――を生み出すし、特殊性の間の特殊な関係――衣服や食料などの交換――を生み出す。これらの特殊な相互作用は、特殊性と特殊性との相互作用であるから、定義によって、互いに平等な「任意のメンバー」としての行為者には影響しない。言い換えれば、その相互作用は社会としての社会に影響しないし、したがって国家、帝国には影響しない。(EPD 577/662)

「個人的所有」は、各人を彼以外の者から区別する「特殊性」、すなわち自分の身体、が彼の所有物であると認められるところから生じる。それは、彼の身体そのもの、およびその付属物や、身体を用いて得られた産物に及ぶ。これは、「普遍等質国家」、つまり「社会主義帝国」が実現されたとしても、つまり「平等の正義」と「等価性の正義」とが完全な平衡状態に達したとしても、つまり等価性を含んだ平等が最大限に実現したとしても、なお各人に残される（cf. EPD 575/660-661)。したがって、この「特殊性」に基づいて形成される関係、したがって特殊性と特殊性との交換を規制する「等価性の正義」は、「普遍等質国家」において支配する完全な「公平の正義」や完全な「公民の法」と、完全に無関係ではないにせよ、それらから多かれ少なかれ独立している。つまり、特殊性と特殊性との交換を規制する「等価性の正義」は、平等かつ等価な公民の身分とは独立的に実現されるのである。

「公民」とは、主人であることと奴隷であることとの綜合、つまり「普遍」と「個別」との綜合である。同様に、「公平の正義」とは、貴族主義的な「平等の正義」とブルジョワ的な「等価性の正義」との綜合である。ところで、今述べたように、「個別」と「特殊性」とは区別すべきである。そして、「個別」に対応する正義とは、平等と両立する等価性の正義である。したがって、「公平の正義」において綜合されるのは、「平等の正義」と、平等と両立する「等価性の正義」であるはずである。確かに、コジェーヴは数多くの箇所で、「綜合」をこのようなものとして語っている。例えば、「法の内部でのブルジョワ的傾向と貴族的傾向とのこの永続的争いの結果、不等価性が導入されればブルジョワ的傾向によって徐々に除去され、不平等が導入されれば貴族的傾向によって徐々に除去されるだろう。この相互的で補完的な除去こそが、法の歴史的進化を構成する。そして——もう一度言うと——法の歴史的進化とは、公民のジンテーゼ的法の進化である」(EPD 313/368-369)。ところが、いくつかの箇所で彼は、等価性を含んだ「平等の正義」と、平等になりえない人間的関係に適用される「等価性の正義」との「綜合」こそが真の「綜合」であるかのような言い方をする。「普遍等質国家」における等質的な公民とは、等価性を含みつつ平等である公民のことであるから、この真の「綜合」とは、「普遍等質国家」またはその「公民」、及び「公平の正義」

——これら自体が「綜合」の結果であるはずだが——と「特殊性」、または平等から独立した「等価性の正義」との「綜合」だということになる。例えば次の文章である。「身分と協約（契約）の弁証法は、普遍的で等質的な国家とともに歴史の終わりに到達し、決定的綜合に到る。この綜合においては、身分的存在は協約的行為と同一であり、能動的協約は、自己同一性のなかで実際に顕在的に現実存在する身分へと凝固する」（強調は原文）（EPD 586/673）。これは『法の現象学』のまさしく最後の文章である。ここで言われている「協約的行為」とは、「個人的所有」を基にして行われる例えば団体設立のための協約や、交換契約、賃貸借契約等を指す。この文章はすでに「普遍等質国家」が成立しているという前提で書かれており、「普遍等質国家」の「公民」の身分は変化しない。この「公民」が「協約的行為」を行った場合、その行為によって設定される身分は、正義にかなっていること、及び「普遍等質国家」の「公民」の身分に影響しないことを条件に、「普遍等質国家」によって承認される。つまり、「協約的行為」が「身分」を作り出す。だからこそ、「身分と協約（契約）の弁証法」——「身分」とは本来的に貴族的概念であり、「協約」または「契約」は本来的に奴隷的・ブルジョワ的概念である——が「決定的綜合」に到る、と言われているのである。したがってここで言われている「綜合」とは、「普遍等質国家」の「公民」、つまり等価性を含んだ平等と、「個人的所有」を基礎とする「特殊性」との「綜合」のことである。そして、この「綜合」は「決定的綜合」である。

それでは、この「普遍等質国家」の「公民であること」——つまり、「普遍」と「個別」との「綜合」——と「特殊性」との「綜合」とはいかなる事態なのだろうか。

まず、「個人的所有」について考えてみよう。コジェーヴによれば、人間、つまり人間的存在は、ホモ・サピエンスという動物から「人間発生的闘争」、つまり「承認を求める闘争」によって生じる。人間的存在は、まずは「主人」と「奴隷」という二重の形で発生する。主人性を形成するのは「闘争」及びそれによる「死の危険」であり、奴隷性を形成するのは「労働」である。「所有」とは、本質的に主人的・貴族的な現象であり、人間が自分の物を守るために生命を賭けて戦う覚悟があり、彼以外の者はこの闘争を放棄して彼のこの物に対する所有を「承認」し、この物に関しては彼に「隷属」するところから生じる。コジェーヴによれば、「個人的所有」も貴族的な所有の一つである。つまり「承認」――「主人」どうしの「主人」としての相互的「承認」、および一人の主人の所有の「承認」――は、承認される存在の基礎、つまり「身体および身体と一体になっているもの」の所有の承認を含んでいる。つまり「個人的所有」の承認を含んでいる（cf. EPD 537/619）。

この「個人的所有」を承認された者が自分の楽しみのために絵を描いたとする。この絵は彼の「身体と一体となったもの」として、彼の所有物である。この彼の「絵を描く」という行為は、奴隷的・ブルジョワ的な「労働」ではない。なぜなら、奴隷的・ブルジョワ的「労働」は、何らかの「主人」の命令によって行われる強制的なものだからである。奴隷的・ブルジョワ的所有はこの「労働」の関数である。けれども今の例においては、彼は楽しみのために絵を描いているのであり、誰かにそうするように強制されているわけではない。したがって彼のこの絵に対する「個人的所有」は、主人的・貴族的観点によって正当化される。

この絵は、彼と一体化している「身体」の活動から生まれた、彼と密接に関係するものである。けれどもそれは彼から分離しうる。つまり交換の対象になりうる。交換とは本来的に奴隷的・ブルジョワ的な現象である。交換、またはその法的な現れである契約が等価的に行われれば、例えば彼が自分の物の交換によって得る利益が、その物を作るために彼が払った苦労・不利益、つまり「労働」と等価であるならば、それはブルジョワ的な「等価性の正義」によって正当化される。けれども今の場合、彼は自分の楽しみのために絵を描いたのであり、「労働」したのではない。だとすると、彼が絵と引き換えに得る例えば金銭的利益は、何によって正当化されるのだろうか。おそらくはこの場合も「等価性の正義」によって正当化されるのであろう。けれども、彼の得る金銭的「利益」と等価である、彼が被った「不利益」とは何だろうか。

さらに、「個人的所有」についてコジェーヴは次のように言う。「たしかに、個人的財産はAの身体から分離できるが、しかしBの身体に直接的に結びつけられるためにのみ分離されるのである。だから、個人的所有は、「資本」や私的（privée）所有（「人格的——すなわち身体的——支えを奪われた（privée de support personnel）」）の現実存在に匹敵する自律的な現実存在をもたない」（強調は原文）（EPD 582/668）。この記述に従うならば、Aが楽しみのために描いた絵を買ったBは、それを例えば自分で鑑賞するために買ったのでなければならない。それを他人にまた売却することもできるだろうが、Bはこの売却によって利益を得るためにこの絵を購入しようと考えていたとすると、これはその絵を「資本」として扱っていることであるから、正当化されないであろう。なぜかというと、おそらく、個人的所有の対象物をBが資本として扱うことは、彼の「普遍等質国家」の「公民」たる身分と抵触するからであろう。なぜならこの場合、Bには「理由なき致富」（cf. EPD 562-563/646-647）が生じているからである。

楽しみのために絵を描くとは、奴隷的な「労働」ではない。けれども、それが「人間的」な活動である以上、奴隷的な「労働」と何らかの共通性——人間性にかかわる共通性——をもつのでなければならない。それはおそらく、絵を描くという行為自体が、本来的に人間的な行為、つまり単なる動物が何かの目的で絵らしきものをつくる行為とは本質的に異なる行為、であるという点にあるであろう。それでは、この場合の「人間的」とは何を意味するのであろうか。

例えば「夫」と「妻」の「夫婦」は、動物的な「雄」と「雌」の「つがい」ではない、人間的な存在である。人間のなす性行為もまた、動物的な「交尾」とは本質的に異なる人間的なものである（cf. EPD 485-487/567-568）。ここでいうところの「人間的」、「人間性」は、「主人」としての「人間性」、あるいは「奴隷」＝「労働者」としての「人間性」と、何らかの関係はあるにせよ、これらとは別物である。コジェーヴはこのような「人間性」を、普遍等質国家、あるいは「国家」一般――「主人」、「奴隷」、「公民」の概念は、本来的に政治的な、したがって本来的に「国家」と関係する概念である――とは区別された「社会」に由来するものとして捉えているようである。社会的なものこそが本来的に人間的なものである、と考えているように思われる。問題はこの「国家」または政治的なものと人間的、社会的なものとの関係である。ところで、「友」と「敵」、「統治者」と「被統治者」、「管理する者（政府）」と「管理される者」という本来的に政治的な関係それ自体は、法的な関係ではない。したがって法とは、今述べたような、国家とは区別された「社会」や「人間的なもの」にかかわるはずである。その一方で法は、つまり「正義の理念」やそれを適用する「第三者」は、人間発生的な「承認を求める闘争」、つまり本来的に政治的な闘争から生じたのであり、したがって政治と密接な関係をもつ。こう言ってよければ、法が、政治的なものと社会的なものとを、「人間」の概念、つまり「自然の否定」の観念によって媒介しているのである。

政治が現実に存在する間は、政治的関係が人間の間で優位に立つ。けれども、政治が終わるならば、今度は「法」が前面にでてくる。法的進化が終わるまでは、法のなかで、いわば政治や政治的関係が反復される（例えば、「統治者」と「被統治者」、「排他的政治的グループ」と「排除された政治的グループ」、「排他的法グループ」と「排除された法グループ」）。そして法的進化が終わるならば、つまり法的な「普遍等質国家」が到来するならば、「社会」が前面にでてくる。「普遍等質国家」は、この「社会」の「正義の理念」を適用・執行する第三者の役割のみを演じることになる。いま私は、政治、法、社会の関係を時間的に述べたが、実際にはこの三者は同時的に存在し、複雑な関係を形成するであろう。政治が終わったと仮定すると、今度は、自らのなかに政治的関係を含んだ法と、社会（複数の異なる社会が存在するはずである）との関係が問題となるであろう。

コジェーヴは『法の現象学』の第三部において、公民の法の体系の主要な枠組みを構成してみせる。そのなかで彼は、「国際公法」、「公法」、「家族社会の法」、「経済社会の法」（最後の二つは「私法」の主要項目をなす）についてとりわけ詳しく説明する。最後の二つが政治社会と区別された社会の法を取り扱うことは明らかである。けれども実は、前の二者もまた、このような意味での社会の法にかかわる。「国際公法」とは、主権国家、国民国家間の関係に適用される法である。ところで、主権国家間の関係とは「友」と「敵」との政治的関係であり、法的なものではありえない。もし法的な関係が成り立つとすると、それは、これらの主権国家をそのメンバーとする非政治的な社会があるからである。「国際公法」とは、この非政治的な社会の法にほかならない。けれどもこの法は、主権国家によって適用されない限り、潜在的に現実存在するにとどまる。けれども、およそ潜在的なものは自らを顕在的に現実存在させようとする。ところで、各国家はそれぞれ異なる法体系、つまり「平等の正義」と「等価性の正義」の異なる割合に基づく「公民の法」をもつ。この自らの法体系と両立する限りにおいて、各国家は「国際公法」を適用する。けれども、そうである限り、例えばB国に移住または逃亡することによって、A国による「国際公法」の適用を免れるという可能性が残る。したがって両国の法体系が統一されない限り、「国際公法」は顕在的に現実存在しえない。コジェーヴは、法的連邦が形成されることによってのみ、「国際公法」は顕在的に現実存在するという。したがって、この「国際公法」を自らの法としている社会は、各国の法体系を統一し、法的な世界連邦が形成されるよう促すであろう。ところで、すでに述べたように、もし「政治の終わり」がすでに到来しており、「友」と「敵」の関係ももはやないとすると、各主権国家を異なるものにしているのは、法体系の相違であると考えられる。したがって、この法的世界連邦を形成する活動は、いわば厳密な意味での政治に準じたものであるだろう。ポスト政治の時代における対外的政治関係とはこのような活動にほかならないのではないかと考えられる。それでは、この「国際公法」を自らの法とし、世界的法的連邦の形成を促す私的な社会とは何だろうか。それは、「普遍等質国家」の成立によって顕在化する、「個人的所有」に基づいて成立する経済社会、あるいはこのようないわば理想的な経済社会に向かう傾向をもつ経済社会そのものではないだろうか。なぜなら、法的な世界連邦とは、「普遍等質国家」の法的側面にほかならないと思われるからである（cf. EPD 391-392/458）。

また、公法――その典型は憲法と行政法――について見てみると、コジェーヴによると、公法は二つの側面をもつ。一つは、国家とその国民――公民――との関係を定めるという側面である。例えば国会議員の身分、および国民との関係、あるいは収税吏の身分、および国民との関係、等々。けれどもこの国家と国民との関係は、政治的な支配・従属関係であり、この限りでは法的なものではない。それが法的なものになるのは、官吏が、国家の名において実は官吏として行動しない場合、つまり国家・官吏の名を騙る「詐欺師」として行動する場合である。この場合には、国民と詐欺師＝官吏との関係は、私人と私人との関係となり、国家はこの関係に「公平無私の第三者」の資格で介入することができる。つまり、法がある。公法とはこの場合、官吏が官吏として行動しているかどうかを判断するための基準を提供し、またもし官吏が詐欺師として行動する場合の取り扱いについて規定する法であるということになる。ところで、官吏が詐欺師として行動するとは、私人として行動することである。したがって詐欺師＝官吏と国民との関係には、両者がともにそのメンバーである私的社会、つまり国家と区別された社会の正義の理念や法が適用される。つまり、この場合にも私的な社会の法、および国家によるその法の適用が問題となるのである。ところで、「詐欺師」の行動が問題になるのは、経済社会においてである。したがって、この場合にもまた、経済社会が問題になっているのである。

さらに、家族社会の法について見てみよう。コジェーヴによれば、国家と家族社会は相互に前提にしあう。国家は自らの公民を再生産する場として家族社会を維持しようとする。つまり、家族社会の維持に「利害関心をもつ」。したがって、この利害関心に基づいて国家が家族のメンバーの身分等々について規定する場合、そこには法的なものは何もない。家族社会における関係が法の関係になるためには、それは国家が「公平無私の第三者」として介入しうるようなものでなければならない。つまりそれは、家族社会のメンバーが、国家およびそれによって支持される家族社会とは別の私的社会のメンバーとして行動する場合である。ところで家族は、国家の公民を再生産するための場として、公民の身分の一部を構成するが、それと同時に経済活動の単位でもあり、したがって経済社会の一部を構成する。したがって、家族社会の法とは、この場合もまた経済社会の法ではないだろうか。

以上の検討から、厳密な意味での法とは経済社会の法のことであり、この法が自らを顕在的に現実存在させるために、つまり絶対に逃れることのできない形で「公平無私の第三者」を介入させるために「普遍等質国家」の形成を促す、と考えられる。

したがって法的な「普遍等質国家」はそれ自体で、それだけで存在するのではなく、経済社会とともに、それとの関係のなかで存在するということになる。おそらくこの関係はこうである。経済社会において不平等や不等価の関係が生じたならば、「公平の正義」がそれらを是正する。そして、等価性を含んだ最大限の平等が実現すると、もはやそれ以上是正は行われなくなる。不平等が生じたとしても、等価性が維持されているならば、もはや是正の必要はない。なぜなら、そもそもこの等価的な関係は、平等とは両立しえないものであるからだ。ところで、「普遍等質国家」の「公民」は、男性と女性を含む。この両者を絶対的に等質化することはできない。両者を、等価性を含みつつ平等に扱うことができる限りで、両者は「普遍等質国家」の「公民」である。ところでコジェーヴによれば、女性は「承認を求める闘争」を行わない。つまり女性は「戦士」にはなりえない。また男性は出産できない。そこで戦士であることと母であることとが等価の関係にあるものと見なされる。つまり、「実際には、母たることと兵役との完全な等価性を設定しつつ、それ以外のすべての点で男性と女性とを平等にしようと図られるだろう」(EPD 316/373)。ところで、「普遍等質国家」においては、一切の対外戦争や革命・内戦はなく、したがって男性が「戦士」である必要はない。したがって、もはやこの等価性を設定する必要はなく、男性と女性とは完全に等質的でありうる。その場合、「母たること」は労働の一種として評価されるのかもしれない。さらにコジェーヴは、還元不可能な生物学的差異の例として、男女関係以外に、病人を挙げる。病人は例えば「戦士」であることができない。したがってここでも病人と戦士との間に何らかの等価性を設定する必要があるであろう。ところで、「普遍等質国家」においてはもはや「戦士」は存在しない。したがってこの等価性の設定は必要でなくなる。さらに病人は労働することもできない。ここにも等価性を設定する必要がある。ところで、「普遍等質国家」の下でも人は労働しなければならない。これは奴隷的・義務的な、いわば「強制労働」である。このような意味で労働する者と、労働しえない者との間にいかなる等価性を設定しうるのだろうか。また、「母たること」を、このような「強制労働」と同じ価値のものとみなしてよいのだろうか。

まとめてみよう。「普遍等質国家」の「公民」であるためには、各公民は、等価性を含んだ平等な存在でなければならない。したがって、すべての者が等価的な「強制労働」または「義務的労働」に従事しなければならない。けれども、本来的に強制になじまないいわば「労働」がある。この二つの「労働」は別物である。本来強制とは相容れない「労働」が「等価性の設定」の名の下で強制されるならば、それを批判して、別の、強制となじむような「労働」と取り替える必要がある。「等価性」の名の下で違いの覆い隠されたこの二種類の「労働」を区別すること、そして強制と相容れる二つの労働の間で、そしてその間でのみ等価性が設定されるようにすること、この作業が、「普遍等質国家」の実現のためには必要である。けれども、この二種類の「労働」はいずれも「等価性の正義」に服する。したがって「主人」、「奴隷」、「闘争」、「労働」を基本的カテゴリーとする、「主人と奴隷の弁証法」と結びついた「普遍等質国家」の観点からは、この二種類の「労働」を区別しうる原理はでてこない。区別するためには、「「普遍等質国家」が実現された」と想定してみる必要がある。このときはじめて、「普遍等質国家」における「公民」の身分や行為では捉えられないもの、つまり強制や義務になじまないいわば「労働」を理解することができる。この強制になじまない「労働」をコジェーヴは、「特殊性」と「個人的所有」の観念によって把握しようとしたのだと考えることができる。

「普遍等質国家」の観点に立つ限り、この強制になじむ労働となじまない労働とを区別することはできない。ところが、この二つを完全に区別しない限り、「普遍等質国家」が実現したとはいえない。ところが、「普遍等質国家」の下では、この二種類の「労働」に対応する二種類の「等価性」を区別するすべがない。したがってこの二種類の「労働」の区別は不可能である。つまり、「普遍等質国家」の観点のみに立つ限り、「普遍等質国家」が「到来した」とは決して言うことができない。この意味で、その到来は無限定的に延期される。

けれども、逆にいうと、二種類の「労働」とそれぞれに対応する「等価性」が何かを発見するためには、法的な「普遍等質国家」、あるいは「公平の正義」という観点が必要であった。「普遍等質国家」の概念と「個人的所有」の概念とは、相互補完的な関係にある。「法の哲学者」は、この両面を考慮に入れながら、一方では二種類の「労働」、二種類の「等価性」を区別し、他方では等価性を含んだ平等がまさしくその通りに実現されるように——つまり強制と両立する労働のみの間に等価性が設定されるように——配慮しなければならない。これこそが、『法の現象学』の最後の文章で言われている「綜合」であると私には思われる。

今述べたことを別の観点から説明しよう。政治的な「普遍等質国家」がすでに実現したと考えることによって、「戦士であること」あるいは「兵役」と、「母たること」との間に等価性を設定する必要はなくなる。「戦士であること」が「人間であること」の必須の要件である場合にのみ、「闘争」を行わない女性——さらには「闘争」には不向きな男性——と戦士たる男性とを「同じ」人間であると言うために、このような等価性の設定が必要になるのである。「闘争」がこのような人間発生的な意味を失う限りにおいて、つまりすべての人間が平等な「人間」として承認される限りにおいて、戦士とそれ以外の者とを決定的に区別し、戦士でありえない者の何らかの行為に「闘争」と同じ（つまり等価の）価値を与える必要性はなくなる。

この場合、すべての人間は「労働者」として——つまり強制的労働を行う者として——平等であるように見える。けれども、すでに述べたように、女性は「承認を求める闘争」を行わない。したがって、「主人」でもなければ「奴隷」でもない。女性の「労働」は奴隷の労働とは原理的に異なる。したがって政治的観点からは、女性は「人間」ではありえない。それでは女性はどのようにして人間化されるのだろうか。コジェーヴは次のように説明する。

> 妻は夫の人間化を媒介にして人間化される（夫は家族の外で、そして妻との相互作用とは独立に、すでに人間化されている）。夫は闘争のなかでその動物性を否定しているから、この動物性の性的側面をも否定し、彼が想像する性的タブーに従う（特に闘争との関連で——性的タブーの使命は特に男性の戦士的潜在能力を保存することである）。ところが、妻は夫が押しつけるタブーに従う。だから彼女もまたその動物的性行動を否定し、したがって自分で自分を（女性的側面で、すなわち少なくとも、性的な側面で）人間化することでそれを人間化する。女性のこの人間化は男性（夫）によって媒介される。それはちょうど（労働による）奴隷の人間化が主人（と闘争）によって媒介されるのと同様である。ここから女性と奴隷とのある種の類似が出てくる。しかし闘争しなかったという事実は、闘争を放棄した（死の恐れから）という事実とは別のものである。ここに、女性と奴隷との本質的な違いがある。しかし私はここではこの点を詳論することはできない。(EPD 487-488 note 1/734 注98)

これは直接的には「妻」の人間化に関する説明であるが、その原理は女性一般にも当てはまるであろう。女性は、夫または家長が「主人」または「奴隷」として人間化されることを媒介にして、つまり夫または家長が家族のメンバーに課する「タブー」に従うという仕方で自己の動物性を否定することによって、人間化される。おそらく、これ以外にも女性が人間化される経路、つまり自分の自然・動物性を否定する経路は存在するであろう(9)。確かに、女性における動物性の否定は、男性の人間化を媒介にするのかもしれない（人間化された男性が、「タブー」のような動物性を否定する規範を課することもあれば、女性の何らかの行為が「動物性を否定する」ものとして評価されることもあるだろう）。けれども、少なくとも次のようには言えるだろう——女性が人間化される経路は、男性が人間化される経路（つまり「承認を求める闘争」、及びそれに由来する労働）と完全に無関係ではないにしても、別物である、と。

この女性の人間化に見られるような、「承認を求める闘争」とは別の経路によって人間化されたもののことをまさしくコジェーヴは「特殊性」または「特殊的なもの」と呼んでいると思われる。ところで、コジェーヴによれば、法、および法がその実現であるところの正義の理念は、確かに「承認を求める闘争」から生まれる。けれども、法は「人間的存在」に適用されるのであり、適用される人間が人間化される仕方には関心がない。したがって、まさしく法によって、男性と女性とは、同じ「人間的存在」として平等なものとして捉えられ、公民の法の下での平等の正義と等価性の正義との適用によって、「普遍等質国家」の同じ「公民」となる。けれども法は、男性的な人間化と女性的な人間化とを区別しないがゆえに、例えば「母たること」と「戦士であること」との間に等価性を設定せざるをえなかったり、また奴隷的強制的労働と女性的労働とを同一視することによって、前者についてのみ適用されるべき等価性を後者にも適用することになったのである。

そもそも女性は、奴隷的強制的労働と女性的労働との混同、あるいは平等と両立する等価性とそうでない等価性との混同、あるいは人間発生的な意味をもつ闘争と何らかの女性的な実存の仕方との混同（等価性の設定）に対して絶えず抗議してきたのではないだろうか。そしてこの抗議こそ、女性としての政治的行動、女性的な「承認を求める闘争」と見ることができるのではないだろうか。男性的な「承認を求める闘争」を行わない女性と男性とを平等に扱わねばならない理由はまさしくここにあると思われる。

この女性的な「承認を求める闘争」によって女性は戦士、あるいは戦士にして労働者になるのではない。つまりこの闘争によって女性は自分の「個別性」を承認させるわけではない。この闘争によって女性は自己の「特殊性」を承認させるのである。これに対して、男性的な奴隷的労働者は自己の「個別性」の承認を求める。したがって「普遍等質国家」の「公民」は、自己の「個別性」を承認された者（＝男性）と、自己の「特殊性」を承認された者（＝女性）の二つの種類を含むことになる。「個別性」を承認させるためには、「生命を賭けること」が必要である。けれども「特殊性」を承認させるためには、自分の人間的身体の所有、およびそれに基づく物の所有、つまり「個人的所有」を承認させるのに十分な程度で「生命を賭ける」覚悟があればよい。例えば、正当な理由なしに自分の身体が侵害されたり、自分が作った物が奪われたりした場合に、これらの侵害を無効にするために「生命を賭ける」覚悟があればよい。（これは、近代の政治・法思想史上「自己保存」の自然権と呼ばれたものにほぼ相当すると思われる。）

政治も法も、この二種類の人間的実存の仕方を区別するすべをもたない。この区別、より正確に言うと、男性的な実存の仕方からの女性的な実存の仕方の差異化は、経済社会の、国家からの独立・自立という形で現れるように思われる。コジェーヴが『法の現象学』第70節において、「個人的所有」を基礎とした経済社会と「普遍等質国家」との関係として描き出したのは、まさしくこれではないかと思われる。そしてこの両者の関係は、次の文章に端的に表現されている。

公民であるとは、言葉の十全で強い意味で、人間存在であることにほかならない。そして公民の身分とは人間存在そのものの「身分」である。国家は、この身分が維持されるように監視しなければならないだろう。この身分に対しては、国家は第三者にはなれない。しかし国家は、この身分に含まれないものに対しては第三者になれるだろう。だから国家は私法の第三者になる。そして実際に国家はそれ以外にはなれない。国家は、公民たちの特殊な相互作用が任意の公民の身分と両立できるように、絶えず注意を払わなくてはならない。ところで、これらの相互作用は、それらが現行の法に適合しているならば、公民の身分と両立できる。普遍等質国家の活動は法的活動に帰着するだろう。普遍等質国家は、公民たちの特殊な相互作用（例えば経済的、あるいは家族的）には「利害関心をもた」ないだろう。それは、公民間の相互作用がこの「特殊な」性格を保存するように、すなわち「任意の」公民、さらには国家としての国家に影響しないように、絶えず配慮しなくてはならない。任意の公民たちとその相互作用に関しては、国家はそれには介入する必要はない（政治的に介入する必要はないという意味である。というのはこの場合、国家はもはや没利害的ではなく、第三者でもなくて、当事者であるから）。なぜなら原則的には、これらの相互作用には紛争はないからである。帝国の普遍性と等質性を考えれば、国家は民族紛争（対外戦争）にも、社会的紛争（革命と内乱）にも出会わないだろう。公民が公民の資格で、すなわち共同体の任意のメンバーの資格で、あるいは彼の人間的存在に応じて、行動する限りでは、彼は、同様に行動する他の公民と対立することはないであろう。たしかに、特殊性において捉えられた公民たち、すなわち公民としてではなくて、社会（経済的、その他の）の（特殊な）メンバーとしての公民たちの間には紛争があるだろう。しかしこれらの紛争は、社会の（私）法の上での第三者の資格で行動する国家によって解決されるだろう。だから国家は裁判官以外のものではない。しかしこの裁判官は、その介入が抵抗しがたい性格をもつからこそ、国家なのである。言い換えれば、社会主義（私）法は顕在的に現実存在する。そして帝国の法だけが真に顕在的であるが、その理由は帝国の普遍性だけが帝国による判決を免れる可能性をすべて排除するからである。(EPD 580-581/666-667)（強調は原文）

「個人的所有」を基礎とした経済社会は、普遍等質国家から独立・自立する、と述べたが、これは国家を不要とするという意味ではない。それどころか、経済社会は国家による法という形の介入がなければ存立しえないであろう。これに対して国家は、自らを国家として維持したければ、経済社会を維持し、この維持が自らの公民の公民としての身分に影響を与えないように配慮しながらそこに第三者として介入しなければならない。なぜなら、対外戦争も内乱・革命もない「普遍等質国家」においては、国家はこのような法的第三者としてしか存在意義をもたないからである。

女性は、自らの実存の固有の場である、個人的所有に基づく経済社会の存立に必要な限りで、この「普遍等質国家」の存立を認め、また自らがその等質的な、つまり等価性を含んで平等な「公民」であることを認めるであろう。

5.「グローバリゼーション」に関する一つの解釈

以上のようなコジェーヴ解釈は、現代のいわゆる「グローバリゼーション」の現象とは何であるかを原理的に解明するための手がかりを与えてくれるように私には思われる。

実はコジェーヴと「グローバリゼーション」とには密接な関係がある。まず第一に、コジェーヴは第二次大戦後、フランス政府の高級官吏としてヨーロッパ統合のために努力し、大きな貢献を行っている。ところで、戦後のこのヨーロッパ統合の動きは、まさしく現代の「グローバリゼーション」の先駆であったように思われる。第二に、この「グローバリゼーション」を推進するもう一方の極がアメリカ合衆国であるが、推進派のいわゆる「ネオ・リベラル」あるいは「ネオ・コンサーヴァティヴ」の理論的支柱の一人がフランシス・フクヤマである。そしてフクヤマが彼の理論を形成するために訴えたのがコジェーヴ、とりわけその「歴史の終わり」論である。つまり、現在の「グローバリゼーション」の運動の二つの主要な極が、いずれも、多かれ少なかれコジェーヴ（の思想）によって支えられているのである。これは、コジェーヴの思想が「グローバリゼーション」と本質的な点で関係していることを示す一つの証拠になると思われる。

以下、これまでに展開したようなコジェーヴ解釈を基礎にしながら、「グローバリゼーション」の名の下に何が起こっているのかに関して一つの試論を提出してみたい。

すでに述べたように、私は二つの等価性を区別した。平等と両立する等価性と、平等の正義によって矯正されることを必要としない等価性である。前者の等価性は奴隷的・労働者的・ブルジョワ的な等価性であり、有利と不利、利益と不利益との間の等価性を要求する。これに対して後者の等価性、すなわち特殊性または「個人的所有」に基づく等価性とは、何と何との等価性であろうか。例えば、自分の楽しみのために絵を描いているAの絵をBが買い取ろうとしていると想定しよう。Aの絵に対して対価が支払われるであろうが、この対価と何が等価的でなければならないのだろうか。有利と不利との等価性の考え方によれば、Aがこの絵を描くために行った、絵を描くという「労働」に伴う不利・苦労と、絵の対価とが等価でなければならない。けれども、Aは自分の楽しみのために絵を描いたのであり、何か苦労をしているわけではない。コジェーヴによれば、この「個人的所有」に基づく所有物の価値または価格は、「投下された労働と「交換価値」によって計算される。そして「交換価値」は、需要と供給の法則、さらには希少性(客観的であれ主観的であれ) の法則によって決められる」(EPD 583/670)。これは、経済法則によって決まる価格がそのまま、Aの労働と等価な価格、すなわち「正当な」価格である、と言っているも同然である。ところがコジェーヴは、ブルジョワ的な「等価性の正義」について、経済法則によって決定される価格と「正当価格」とをはっきりと区別している。「例えば価格は、商人や、商業の理論家にとっては、需要と供給の法則によって決定される。これはずっと前から知られていた。いずれにしろ中世には知られていた。このことは、この同じ中世に「正当価格」の理論……がつくり上げられる妨げにはならなかった。したがって、中世の人間がこの理論を展開したのは、商人としてでも経済学者としてでもない。中世の人間は、法律家として、正義の理念 (中世の人間にとっては等価性の原理) を基礎にしてこの理論を展開した。そして中世の人間は、需要と供給によって決定される価格という経済的観念と、「正当価格」という法的観念とを自覚的に対置した」(EPD 200/229)。

例えばXとYとが楽しみのために同じ時間、絵を描いたとする。Xは素晴らしい才能の持ち主であり、その絵は一億円で売れたが、Yの絵は一万円でしか売れなかったとしよう。「個人的所有」に関する等価的正義の観点からは、この結果は「正当」である——この結果が、XやY、あるいはそれ以外の者の公民としての身分に影響しない限りで。もしこの絵を描くという行為が、公民としての公民の身分の一部をなす強制的・義務的な「労働」としてなされたものであれば、例えばXが自分の才能を開花させるためにYよりも何倍も努力したとか、Xの絵がYの絵の何倍も国家や社会に貢献した、というようなことがない限り、この結果は「不当」であるだろう。

つまり、「労働」には、国家の公民としての資格でなされる強制的・義務的なものと、いわば自分の人間的身体の自由な活動としてなされる拘束されないものとの二種類があり、このそれぞれについて、二つの異なる等価性の正義の原理が適用されるのである。ところが、例えば『アナーキー・国家・ユートピア』におけるロバート・ノージックの議論(10)は、この二つの「労働」を区別することなく、後者の労働を規制する原理をもって前者の労働をも規制しようとしているように思われる。

元の問題に立ち戻ろう。身体の「個人的所有」に基づく「労働」の産物とその価格との「等価性」はどこにあるのだろうか。まず、この交換は、「個人的所有」に基づいて形成される、厳密な意味での「経済社会」において行われるということに注意する必要がある。例えばAの絵を一億円で買ったBは、大変な資産家だとしよう。厳密な意味での経済社会において、「個人的所有」に基づいて得られた資産の所有は、それが他のメンバーの資産（同じく「個人的所有」に基づいて得られた）と不平等なものであったとしても、認められる。ただしそれは、彼の、あるいは他のメンバーの、公民としての公民の身分に反するものであってはならない。Aの人間的身体に付属するものとして捉えられた彼の絵は、それを購入したBの人間的身体に直接に結び付けられねばならない。Bの購入目的は、例えば鑑賞のためでなければならない。したがって、Bがそれを投機目的に購入することは許されない。投機目的の購入価格は、「正当価格」ではないであろう。つまりこの場合、この取引は「等価性の正義」（「個人的所有」に適用されるものとしての）に反するであろう。今度は、このBが、何人かのメンバーからなる「法人」であるとしよう。この場合にも同じことが言える。例えば、投機目的ではなく、鑑賞目的の購入でないと、その価格は「正当」とはいえない。この場合、Bとは、Aの絵を鑑賞目的で購入するために資金を出し合って設立された法人である、ということになるだろう。コジェーヴによれば、このような「正当な」取引を国家が仲介してもかまわない（cf. EPD 578-579, 583/664-665, 669）。

単純化して言うと、「個人的所有」（人間的身体、それに付属するもの、それの産物）は、資本化してはならない。そして、資本化が禁止された状況の下での取引（物々交換の性格をもった取引（cf. EPD 583/669））は、いわば必然的に「等価的」である、あるいは等価的であるがゆえに取引が行われる、ということになるのではないだろうか。

問題は、広い意味での「経済社会」は、このような資本化を認めない厳密な意味での、つまり「個人的所有」に基づいて形成される「経済社会」と、資本化や「私的所有」を認めるブルジョワ的「経済社会」とを共に含んでいる、ということである。そしてここに「国家」が関係してくる。

ここで、この「国家」について考えてみよう。まず、「国家」に関するこれまでの議論を要約しよう。コジェーヴによれば、現実に存在するすべての国家は、そのメンバーとして、「主人性」と「奴隷性」との多かれ少なかれ不完全な「綜合」である「公民」をもつ。そして、主人の正義の理念である「平等の正義」（およびそれを実現する「貴族法」）と、奴隷の正義の理念である「等価性の正義」（およびそれを実現する「ブルジョワ法」）との多かれ少なかれ不完全な「綜合」（一定の割合での合成）である「公平の正義」（およびそれを実現する「公民の法」）によって規制される。したがってそれらはすべて、多かれ少なかれ、このような意味での「公民」をメンバーとし、「公平の正義」によって規制される不完全な「普遍等質国家」である。ところで、コジェーヴによれば、「国家」とは「友」の集団であり、その外部に政治的「敵」をもち、この「敵」と戦争すること、あるいはこのような戦争に備えることが「国家」の本質をなす。けれども、少なくとも現代においては、「友」＝「人間存在」、「敵」＝「動物」という図式は成り立たない。すなわち、「戦争」はコジェーヴのいうような「人間発生的」意味を失っており、すべての人間存在が「人間存在」として承認されている。これが、コジェーヴが『ヘーゲル読解入門』で述べた「歴史の終わり」の到来の意味であると私には思われる。ただしこれは、「政治の終わり」の意味での「歴史の終わり」の到来、ということである。またこれは、すべての人間存在が「人間存在」として承認され、また「人間存在」として等質的であるという意味において、「普遍等質国家」の実現でもある。ただし、唯一の「普遍等質国家」が現実に存在するわけではないから、それは潜在的に現実存在するにすぎない。けれども、「人間存在」として「等質的」、つまり「平等」とはいっても、それは形式的に「平等」でしかなく、実際の個々の人間存在の実存条件は異なっている。まさしくここで、それまでは政治に隠れていた「法」と「正義」が前面にでてくる。個々の人間存在＝「公民」を実質的に「平等」、つまり「平等」でありかつ「等価」にするために、この意味で「等質的」にするために、「公平の正義」と「公民の法」が介入する。すべての人間にこの意味での「等質性」が認められた法的な「普遍等質国家」の理念は現実に存在する。けれどもこの「国家」自身が現実に存在するわけではないし、それどころかそれは不可能である。なぜなら、人間の「特殊性」がそれを妨げるからである。したがって法的な「普遍等質国家」の到来の意味での「歴史の終わり」は到来しない。

　ところで、現実に存在するもろもろの国家はすべて、すべての人間存在を「人間存在」として承認しており、またコジェーヴのいうような「公平の正義」と「公民の法」をもつ。この意味でそれらは、政治的・法的な「普遍等質国家」の性格をもつ。コジェーヴによれば、このような国家は「法的連邦」を形成すれば十分である。ところが、すでに述べたように、人間の「特殊性」がその実現を妨げる。また、このような政治的・法的な「普遍等質国家」は、男性的な自然の否定の仕方、つまり男性的実存に基づき、その帰結として生じるものである。したがって女性的な「自然の否定」の仕方、いわば女性的実存もまた、その実現を妨げるであろう。そしてすでに述べたように、女性的実存とは「特殊的」な自然の否定の仕方であり、人間の「特殊性」である。

ところで、すでに述べたように、現実に存在するもろもろの国家の法、つまり国民国家の法体系は、平等の正義と等価性の正義との異なる割合をもつがゆえに、互いに異なる。何がそれらを異ならせるのか。「主人であること」と「奴隷であること」、つまり「普遍」と「個別」、つまり男性的な「自然の否定」の仕方は、おそらく誰においても同一であるだろう。「主人性」、つまり「闘争」による自然・動物性の否定は、包括的否定であるから、誰においても同一である。「奴隷性」、つまり「労働」による自然・動物性の否定は、なるほど労働によって否定＝変形される自然は各人において異なる、という意味においては、各人を異ならせる（つまり「個別化する」）。けれども、自分の動物的欲望の充足を宙吊りにし、それによって自分の動物性を否定する、という点では各人に共通である。そうなると、「特殊性」にかかわる部分において、さまざまな自然・動物性の否定の仕方があると考えるほかはない。例えば、おそらく宗教は固有に人間的なものであろうから、自然・動物性の一つの否定の仕方であろう。けれども、例えばキリスト教やイスラム教や仏教による否定の仕方はそれぞれ異なるであろう。家族的タブー、道徳、芸術、美学、等々についても、宗教と同じことがいえるであろう。こうした「特殊的なもの」を共有することが「国民」または「民族」の本質であるとすると、国民国家の法体系を相互に異ならせるのは、このような共有された「特殊的なもの」であると考えてよいように思われる。法は、このような「特殊性」に含まれている否定のなかから、「主人性」と同じ（つまり等価的な）否定の仕方と評価できるような否定、「奴隷性」と同じ（つまり等価的な）否定の仕方と評価できるような否定を選び出し、前者に平等の正義を、後者に等価性の正義を適用するものと思われる。

「主人性」と「奴隷性」における自然・動物性の否定の仕方を男性的実存と名づけたが、「特殊性」における否定の仕方一般をとりあえず「女性的実存」と呼んでおこう。前者は政治にかかわる。そして、法が前者と後者とをつなぐ。女性的実存のなかで、「主人性」と同等に評価できないものをそう評価している場合、あるいは同等に評価すべきなのにそう評価していない場合、あるいは「奴隷性」と同等に評価できないのにそう評価している場合、あるいは同等に評価すべきなのにそう評価していない場合には、評価の仕方をめぐって、この二つの実存の間に闘争が生じる。評価するのは法であるから、法がこの闘争の舞台となる。そして、法を作成・適用・執行するのは国家であるから、法的闘争に加えて政治的闘争が生じる（ただし、もちろん、人間発生的な意味をもった厳密な意味での「政治的闘争」ではない）。

さらに、「主人性」と「奴隷性」は人間（正確には男性）すべてに共通する普遍的なものであるから、それぞれ自己を普遍化させようとする。この普遍化の舞台も法である。平等の正義と等価性の正義とが完全な均衡状態には達していないのであるから、「主人性」と「奴隷性」とが完全な「綜合」に達しているわけではない。したがって、「主人性」と「奴隷性」とが、「綜合」をめざしながら、それぞれ自己を普遍化させようと独自の運動を行うであろう。特に、政治的には、つまり理念的にはすべての人間存在が等質的であるのだから、ますますそうであろう。法的な統合という形で、「主人性」は全世界の政治的統合、「奴隷性」は全世界的な経済社会の形成をめざすであろう。この二つの普遍化は、「特殊性」、女性的実存の側からの抗議を受ける。

ところで、特殊性にはさまざまな形態のものがある。宗教的な特殊性をとってみても、キリスト教的なもの、イスラム教的なもの、仏教的なもの、等々、に区別される。このそれぞれが、「超＝国家的」な社会を形成する。これらの特殊性は相互に対立しうる。もし必要があれば、これらの社会は自らを国家へと組織しようとするであろう。ところで、キリスト教とブルジョワ的経済社会との間には密接な関係がある。コジェーヴは次のように言う。「ヘーゲルによれば、奴隷は、ブルジョワになる前にキリスト教を経る。キリスト教は、奴隷を主人と平等にする。ただしキリスト教は、彼らを隷属において平等にするにすぎない。〔中略〕奴隷は、自らをキリスト教徒化することで主人（公民）になるわけではないし、解放されるわけでもない。しかし、主人は主人でなくなる。ところで、ブルジョワとはまさしく主人なき奴隷、または——同じことだが——奴隷なき主人である。このため、擬制的主人——神や資本——が探し求められる」（強調は原文）（EPD 296 note 1/708 注23)。つまりブルジョワとは旧キリスト教徒であり、神の代わりに、神と同じ「擬制的主人」である「資本」を定立する、ということである。「資本」の存在を認めるブルジョワ経済社会は、キリスト教的特殊性をその本質としているということができるだろう。ところが、経済社会そのものは、広い意味のものであれ、必ずしもキリスト教的特殊性をその本質としなければならないわけではない。（ところで、コジェーヴ自身もまた、「奴隷」＝「個別性」によって形成される経済社会を「ブルジョワ的」と形容する。これは、コジェーヴ自身の理論がキリスト教的なバイアスをもっていることの一つの証拠となるかもしれない。けれども、私としては、コジェーヴは「経済社会」と「ブルジョワ的」＝旧キリスト教的なものとを切り離していると考えたい。この問題については後述する。）したがって、経済社会を舞台にして、宗教的な争いが展開される可能性がある。そして争いがある以上、それぞれの宗教的特殊性は自らを国家へと組織するであろう。ところで、現在「グローバル化」している「経済社会」とは、「ブルジョワ的」、したがってキリスト教的なものであるように思われる。これに対して、例えば別の宗教的特殊性が対抗し、そのために自らを国家化する。現在の世界における対立の根本的な原因をなすのは、この「特殊性」の間の対立であり、それぞれの「特殊性」（およびそれに基づく社会）に主導された「経済社会プラス国家」が対立しているのではないだろうか。

ところで、「個人的所有」に基づいて形成される厳密な意味での「経済社会」においては、この社会に対して「公平無私の第三者」の役割を果たす「普遍等質国家」の法によって、所有の「資本」化は禁止される。そもそも「普遍等質国家」とは、経済社会を形成する奴隷性と密接に結びついた宗教性、とりわけキリスト教性を否定しようとするという面をもつ。そして、普遍等質国家と厳密な意味での経済社会とは相互に前提にし合い、支え合う。

普遍等質国家を支え、その実質をなすのは、「個人的所有」であり、それに基づく厳密な意味での経済社会である。

今、特殊的な社会Ｘに属するＡと、特殊的な社会Ｙに属するＢとが対立しているとする。この争いが解決されるためには、(1)ＡとＢとが互いに共通の社会Ｚに属しており、彼らにとってこのＺがＸやＹに優先するのでなければならない。(2)公平無私の第三者が、このＺが採用する正義の理念を適用して争いを解決するために、介入しなければならない。厳密な意味での経済社会、つまりコジェーヴのいう「個人的所有」を基礎にして形成される経済社会こそ、この共通の社会Ｚの役割を果たすものであると考えられる。この経済社会の存在は、「普遍等質国家」の存在と表裏一体をなす。ところが、「普遍等質国家」は未だに実現していないし、原理的に考えても、これまでの検討からわかるように、女性的実存による異議申し立てによってその実現は無限定的に延期される。したがって、「普遍等質国家」と表裏一体をなす厳密な意味での経済社会の実現もまた、無限定的に延期されるであろう。けれども、問題なのは、このような経済社会を現実に存在させることではないと考える。

すでに述べたように、コジェーヴは奴隷性を本質とする経済社会を「ブルジョワ的」と形容する。「ブルジョワ的」とは「旧キリスト教的」ということであるから、コジェーヴの「主人と奴隷の弁証法」はすでにキリスト教を問題にしているといえる。「主人性」とは、異教、つまり古代ギリシアをモデルにしているように思われるから、「主人と奴隷の弁証法」とは、異教とキリスト教との「綜合」、異教によるキリスト教の乗り越え、という意味を含んでいる。けれども、「個別性」と「特殊性」との区別により、これとは別の形のキリスト教の乗り越えをコジェーヴは示唆しているように思われる。すなわち、キリスト教とは一つの特殊性であり、これと奴隷性、つまり「個別性」とは区別されねばならない。このキリスト教的特殊性が「個別性」を占領し、それと混同されることが問題である。そこで、「個別性」＝ブルジョワ性＝キリスト教性とは対照的な形で「特殊性」を描き出し、「個別性」

(＝キリスト教性）と主人性（＝異教性）との綜合と、「特殊性」との「綜合」としてキリスト教の乗り越えを構想したのである。したがって、「特殊性」、つまり「個人的所有」に基づく経済社会とは、ブルジョワ性＝（旧）キリスト教性、およびそれに基づく経済社会に対するアンチテーゼそのものであり、キリスト教（およびそれを引き継いだブルジョワジー）に対する原理的批判にほかならないのである。さらに言えば、「普遍等質国家」およびそれと表裏一体をなす厳密な意味での経済社会とは、「資本」の現実存在を認めるキリスト教的＝ブルジョワ的なものに対するアンチテーゼにつけられた名前にほかならないと思われる。これは、コジェーヴが「普遍等質国家」を「社会主義帝国」と呼んでいるところからも示唆される。（ただしコジェーヴは、この社会主義帝国もまた、「個人的所有」およびそれに基づく「経済社会」を認めなければならない、と指摘することにより、これらをブルジョワ的「私的所有権」および「ブルジョワ的経済社会」と混同することにより廃棄してしまおうとする現実の社会主義体制に対する批判も忘れない（cf. EPD 575-578/660-663)。)

したがって、主人性と奴隷性との綜合という図式は、二面からの批判を受ける。まず、この綜合の男性的性格に対して、女性的実存が抗議する。第二に、奴隷性とキリスト教性との混同に対して、「特殊性」＝「個人的所有」＝人間的身体が抗議する。女性的実存の抗議は、とりわけ二つの等価性の混同に対する抗議である。この抗議によって女性は、男性的「戦士」と同じものとして承認されるだろう。これによって、女性にも政治的参加を認めるために、例えば「戦士であること」と「母であること」とを同一視するというフィクションにも異議が申し立てられる。

前のところで私は、特殊性、つまり動物性の男性的でない否定の仕方、を「女性的実存」と呼んだ。これを広い意味での女性的実存と呼び、今述べた男性的な綜合に対して抗議するものとしての女性的実存を狭い意味での女性的実存と呼んで、両者を区別する方がよいであろう(11)。

これらの抗議はいずれも、「個別性」、およびそれに基づく広い意味での経済社会を場として、かつ「等価性の正義」の意味をめぐって行われるであろう。

このような抗議、つまりキリスト教的・ブルジョワ的なものと反キリスト教的・反ブルジョワ的なものとの争いは、この争いに対して公平無私の第三者を介入させることによってのみ解決されるであろう。なぜなら、このような第三者は、キリスト教的、反キリスト教的といった「特殊的」要素を捨象するからである。このような第三者は、政治的なものはもちろんのこと、一切の「特殊性」、つまり宗教的なもの、道徳的なもの、美的なもの、等々からも切り離された純粋に法的なものでなければならない。これはつまり、法的なものの独自性、つまり政治的なもの、宗教的なもの、道徳的なもの、美的なもの、等々からの法的なものの独立性と自律性を明らかにすることである。これは、一種のイデオロギー批判の作業といってよい。

6．コジェーヴの「法哲学」
——ヴィレーとコジェーヴ

ここに、法的なものと政治的なもの、宗教的なもの、等々との混同を批判し、法的なものをこれら非＝法的なものから区別すること、つまり法的な観点からのイデオロギー批判が重要な意味をもってくる。ところで、このような法的なイデオロギー批判を現代において行ったのがミシェル・ヴィレーである。彼は、純粋に法的なものを求めて古代ギリシア・ローマ的な法の観念を発見した。なかでも彼が重要視したのは、アリストテレス、および彼を継承する限りでのトマス・アクィナスの法および正義の観念である(12)。そして、このようないわば純粋な法の観念のなかには、「人間の権利」の観念は含まれないとして、この「人間の権利」の観念から出発して演繹的に法の体系を構成してみせる近代の法・政治哲学を批判する。彼によれば、このような「人間の権利」、およびその前提をなす「人間」の観念は、法学者ではない「哲学者」による抽象の産物、つまり「イデオロギー」、あるいは政治的なものであり、法とは何の関係もない。したがって彼の「人間の権利」批判は、法的なものを擁護して政治的なものを批判するという、それ自体政治的な意味をもっている(13)。

ところでヴィレーは、コジェーヴの『法の現象学』の意義を見抜いた数少ない法学者の一人である。彼は代表作の一つ『法と人間の諸権利』のなかで、『法の現象学』においてコジェーヴが提出した法の概念を評価し、彼自身の法の概念の正しさを証明するものと考えている（cf. DDH 46）。彼は、自分が法思想史的に行った仕事をコジェーヴは「現象学的」に行っていると考えているようである。さらに、ヴィレーの問題意識は常にキリスト教（特にカトリック）にあったこと、スコラ哲学者であるアクィナスをアリストテレス的に、つまり異教的に読むという点からもわかるように、キリスト教に対してアンビバレントな立場に立つ（むしろキリスト教と異教とのいわば「綜合」を図る？）こと、においても両者は共通している。

私見では、法学者たちに無視し続けられているコジェーヴの「法哲学」は、ヴィレーの法哲学と照らし合わされることによってその法学的な意味を取り出し、展開することが可能になるし、また近代の法・政治思想や近代そのものに対するあまりに激しい批判によって反時代的（ときには時代錯誤的）な法哲学者として知られるヴィレーの法思想が現代においてもつ意義を、コジェーヴの法思想と照らし合わせることによって明らかにすることができると考える。コジェーヴの「法哲学」もヴィレーの近代批判も、このまま埋もれさせることのできない貴重で重要な意味をまさしく現代においてもつように私には思われる。

両者の思想の突合せによって見えてくる重要な問題を一つここで指摘しておきたい。それは「人間の権利」の観念の根本にかかわると思われる。

ヴィレーによれば、「人間の権利」の観念は、17世紀の哲学者たちが、中世のキリスト教神学の影響を受けながら、そこから逸脱したある種の「神学」を基に作り上げたものである。それは、神の地位に「人類（l'Homme）」

を置く。以前は神に与えられた崇拝を人類に移し変える。まさしくそれは「神なき人類の宗教」である（cf. DDH 132）。そして、このような神＝人間の権利からの演繹的な体系として法を捉える。これは、法と宗教的なものとの混同にほかならない。さらにこの「神学」は、哲学的思弁よりも慈悲的行為、例えば祈りや慈善事業を重要視するフランシスコ派の影響を受けている。したがって、無益な思弁よりも、有益なこと、実践を重んじる。例えば、何ものかに、あるいは全体にとって有益な理論を立てようとする。（ヴィレーはこれに対して、トマス・アクィナスの哲学を対置する。彼によれば、アクィナスは、演繹ではなく、現実的なものから帰納するという方法をとる。この帰納にあたっては、問題から出発し、対立する観点を突き合わせるという古代ギリシアの弁証法的方法を導入する。さらに、実践ではなく、「純粋な真理探究の精神」を重んじ、「無私的態度」をとる（cf. DDH 132-135）。ヴィレーはこのようなアクィナスの態度や方法を、法学者が取るべき態度、方法と考える。）このような神学を基にした17世紀の哲学者たちは、何らかの実践的目的、例えば階級的利益を正当化するために理論を立てたのであり、その理論定立にあたって「人間の権利」の観念に訴えたのである。したがって、このような「人間の権利」およびそれから演繹的に導かれた法理論を「法」の名の下に課することは、例えばその階級に属さない人々にとっては、単なる力による強制以外のものではないであろう（cf. DDH 153-154）。けれどもヴィレーによれば、法とは、本来はこのようなものではない。彼によれば、法とは、「複数の人間の間の関係」である。この関係は、アクィナス的な「無私的態度」をとる法的な第三者によって発見される。第三者が正当な関係を発見し、それに基づいて紛争を裁くとき、はじめて「権利」が生じる。「人間（あるいは人類）」という用語を用いることによって、複数の項を含む関係という意味が消えてしまう（cf. DDH 154）。

おそらく、このようなヴィレーの主張にコジェーヴは同意するであろう。けれども、次のように付け加えるであろう。もしこの二人の当事者が同じ「人間」として「承認」されていなければ、両者の間には法は適用されないであろう、と。ところで、「人間」としての「承認」の問題、さらに「人間」

の概念の問題は、コジェーヴにとっては政治の問題である。コジェーヴにとっても、法と政治とは相互に独立的な現象である。けれども、例えば今述べたように、法を適用する前提の問題として、政治は法と不可分にかかわっている。なるほど「人間の権利」の問題は、法とは区別された政治的な問題であるかもしれない。けれども、法とは全く無関係なのではなく、このように法の適用の前提の問題として法にかかわると考えることもできる。コジェーヴは「人間の権利」という言葉を用いないけれども、このように考えることはコジェーヴの立場とおそらく矛盾しないはずである。

例えば、「戦士であること」と「母であること」とを同一視し（つまり等価なものとみなし）、これに基づいて女性を「人間」とみなし、政治的権利を認めるという国家を考えてみよう。「戦士であること」、つまり「兵役」は男性の義務であろうから、「母であること」も女性の義務となる。したがって、「母であること」に反する行為は、処罰の対象になるであろう。けれども、もしこのような処罰、したがってこの同一視に女性が異議を申し立てるとすると、それは「人間の権利」の名の下になされるであろう。この同一視が正当であるかどうかは、いくら対立する観点を付き合わせてみても解決されないであろう。なぜなら、男性と女性とが共に位置づけられる地平が、「人間」の概念の定義の探求というかたちで問われているからである。「人間」の概念に解釈を与える必要がある。もっともこの問題は、ヴィレーにとっては（そしてコジェーヴにとっても）法的な問題ではない。けれども、これは法や正義の観念が適用される「人間」の定義をめぐる問題であり、決して法と無関係とはいえない。ヴィレーが考えるような法や法学的方法は、この問題が解決された後ではじめて有効に機能するであろう。「人間の権利」の観念は、新しい解釈を与えるよう要求すると同時に、おそらくこの解釈の指針を与えもすると思われる。

つまり、ヴィレー的な意味でもコジェーヴ的な意味でも、法的な第三者の介入によって争いが解決されるためには、対立する二人の当事者は、同じ「人間」として同じ次元・地平に位置づけられていなければならない。そのためには「人間」の概念に解釈を与える必要がある。この解釈の更新を要求すると同時に新しい解釈の指針を与えるものとして、「人間の権利」の観念は機能する。コジェーヴならこの問題を次のように定式化するであろう。すなわち、政治の終わりによって、すべての人間存在が「人間存在」として承認された。この意味では「普遍等質国家」の理念はすでに現実に存在している。今度はこの理念を法が受け継ぎ、実現する。その場合、当然、この「人間存在」とは何かが問題となる。法の適用にあたっては、それに解釈が与えられねばならない。

最後に
――まとめと、一つの「法哲学」の提示

1．何が論じられたのか

本書がめざしたのは、「始源＝目的論」の批判と、それに取って代わる思考様式の探求である。そのために、ジャック・デリダ、レオ・シュトラウス、アレクサンドル・コジェーヴという、いずれも20世紀を代表する（政治）哲学者の議論と、彼らの間で行われた批判や論争を取り上げ、検討を加えた。

この始源＝目的論という用語は、ジャック・デリダのものである。デリダは、古代ギリシアの時代以来、永らく西洋の思考様式を規定してきた「形而上学」――これは、存在論的な形而上学であったり、神学的な形而上学であったりしうる――の構造を「始源＝目的論」と捉え、その根本からの批判、つまり「脱構築」をなそうとする。なぜ、形而上学は批判されねばならないのか。それは、デリダからすれば、形而上学が、その自己完結的な構造によって、ナチズムがその頂点であるような他者または異者の暴力的な排除を必然的に生じさせてしまうからだと思われる。

ヘーゲル哲学を、始源＝目的論的な仕方で解釈し、冷戦の終結と、リベラル・デモクラシーの陣営の勝利とを「歴史の終わり」＝歴史の完成と捉えたのが、フランシス・フクヤマである。この解釈によれば、その後に起こる出

来事は、この歴史の終わりを完成するだけの意味しかもたないことになる。フクヤマは、ヘーゲルそのものを解釈するというよりも、アレクサンドル・コジェーヴのヘーゲル解釈を忠実に継承するというやり方で論を進めている。けれども、このようなヘーゲル＝コジェーヴ解釈によっては、現在起こっている出来事の意味を把握することができないとデリダは主張する（参照、『マルクスの亡霊たち』）。これはまさに、始源＝目的論の閉鎖性が孕む問題性の重要な側面の見事な指摘である。

今述べたような、デリダによる西洋形而上学の脱構築は一躍有名になり、その後一つの大きな「問題系」を形成するに至った。しかし、デリダ以前に、始源＝目的論的な思考様式に根本的な批判を加えていた哲学者がいる。それがレオ・シュトラウスである。

シュトラウスの政治哲学は、「歴史主義」に対する激しい批判で知られている。この「歴史主義」とは、私見によれば、まさしく始源＝目的論的な思考様式のことにほかならない。これについては、第二章でも論じているが、ここではそれに対する補足をしておきたい。

取り上げる論文は、シュトラウスの短いが重要な論文「厳密な学としての哲学と政治哲学」である(1)。そこで彼が検討するのは、ハイデガーの「歴史主義」である。シュトラウスによれば、ハイデガーの歴史主義とは、「人間的生活や人間的思想は根本的に歴史的である一方で、歴史（History）は合理的な過程ではない」という前提をとる(2)。そして、このあらゆる思想が歴史的であるという洞察——シュトラウスはこれを「歴史主義的洞察」と呼ぶ——は、絶対的・最終的な洞察であると考えられている。そして、この歴史主義的洞察は、「絶対的洞察として、歴史における絶対的契機に属するのでなければならない」(3)。

このような考え方を提出したのはヘーゲルである。ヘーゲルは、この絶対的契機においては人類の政治的問題が決定的に解決されていると考える。つまりそれは、歴史の絶対的な頂点であり、それは歴史の終わりであるから、人類の最終的な堕落の始まりでもある。マルクスはこの結論に反対し、この歴史の終わりの後に、共産主義という人類の真に人間的な生活、真の歴史が始まる――到来すべくすでに決まっている――と主張する。つまり、共産主義以前は、「歴史以前」であることになる。シュトラウスによれば、ニーチェは、このマルクスの思想の基本的な構造を引き継ぎながらも、共産主義社会における人間を「最後の人間（末人）」と呼んで批判し、それを克服しようとする。この「最後の人間」に取って代わるのは、「超人、つまり偉大さと高貴さにおいて以前のすべての人間のタイプを凌駕し、克服するタイプの人間」である[4]。

マルクスとニーチェの思想は、最大の危機の契機が最大の希望の契機でもあると考える点で共通する。そして、シュトラウスによれば、ハイデガーの歴史の哲学もまた、この考え方を共有する。「最後の洞察が到来している契機は、終末論的な展望を開く」[5]。つまり、人間が決定的に歴史的な存在である、つまり人間の歴史は無意味・無価値であるという決定的な洞察は、人間に、人間は最後の段階、最も堕落した段階に達していることを認識させ、このニヒリズム的状況を克服するすべを考えるべく促すのである。危機と救済とは結びついているのである。ハイデガー（ニーチェも同じであるが）によれば、このニヒリズムの決定的要因は、プラトンにある。ハイデガーは、プラトン以来、天上の世界に関心を向けてきた哲学が、今度は人間の根ざしている大地に関心を戻し、人間を大地、つまり生活する世界に根ざして生きる（Bodenständigkeit）ようにさせることへと向かわねばならないと考えた。シュトラウスによれば、ハイデガーの解決策は次の通りである――「西洋の最も思慮深い思想家たちと、東洋、とりわけ東アジアの最も思慮深い思想家たちとの対話が、神々へのある種の回帰によって準備され、この回帰を伴い、またはこの回帰がその後に続く極致（consummation）へと導くかもしれない」[6]。この神々への回帰は、人間が本来的に生きる大地、つまりこの世への回帰であり、かつ、おそらく原初の存在への回帰をも意味するであろう。

ここに、シュトラウスが「歴史主義」と呼ぶものの典型的な構造を見て取ることができる。この構造は、まさしく「始源＝目的論」にほかならない。

ところで、シュトラウスは、アレクサンドル・コジェーヴが行った有名なヘーゲル講義に出席し、そこから決定的な影響を受けた。その影響は、シュトラウスの『ホッブズの政治学』におけるホッブズ解釈にはっきりと見て取ることができる。けれどもシュトラウスにとって、コジェーヴによるヘーゲル解釈は、彼が一生を捧げて批判する対象であった。その一方で、シュトラウスとコジェーヴは、互いに尊敬し合い、生涯にわたって書簡をやり取りし、論争を行った。シュトラウスにとってコジェーヴ哲学は、近代哲学を最も見事に体現したものであり、それゆえに尊敬の対象であると同時に、古典古代の哲学を支持するシュトラウスの立場からは、最大の批判の対象でもあったのである。この両者の論争については、本論で詳しく検討されているが、ここでもう一度指摘しておきたいのは、シュトラウスはコジェーヴの哲学が「歴史主義」、つまり「始源＝目的論」に属するものとは考えていなかった、ということである。したがってシュトラウスによるコジェーヴ批判は、歴史主義批判とは異なる文脈で行われていたということになる。私見では、シュトラウスは、コジェーヴの思想が始源＝目的論的になる傾向を指摘し、激しい批判を加えると同時に、その傾向から免れたコジェーヴの思想からは多くを学んでいたと思われる。

さて、今度はコジェーヴである。戦後のとりわけフランス哲学に決定的な影響を与えたこの人物が、生涯を通じて真剣に議論したおそらく唯一の人物が、シュトラウスである。本論でも述べたように、おそらくコジェーヴは、シュトラウスによる批判によって、「歴史の終わり」における人間性の完成という考え方に含まれる問題性を自覚したと思われる。つまり、歴史の終わりにおいて人間性が完成し、その後に一切人間にとって重要な出来事が起こらないとすると、一切の否定的な行為ももはや生じないことになる。ところで、コジェーヴの考えるように、人間が、所与の否定をその人間性の本質的要素とするのだとすると、人間性の完成とは人間性の消滅を意味する。つまり、「歴史の終わり」においては、人間はもはや人間でなくなることになる。おそらくはこのようなシュトラウスによる批判を受けてコジェーヴは、「歴史の終わり」における人間のあり方の問題を考えるようになったのだと思われる。まさしくこの問題は、現代社会の抱える根本的な問題の本質を捉えるものであるように思われる。

ところで、ジャック・デリダもまた、コジェーヴ哲学の本領は、この「歴史の終わり」における人間のあり方の問題を考えたところにある、と見る。ところが、フクヤマ流のコジェーヴ解釈――これは、通常の、一般的なコジェーヴ解釈の典型であると思われる――を採れば、この問題は消えてしまう。そこでデリダは、フクヤマ流のコジェーヴ解釈を批判することによって、このポスト歴史における人間性の問題をコジェーヴから浮かび上がらせ、この問題に取り組んだ思想家としてコジェーヴを復権させたいと考えたのだと思われる。これはつまり、デリダもまた、コジェーヴ哲学は始源＝目的論的な構造をもっていない（少なくとも、そのような構造のものとしてコジェーヴを解釈すべきでない）と考えていたことを意味する。デリダは、コジェーヴが提起した（と彼が考える）、「歴史の終わり」における人間性の問題を深刻に受け止め、それを受けて、「メシアニズムなきメシア的なもの」という概念を立てるのである。

以上のことから、次のように言うことができる。ジャック・デリダとレオ・シュトラウスは、アレクサンドル・コジェーヴの哲学の解釈を問題にするという仕方で（もちろん、それがすべてではないが）、始源＝目的論的思考様式の批判を行った。その結果、シュトラウスは、始源＝目的論を、彼のいう「古典的政治哲学」以外の思考のあり方、とりわけ近代的な思考の構造と捉え、それとは異なる思考のあり方を求めて古代ギリシアの哲学に回帰する道を選んだ。けれどもこの回帰によってコジェーヴ哲学が切り捨てられたわけではない。シュトラウスは、依然として、コジェーヴとの対話を続ける。その場合のコジェーヴとは、始源＝目的論的でない仕方で解釈されたコジェーヴ、さらに言えば、近代的政治哲学を、始源＝目的論的な「綜合」とは異なる「綜合」によって乗り越えることで、現代社会が抱える問題を克服しようとしたコジェーヴである。そして、この始源＝目的論的でない「綜合」が問題とされる場は、「歴史の終わり」における人間的世界、ポスト歴史の世界であると考えられる。また、デリダは、コジェーヴから、「歴史の終わり」における人間のあり方という問題を引き出し、それを基に、形而上学的な閉鎖的な思考様式からの脱出の仕方を構想したのである。

「始源＝目的論」の孕む問題性、およびその批判から現れる、「歴史の終わり」における人間のあり方という問題系、そして、これらをめぐるデリダとコジェーヴ、シュトラウスとコジェーヴとの論争（仮想のものであれ、現実のものであれ）、これらを経ながら、本書は、これらの議論が、現代社会の抱える最大の問題ともいえるグローバリゼーションの原理的なレベルでの解明にとって決定的に重要であることを示そうと試みた。なぜならグローバリゼーションとは、彼らが根底から問い直そうとした近代性の行き着く先であるように思われるからである。

思想の意味、哲学することの意味が見失われつつある。けれども、グローバリゼーションという、それに対処するすべも見いだせないような動向を始めとする現代の諸問題に対する有効な処方箋を描こうとするならば、現代性の本質を示す思想、とりわけ近代性を典型的に表現する思想を思想的に問題にし、原理的な問いかけを行うことが不可欠であると思われる。本書がめざしたのは、そのための問題をまず設定することである。

そして最後に、デリダ、コジェーヴ、シュトラウスの思想や彼らの間で行われた論争を検討した結果、一つの「法哲学」が――ミシェル・ヴィレーの法哲学の検討という形で――提示された。この「法哲学」こそ、デリダがコジェーヴの日本論の解釈を通じて問題提起した、ポスト歴史において人間が人間として生きるためにはどうすればよいかという問いに対する本書の回答である。それは、現実に存在する秩序を形成するさまざまな境界を、哲学的に正当化し直すということであり、この正当化のための理念として「人間の権利」の観念を捉えることができるのではないかと考えた。

2．哲学と法哲学

ところで、このような「法哲学」と相通じる政治哲学の構想を、すでにシュトラウスが提示していたことを最後に指摘しておきたい。すでに参照・引用している論文「厳密な学としての哲学と政治哲学」においてシュトラウスは、「厳密な学（rigorous science）」としてのフッサール現象学についてのハイデガーの解釈が誤りであると指摘する。「厳密な学としての哲学」は、歴史主義の影響の下で単なる「世界観の哲学（Weltanschauungsphilosophie）」へと転換しようとしているある種の思考様式によって脅かされたという。これに対してフッサールのいう「世界観（Weltanschauung）」とは、「ある高い次元の生活＝経験」である。それは、「世界経験だけではなく、宗教的、美的、倫理的、政治的、実践＝技術的、等々の経験をも含む。ある高い水準においてこのような経験をもつ人は、賢者と呼ばれ、また一つの世界観（Weltanschauung）をもつと言われる」。フッサールは「世界観」を「知恵（wisdom）」と同一視する。したがって、「世界観の哲学」は、知恵を概念化しようとするとき、つまりそれを論理的に練り上げて学（科学）の形式にまでもたらそうとするときに現れる。そしてこのような哲学は、「通常は、専門的諸科学のさまざまな成果を素材として使おうとする試みと手を携えて進む」。われわれのもつこのような意味での「生活＝経験」を、概念化しようとすることで、再検討すること、正当化し直すこと、これがフッサールのいう「厳密な学」としての「現象学」である(7)。このような現象学は、シュトラウスによれば、彼の言うような「政治哲学」、つまり本来の意味での「哲学」につながっているのである(8)。したがってフッサールにおいては、「世界観」、つまり知恵と「厳密な学」、つまりサイエンスとは分けることができないのである。ところが、知恵の観念と厳密な学／精密科学（rigorous science）の観念とは分離されていると考える近代的な意識からすると、「世界観（Weltanschauung）の観念は時代《エポック》によって異なるが、これに対して科学（学）の観念は超＝時間的である」ということになる。この分離のために、「厳密な学としての哲学」が、「世界観」を学にまでもたらし、「倫理や宗教との関係で、純粋な合理的諸規範によって規制された生活を可能にする」までには、長い時間を要するであろう。けれどもわれわれには、準拠すべきある種の体系が必要である。このため、「厳密な学としての哲学を見捨てて、世界観の哲学（Weltanschauungsphilosophie）を採りたいという誘惑」が非常に強くなる。フッサール的観点から見ると、ハイデガーはこの誘惑に抵抗できないことを示したといえる。このようにして、ハイデガー的な意味での「世界観の哲学」が生じるのである(9)。

ところで、このように厳密な学から分離され、相対化されたさまざまな「世界観」や「世界観の哲学」の信奉者たちは相互に対立し、しかもこの対立・闘争は政治的権力の領域で生じる。のみならず、この対立・闘争のなかで、厳密な学の支持者、つまり「世界観の哲学」の批判者は迫害を受ける。ところで、「厳密な学としての哲学」と「世界観の哲学」との関係の考察は、前者の領域に属する仕事である。そしてこの両者の関係を見るためには、この二つの敵対者の間の政治的闘争を見なければならない。つまり「厳密な学としての哲学」は政治哲学でなければならない。したがって、このような対立・闘争にたいする処方箋を書くことができるのは、相対化された「世界観」や「世界観の哲学」という観念そのものによって迫害され、アウト・ローとされた、哲学そのものの理念に忠実であろうとする企て、つまり「厳密な学としての哲学」であるだろう(10)。

シュトラウスがフッサールに見いだした、このような「厳密な学」としての「現象学」と、本書で述べられたような「法哲学」とは、ほとんど重なり合うように私には思われる。

注

［序　論］

（1） Michael Hardt, Antonio Negri, *Empire,* Harvard University Press, 2000. 邦訳として、アントニオ・ネグリ／マイケル・ハート『〈帝国〉――グローバル化の世界秩序とマルチチュードの可能性』水嶋一憲・酒井隆史・浜邦彦・吉田俊実訳、以文社、2003年。以下、同書からの引用・参照にあたっては、E と略記し、最初に原書のページ数を、その後に（／の後に）邦訳書のページ数を表記する。

（2） Cf. Jacques Derrida, *Force de loi : Le «Fondement mystique de l'autorité»,* Galilée, 1994, p. 102-103. 邦訳として、ジャック・デリダ『法の力』堅田研一訳、法政大学出版局、1999年、131-133頁。

（3） これは、ヴァルター・ベンヤミンの「暴力（Gewalt）」の概念との関係で、デリダが教えるところである。Cf. J. Derrida, *Force de loi, supra* note 2, p. 79-80. 邦訳99頁。

（4） Leo Strauss, *On Tyranny,* Revised and Expanded Editon, Including the Strauss-Kojève Correspondence, Edited by Victor Gourevitch and Michael S. Roth, The University of Chicago Press, 2000. 邦訳として、レオ・シュトラウス『僭主政治について』（上）（下）、石崎嘉彦・飯島昇藏、他訳、現代思潮新社、2006年・2007年。

（5） Alexandre Kojève, *Esquisse d'une phénoménologie du droit,* Gallimard, 1981. 邦訳として、アレクサンドル・コジェーヴ『法の現象学』今村仁司・堅田研一訳、法政大学出版局、1996年。

（6） Alexandre Kojève, *Introduction à la lecture de Hegel,* Gallimard, 1947. 邦訳として、アレクサンドル・コジェーヴ『ヘーゲル読解入門』上妻精・今野雅方訳、国文社、1987年。

（7） 実際コジェーヴは、法的第三者に「神的」な性格を認めている。Cf. A. Kojève, *Esquisse d'une phénoménologie du droit, supra* note 5, p. 39. 邦訳35-36頁。

［第一章］

（1） Jacques Derrida, *Force de Loi,* Galilée, 1994. 邦訳として、ジャック・デリダ『法の力』堅田研一訳、法政大学出版局、1999年。

（2） Jacques Derrida, *Spectres de Marx : L'État de la dette, le travail du deuil et la nouvelle Internationale,* Galilée, 1993. 邦訳として、ジャック・デリダ『マルクスの亡霊たち』増田一夫訳、藤原書店、2007年。以下、引用・参照にあたっては、本文中に SM と略記し、その後に原書のページ数を表記する。

(3)　Cf. Jacques Derrida, *De la grammatologie,* Minuit, 1967. 邦訳として、ジャック・デリダ『根源の彼方に――グラマトロジーについて』(上)(下)、足立和浩訳、現代思潮社、1972年。

(4)　Walter Benjamin,《Zur Kritik der Gewalt》, in *Gesammelte Schriften,* Band II-1, Suhrkamp, 1977. 邦訳として、ヴァルター・ベンヤミン「暴力批判論」、ヴァルター・ベンヤミン『ドイツ悲劇の根源』(下)、浅井健二郎訳、筑摩書房、1999年、所収。

(5)　Walter Benjamin,《Über Sprache überhaupt und über die Sprache des Menschen》, in *Gesammelte Schriften,* Band II-1, Suhrkamp, 1977. 邦訳として、ヴァルター・ベンヤミン「言語一般および人間の言語について」、ヴァルター・ベンヤミン『ベンヤミン・コレクション1――近代の意味』浅井健二郎・久保哲司訳、筑摩書房、1995年、所収。

(6) Cf. Jean Starobinski, *Jean-Jacques Rousseau――La transparence et l'obstacle,* Gallimard, 1971, p. 36-39. 邦訳として、J. スタロバンスキー『ルソー透明と障害』山路昭訳、みすず書房、1973年、36-40頁。

(7)　H. L. A. Hart, "The Ascription of Responsibility and Rights", in *Logic and Language,* First Series, edited with an Introduction by Antony Flew, Basil Blackwell, 1951.

(8)　H. L. A. Hart, *The Concept of Law,* Second Edition, Oxford University Press, 1994. 邦訳として、H. L. A. ハート『法の概念』矢崎光圀監訳、みすず書房、1976年。

(9)　Stanley Fish, "Force", in Stanley Fish, *Doing What Comes Naturally : Change, Rhetoric, and the Practice of Theory in Literary and Legal Studies,* Duke University Press, 1989.

(10)　Ronald Dworkin, *Taking Rights Seriously,* Harvard University Press, 1977. 邦訳として、ロナルド・ドゥウォーキン『権利論(増補版)』木下毅・小林公・野坂泰司訳、木鐸社、2003年。

(11)　このようにイマージュを亡霊へと緊密に結びつけている点で、マルクスもシュティルナーもプラトニズムの伝統を相続しているとデリダは言う(cf. SM 235)。

(12)　フッサール現象学において「自己への現前」の回復というモチーフが一貫して作用していることを示そうとしたのが、デリダの『声と現象』である。Jacques Derrida, *La voix et le phénomène,* P. U. F., 1967. 邦訳として、ジャック・デリダ『声と現象』高橋允昭訳、理想社、1970年。

(13)　この問題を主題として展開しているのが、デリダの『グラマトロジーについて』である。前掲注3を参照せよ。

(14)　「商品を使用価値として見るかぎり、……これに少しの神秘的なところもない。人間がその活動によって自然素材の形態を、彼に有用な仕方で変えるということは、真昼のように明らかなことである」(カール・マルクス『資本論(一)』向坂逸郎訳、岩波文庫、129頁)。

(15)　「机が商品として現われるとなると、感覚的にして超感覚的な物に転化する。机はもはやその脚で床の上に立つのみでなく、他のすべての商品にたいして頭で立つ」(『資本論（一)』岩波文庫、129-130頁)。

(16)　参照、『資本論（一)』岩波文庫、149頁。

(17)　『資本論（一)』岩波文庫、131頁。

(18)　構築物（例えば法／権利）は、自然と協約（人為性）との対立を越えた意味で構築可能であるがゆえに脱構築可能であるとデリダは言う。Cf. J. Derrida, *Force de loi, supra* note 1, p. 35. 邦訳34頁。

(19)　この問題は、『グラマトロジーについて』で展開されている。前掲注３を参照せよ。

(20)　『資本論（一)』岩波文庫、154頁。

(21)　Cf. Jacques Derrida, "Signature, événement, contexte", in *Marges—de la philosophie,* Minuit, 1972, p. 375-376. 邦訳として、ジャック・デリダ「署名　出来事　コンテクスト」、ジャック・デリダ『哲学の余白』(下)、藤本一勇訳、法政大学出版局、2008年、所収。

(22)　Cf. J. Derrida, *Force de loi, supra* note 1, p. 111. 邦訳144頁。

(23)　この法／権利と正義との複雑な関係を追求したのが、『法の力』である。Cf. J. Derrida, *Force de loi, supra* note 1, p. 94. 邦訳119-120頁。

(24)　本文では触れなかったが、デリダは「喪の労働」(または「喪の作業」)を両義的な意味で使っている。「幽霊」を生ける身体に再統合すること（つまり、表象の仕方を変更すること）もまた「喪の労働」である。けれどもデリダこれを「直接的な喪の労働」または「労働なき喪の労働」と呼び（cf. SM 209)、遺産を相続するという決断に伴う「喪の労働」と区別する。

(25)　Étienne Balibar, *Lieux et noms de la vérité,* Éditions de l'Aube, 1994. 邦訳として、エティエンヌ・バリバール『真理の場所/真理の名前』堅田研一・澤里岳史訳、法政大学出版局、2008年。

(26)　Cf. Adam Smith, *The Theory of Moral Sentiments,* Edited by D. D. Raphael and A. L. Macfie, Oxford University Press, 1976. 邦訳として、アダム・スミス『道徳感情論』(上)(下)、水田洋訳、岩波文庫、2003年。

[第二章]

(１)　Jacques Derrida, *Spectres de Marx,* Galilée, 1993. 以下、引用・参照にあたってはSMと略記する。邦訳として、ジャック・デリダ『マルクスの亡霊たち』増田一夫訳、藤原書店、2007年。

(２)　SM, p. 124.

(３)　ロシアに生まれ、フランスで活躍した有名なヘーゲル研究家・哲学者である。1932年から1939年までフランスの高等研究院で行われた彼の有名なヘーゲル『精神現象学』講義には、M. メルロ＝ポンティ、J. ラカン、G. バタイユ、R. クノーなど、戦後のフランス思想界を担ったそうそうたる顔ぶれが出席した。その影響力はあまりにも大きく、ヘーゲルの思想と称して、コジェーヴのヘーゲル解釈が（その名を引用されることなく）用いられることがしばしばあるほどである。戦後のフランス思想界は、ある意味ではコジェーヴのヘーゲル解釈との戦いであったともいえる（この問題については、例えば、今村仁司『アルチュセール――認識論的切断』講談社、1997年、42頁以下、を参照せよ）。

コジェーヴの著作で、現在日本語に訳されているのは、次の三つである。

上妻精・今野雅方訳『ヘーゲル読解入門』国文社、1987年。

今村仁司・堅田研一訳『法の現象学』法政大学出版局、1996年。

三宅正純・根田隆平・安川慶治訳『概念・時間・言説――ヘーゲル〈知の体系〉改訂の試み』法政大学出版局、2000年。

また、ドミニック・オフレによるコジェーヴの伝記（Dominique Auffret, *Alexandre Kojève : La philosophie, l'État, la fin de l'Histoire,* Grasset, 1990）が邦訳されている。今野雅方訳『評伝アレクサンドル・コジェーヴ――哲学、国家、歴史の終焉』パピルス、2001年。

（4）　最初に出版されたのは、1948年である。

（5）　Léo Strauss, *De la tyrannie,* Gallimard, 1954. 以下、引用・参照にあたってはDT と略記する。なお、コジェーヴとシュトラウスの往復書簡集を収めたフランス語版が1997年にガリマール書店より出版されている。

（6）　現在は、1991年度版に修正が加えられた2000年度版が出版されている（なお、注53を参照せよ）。本稿で用いるのは、この2000年度版である。Leo Strauss, *On Tyranny,* Revised and Expanded Edition, Including the Strauss-Kojève Correspondence, Edited by Victor Gourevitch and Michael S. Roth, The University of Chicago Press, 2000. 以下、引用・参照にあたってはOT と略記する。この2000年度英語版の邦訳として、レオ・シュトラウス『僭主政治について』（上）（下）、石崎嘉彦・飯島昇藏、他訳、現代思潮新社、2006年・2007年。

（7）　See Leo Strauss, "What Is Political Philosophy?", in *What Is Political Philosophy? and Other Studies,* The University of Chicago Press, 1959, p. 52. 以下、同書からの引用・参照にあたってはWPP と略記する。また、邦訳として、石崎嘉彦訳『政治哲学とは何か――レオ・シュトラウスの政治哲学論集』昭和堂、1992年、77-78頁。これは、ルソーに関するシュトラウスの記述の箇所であるが、本稿で用いる「始源＝目的論」はもう少し広い意味である。

（8）　OT, p. 244.

（9）　OT, p. 250, 251.

（10）　Francis Fukuyama, *The End of History and the Last Man,* The Free Press, 1992, p. xii. 以下、引用・参照にあたってはEHLM と略記する。邦訳として、フランシス・フクヤマ『歴史の終わり』（上）（下）、渡辺昇一訳、三笠書房、1992年、

（上）14-15頁。そのほか、次の記述にも注意せよ。「自由主義的な民主主義の「理念」は、これ以上改善の余地がないほど申し分のないものなのである」（EHLM, p. xi. 邦訳（上）、14頁）。「人類の大部分を結局は自由主義的な民主主義へ導くような一貫した方向性のある「歴史」」（EHLM, p. xii. 邦訳（上）、16頁）。「たしかに現代の民主主義国が麻薬やホームレス、犯罪から環境破壊や軽薄な消費主義まで、数多くの深刻な問題に直面しているのは疑いの余地もない。しかしながらこうした問題は、自由主義という原理上まったく解決不可能な問題だというわけでもなければ、1980年代における共産主義の崩壊と違って、必ずしも社会全体を崩壊に導くほど深刻な問題でもないのである」（EHLM, p. xxi. 邦訳（上）、28-29頁）。

(11)　See EHLM, p. 338-339. 邦訳（下）、262-263頁。

(12)　この図式については、次の箇所を参照せよ。Alexandre Kojève, *Introduction à la lecture de Hegel,* Gallimard, 1947, p. 11-34. 以下、引用・参照にあたってはILHと略記する（なお第二版は、日本に関する脚注が付加された（p. 436-437）（1968年）以外は、第一版と変更がない）。邦訳『ヘーゲル読解入門』（前掲注3）、11-43頁。また、Alexandre Kojève, *Esquisse d'une phénoménologie du droit,* Gallimard, 1981, p. 237-249. 以下、引用・参照にあたってはEPDと略記する。邦訳『法の現象学』（前掲注3）、273-290頁。

(13)　SM, p. 98.

(14)　SM, p. 98, 106.

(15)　SM, p. 98ff.

(16)　SM, p. 123-126.

(17)　SM, p. 98-99. EHLM, p. xii-xiii〔邦訳（上）、16-17頁〕.

(18)　SM, p. 99.

(19)　SM, p. 99.

(20)　SM, p. 99-100. EHLM, p. xiii-xiv〔邦訳（上）、17頁〕.

(21)　SM, p. 106-107. EHLM, p. 190〔邦訳（下）、44頁〕.

(22)　SM, p. 107.

(23)　EHLM, p. 337. 邦訳（下）、261頁。

(24)　SM, p. 106-107. EHLM, p. 203〔邦訳（下）、62頁〕. important truthのフランス語訳がconstatation justeである。

(25)　SM, p. 107.

(26)　SM, p. 108.

(27)　SM, p. 109.

(28)　SM, p. 109-110.

(29)　SM, p. 110.

(30)　SM, p. 112.

(31)　SM, p. 112-113.

(32)　SM, p. 114.

(33)　フランス語から訳出。SM, p. 113-114. EHLM, p. 138〔邦訳（上)、233頁〕.

(34)　SM, p. 114. EHLM, p. 138〔邦訳（上)、232頁〕.

(35)　SM, p. 114-115.

(36)　SM, p. 115.

(37)　SM, p. 115. EHLM, p. 144〔邦訳（上)、241頁〕.

(38)　SM, p. 115.

(39)　SM, p. 117-118.

(40)　SM, p. 118.

(41)　SM, p. 118-120.

(42)　SM, p. 125-126.

(43)　ILH, p. 436-437. 邦訳245-247頁。

(44)　SM, p. 123.

(45)　ILH, p. 437. 邦訳247頁。

(46)　ILH, p. 437. 邦訳246頁。

(47)　SM, p. 121.

(48)　SM, p. 121.

(49)　SM, p. 123.

(50)　SM, p. 123.

(51)　SM, p. 123-124.

(52)　SM, p. 125.

(53)　OT, p. 177. DT, p. 283. なお、コジェーヴに対するシュトラウスの反論文（Restatement on Xenophon's *Hiero*. Mise au point）は、フランス語版（前掲注５）における最後のパラグラフ（名指しこそされてはいないが、ハイデガーにあてつけた部分であることは明らかである）に相当する部分が削除されたままで、WPP（前掲注７）に英語版が収録された。*On Tyranny* の1963年度版でもこのパラグラフは欠けたままであった。英語でシュトラウスの反論文の完全版が出たのは、*On Tyranny* の1991年度版が初めてである。けれどもこの版では、シュトラウスの英語論文の原本のコピーが見当たらないので、欠けている部分についてはフランス語版から翻訳された。*On Tyranny* の2000年度版は、この部分を、シュトラウスの英語論文の原本のコピーに基づいて、彼が書いた通りに復元したものである。See OT, p. vii, viii. したがって、シュトラウスのこの反論文については、最後のパラグラフが欠けたままではあるが、WPP の邦訳本（前掲注７）に日本語訳が収録されている。2000年度版の日本語訳については、前掲注６を参照していただきたい。

(54)　Leo Strauss, *Spinoza's Critique of Religion*. 英語版の最初の出版は1965年。現在は、The University of Chicago Press から1997年度版が出ている。

(55)　OT, p. 311.

(56)　Leo Strauss, *The Political Philosophy of Hobbes : Its Basis and Its Genesis*, Translated from the German Manuscript by Elsa M. Sinclair. 以下、引用・参照

にあたってはPPHと略記する。最初に出版されたのは1936年。本稿で用いるのは、The University of Chicago Pressから出版された1984年度版である。邦訳として、添谷育志・谷喬夫・飯島昇藏訳『ホッブズの政治学』みすず書房、1990年。この邦訳は、1965年に出版されたドイツ語版（英語版で言うところのthe German Manuscriptを基にしている）からの翻訳である。同書291頁を見よ。

(57)　OT, p. 224.

(58)　OT, p. 218.

(59)　PPH, p. 57-58, 131. 邦訳79-80、162-163頁。

(60)　See WPP, p. 40-55. 邦訳56-82頁。シュトラウスが始源＝目的論をまさしく批判の対象としていたことを示すもう一つの証拠がある。それは、1953年10月29日付シュトラウス宛のコジェーヴの書簡である（OT, p. 261-262）。この書簡においてコジェーヴは、彼が行ったなかでおそらく最も激しいと思われるシュトラウス批判を展開している。その内容はおおよそ次の通りである。シュトラウスは「人間本性／人間の自然（human nature）」について語るけれども、それと、「倫理」や「べきである」について語ることとは違うのではないだろうか。動物は、このような本性をもつにもかかわらず、道徳的には「善」でも「悪」でもなく、せいぜい健康であるかまたは病気である、あるいは野性的であるかまたは飼い馴らされている（trained）にすぎないものだからである。したがって大衆の訓練（mass-training）と優生学に導くのは、まさしくシュトラウスが信奉する古代の人間学である。このような「人間本性」が倫理的意味をもつのは、ヘーゲルとともに、人間は自らの起源に還帰すると想定する場合である。というのもこのとき、この目的／終わり（end）へと導くあらゆることをなせと命じる、そしてこの目的／終わりを妨げるあらゆることを断罪する「倫理」が存在することになるからである。

この記述から、両者の対立点がはっきりわかるであろう。すなわちシュトラウスは、人間の自然（本性）＝起源が人間の歴史の目的でもあるという発想、つまり始源＝目的論的発想を拒絶するのであり、それに対してコジェーヴは、それを擁護するのである。もっとも、この書簡を読む限り、コジェーヴが始源＝目的論者であることは明らかである、したがってコジェーヴが始源＝目的論者ではないとする私の主張は誤りである、と思われるかもしれない。けれども決してそうでないことについては、本文で述べるとおりである。

(61)　PPH, p. 31. 邦訳40頁。

(62)　PPH, p. 81. 邦訳106-107頁。

(63)　PPH, p. 81-82. 邦訳107-108頁。

(64)　PPH, p. 83. 邦訳109頁。

(65)　PPH, p. 80. 邦訳106頁。

(66)　PPH, p. 81-82. 邦訳106-108頁。

(67)　PPH, p. 94-95. 邦訳119-121頁。

(68)　PPH, p. 95. 邦訳121頁。

(69)　PPH, p. 100-101. 邦訳126-127頁。

(70)　PPH, p. 101. 邦訳 127 頁。

(71)　この三つの特徴は、デリダが「代補（supplément）」の概念をもって言い表そうとした事態ときわめて類似する。代補とは、外部からやって来て自然の欠陥（すきま）を埋めるのであるが、今度はその埋めた部分において自然に取って代わるのである。Cf. Jacques Derrida, *De la grammatologie,* Minuit, 1967, p. 208. 邦訳として、足立和浩訳『根源の彼方に――グラマトロジーについて』（下）、現代思潮社、1972年、8-9 頁。

(72)　PPH, p. 150-151. 邦訳183頁。

(73)　Leo Strauss, "What Is Political Philosophy?", III The Modern Solutions, in WPP. 邦訳56-82頁。

(74)　PPH, p. xv. 邦訳 xv 頁。

(75)　WPP, p. 41. 邦訳57-58頁。

(76)　WPP, p. 47. 邦訳68-69頁。

(77)　WPP, p. 41-42. 邦訳58-59頁。

(78)　WPP, p. 47. 邦訳69頁。

(79)　WPP, p. 48-49. 邦訳70-72頁。

(80)　WPP, p. 49. 邦訳72頁。

(81)　WPP, p. 49-50. 邦訳73頁。

(82)　WPP, p. 50. 邦訳74頁。

(83)　WPP, p. 50-51. 邦訳74-75頁。

(84)　WPP, p. 51. 邦訳76頁。

(85)　WPP, p. 52-53. 邦訳77-79頁。

(86)　WPP, p. 53-54. 邦訳79-80頁。

(87)　WPP, p. 53-54. 邦訳79-80頁。

(88)　WPP, p. 54-55. 邦訳80-82頁。

(89)　See OT, p. 152-153, 167-169, DT, p. 242-243, 266-268, EPD, p. 11-12〔邦訳 6-8 頁〕.

(90)　OT, p. 237-238.

(91)　OT, p. xiv.

(92)　OT, p. xv. ILH, p. 436〔邦訳245-246頁〕.

(93)　OT, p. 207-210. DT, p. 336-340.

(94)　OT, p. 186. DT, p. 298.

(95)　OT, p. 208. DT, p. 337.

(96)　OT, p. 186. DT, p. 298.

(97)　OT, p. 191-192. DT, p. 307-308.

(98)　Leo Strauss, *The Rebirth of Classical Political Rationalism : An Introduction to the Thought of Leo Strauss,* Essays and Lectures by Leo Strauss,

Selected and Introduced by Thomas L. Pangle, The University of Chicago Press, 1989. 以下、引用・参照にあたっては RCPR と略記する。邦訳として、レオ・シュトラウス著、T. L. パングル編序『古典的政治的合理主義の再生——レオ・シュトラウス思想入門』石崎嘉彦監訳、ナカニシヤ出版、1996年。

(99)　RCPR, p. xxxiii. 邦訳33頁。

(100)　“An Introduction to Heideggerian Existentialism”, in RCPR.（邦訳、「ハイデガー実存主義への序説」）

(101)　RCPR, p. 42. 邦訳85頁。

(102)　RCPR, p. 42-43. 邦訳86-87頁。

(103)　RCPR, p. 43. 邦訳86-87頁。

(104)　RCPR, p. 43. 邦訳87頁。

(105)　RCPR, p. 43-44. 邦訳87-88頁。

(106)　RCPR, p. 44. 邦訳88頁。

(107)　同様の問題意識はデリダのなかにもある。デリダの基本的テーマの一つは、ギリシア主義とユダヤ主義との和解である。例えば、Cf. Jacques Derrida, “Violence et mētaphysique”, in *L'écriture et la différence,* Seuil, 1967〔邦訳、川久保輝興訳「暴力と形而上学」、坂上脩、他訳『エクリチュールと差異』（上）、法政大学出版局、1977年、所収〕、*Force de loi,* Galilēe, 1994, p. 131-135〔邦訳、堅田研一訳『法の力』法政大学出版局、1999年、170-177頁〕。また、拙稿「デリダと法哲学」、日本法哲学会編『多文化時代と法秩序（法哲学年報1996）』有斐閣、1997年、所収、も参照していただきたい。

(108)　1957年９月11日付コジェーヴ宛のシュトラウスの書簡。See OT, p. 291.

［第三章］

（1）　Leo Strauss, *The City and Man,* The University of Chicago Press, 1964, p. 14-17.　以下、引用・参照にあたっては CM と略記する。Leo Strauss, *Natural Right and History,* The University of Chicago Press, 1953, p. 10-12. 以下、引用・参照にあたっては、NRH と略記する。邦訳として、塚崎智・石崎嘉彦訳『自然権と歴史』昭和堂、1988年、14-16頁。

（2）　Leo Strauss, “What Is Political Philosophy?”, in *What Is Political Philosophy? And Other Studies,* The University of Chicago Press, 1959, p. 27. 以下、同書からの引用・参照にあたっては WPP と略記する。邦訳として、石崎嘉彦訳『政治哲学とは何か——レオ・シュトラウスの政治哲学論集』昭和堂、1992年、33頁。

（3）　NRH, p. 3-4. 邦訳６－７頁。

（4）　NRH, p. 3-6. 邦訳６－９頁。

（5）　NRH, p. 5-6. 邦訳７－８頁。

（6）　Leo Strauss, *On Tyranny,* Revised and Expanded Edition, Including the Strauss-Kojève Correspondence, Edited by Victor Gourevitch and Michael S.

Roth, The University of Chicago Press, 2000, p. 210-211. 以下、引用・参照にあたってはOTと略記する。この著作は、クセノフォンの著作『ヒエロン』についてシュトラウスが詳細な読解を行ったもので、まず1948年に出版された。ところが、この著作についてシュトラウスがコジェーヴに書評を書くように要求し、その求めに応じてコジェーヴは、「哲学者の政治行動（L'action politique des philosophes)」と題する論文を、1950年に雑誌『クリティック』41号・42号に掲載した。その後、このシュトラウスの著作のフランス語訳が出版される際に（1954年)、コジェーヴのこの論文（「僭主政治と知恵（Tyrannie et sagesse)」と改題された）と、それに対するシュトラウスの反論文（「再説（Mise au point)」）とが収録されることになった。シュトラウスの反論文は、『政治哲学とは何か』（前掲注2を参照せよ）に、一番最後のパラグラフ（名指しこそされていないが、ハイデガーにあてつけた部分だと考えられている）を削除して収録された（タイトルは、Restatement on Xenophon's *Hiero*)。1963年には、この二人の論文を含んだ英語版の *On Tyranny* が出版された（コジェーヴの論文の英訳タイトルは、Tyranny and Wisdom)。1991年にはグールヴィッチとロスの手によって、さらにシュトラウスとコジェーヴの書簡集が付け加えられた新版が出版された。この際、シュトラウスの反論文の削除された部分が、フランス語版から訳出された。そして、本稿で使用する2000年度版では、削除された部分が、その後に発見されたシュトラウスの英語論文の原本のコピーを基にして復元された（本書第二章の注53も参照していただきたい)。このような事情については、OT, p. vii-viii（編者による前書き）を参照せよ。

なお、フランス語版（*De la tyrannie,* Gallimard, 1954）については、以後、DTと略記する。また、シュトラウスの反論文については、最後のパラグラフを欠いたままではあるが、『政治哲学とは何か』（前掲注2参照）に訳出されているので、それを邦訳とすることにする。上記のOT, p. 210-211 に対応する箇所は、次の通りである。DT, p. 340-341. 邦訳209-210頁。2000年度英語版の邦訳が2006年と2007年に出版され（本書第二章の注6を参照)、そこでこの最後のパラグラフの日本語訳を読むことができる。

(7)　OT, p. 178, 208. DT, p. 284-285, 337. 邦訳149、206頁。

(8)　OT, p. 210. DT, p. 340-341. 邦訳210頁。WPP, p. 41. 邦訳57-58頁。

(9)　前掲注6参照。

(10)　OT, p. 244（1949年9月4日付コジェーヴ宛のシュトラウスの書簡）.

(11)　OT, p. 210. DT, p. 340-341. 邦訳210頁。

(12)　Alexandre Kojève, *Introduction à la lecture de Hegel,* Gallimard, 1947, p. 11-34, 562-563. 邦訳として、上妻精・今野雅方訳『ヘーゲル読解入門』国文社、1987年、11-43、405-407頁。

(13)　OT, p. 167-168. DT, p. 266-267.

(14)　OT, p. 192, 193, 203. DT, p. 308, 311-312, 329. 邦訳176、177-178、197頁。

(15)　OT, p. 196. DT, p. 316-317. 邦訳183-184頁。
(16)　この問題については、本書第二章、59-60、94-95頁、を参照せよ。
(17)　CM, p. 15.
(18)　CM, p. 15-16.
(19)　CM, p. 14-15, 16-17.
(20)　WPP, p. 33-34. 邦訳44-45。
(21)　プラトン『法律』(上)、森進一・池田美恵・加来彰俊訳、岩波文庫、1993年、476-477頁（加来彰俊氏による「解説」)。
(22)　OT, p. 212. DT, p. 342-344. 前掲注 6 を参照せよ。
(23)　OT, p. 212. DT, p. 343-344.
(24)　OT, p. 199-200. DT, p. 322-323. 邦訳189-190頁。
(25)　OT, p. 199-200. DT, p. 322-323. 邦訳189-190頁。
(26)　OT, p. 212. DT, p. 344.
(27)　OT, p. xxii（編者である V. グールヴィッチと M. S. ロスによる序文).
(28)　OT, p. 250　(1950年 3 月24日付コジェーヴ宛のシュトラウスの書簡), p. 251 (1950年 6 月26日付コジェーヴ宛のシュトラウスの書簡).
(29)　OT, p. 199-200. DT, p. 322-323. 邦訳189-190頁。
(30)　OT, p. 198. DT, p. 320. 邦訳187-188頁。
(31)　NRH, p. 129. 邦訳143-144頁。CM, p. 16-17.
(32)　OT, p. 194-195, 205. DT, p. 313-314, 331. 邦訳180-181、199頁。
(33)　OT, p. 195. DT, p. 314-316. 邦訳181-183頁。
(34)　OT, p. 196. DT, p. 316-317. 邦訳183-184頁。
(35)　OT, p. 167-175. DT, p. 266-278.
(36)　OT, p. 146-147, 169-176. DT, p. 234, 268-280.
(37)　OT, p. 208. DT, p. 336-337. 邦訳205-206頁。
(38)　OT, p. 210. DT, p. 339-340. 邦訳209頁。
(39)　OT, p. 237.
(40)　OT, p. 135-136. DT, p. 217.
(41)　シュトラウスがこの批判を意識していたことは、次の記述からわかる。「哲学そのものは、諸問題の、すなわち根本的にして包括的な諸問題の、純粋な意識以外の何物でもない。これらの諸問題は一つの解決の方へと、つまりごく少数の典型的な解決のどちらかの方へと傾いていくことなしには、考えることは不可能である。しかし、存在するものが知恵ではなく知恵の探求だけである限り、あらゆる解決の明証性は問題の明証性よりも必然的に小さいのである」(OT, p. 196. DT, p. 316-317. 邦訳183-184頁)。
(42)　コジェーヴの論文「僭主政治と知恵」(前掲注 6 参照) は、その全体が、この論証に捧げられていると言ってもよいぐらいである。
(43)　OT に収録されているシュトラウスとコジェーヴとの間の書簡を読むと、このことがよくわかる。

(44)　唯一、シュトラウスがコジェーヴの影響をはっきりと認めた箇所は、1962年11月16日付コジェーヴ宛のシュトラウスの書簡の次の箇所である。「スピノザを論じた私の本〔おそらく、『スピノザの宗教批判』の英訳（*Spinoza's Critique of Religion,* Schocken Books, 1965. 1997年に The University of Chicago Press 版が出版されている)〕に付した私の序文についてあなたが言っていることは、私にとっては完全に新しいことだというわけではない。私が思うに、私はあなたの反論を考慮に入れていたけれども、私が提起する論点をあなたは考慮に入れていないのだ」(OT, p. 311)。ただし、シュトラウスのいうコジェーヴの「反論」が何を意味するのかは不明である。

(45)　OT, p. 191. DT, p. 307. 邦訳175頁。

(46)　WPP, p. 41. 邦訳58頁。

(47)　Leo Strauss, *The Rebirth of Classical Political Rationalism : An Introduction to the Thought of Leo Strauss,* Essays and Lectures by Leo Strauss, Selected and Introduced by Thomas L. Pangle, University of Chicago Press, 1989, p. xxxiii, xxxiv（編者であるパングルによる序論)。以下、引用・参照にあたっては、RCPR と略記する。邦訳として、レオ・シュトラウス著、T. L. パングル編序『古典的政治的合理主義の再生――レオ・シュトラウス思想入門』石崎嘉彦監訳、ナカニシヤ出版、1996年、33、35頁。

(48)　例えば、CM の Chapter I を見よ。

(49)　Leo Strauss, "Plato", in *History of Political Philosophy,* Third Edition, Edited by Leo Strauss and Joseph Cropsey, The University of Chicago Press, 1987, p. 78. 以下、同書からの引用・参照にあたっては、HPP と略記する。

(50)　CM, p. 45-49.

(51)　HPP, p. 87.

(52)　Leo Strauss, *Spinoza's Critique of Religion,* The University of Chicago Press, 1997, p. 28-29. 以下、引用・参照にあたっては、SCR と略記する。邦訳として、「『スピノザの宗教批判』への序言」、レオ・シュトラウス『リベラリズム　古代と近代』石崎嘉彦・飯島昇藏、他訳、ナカニシヤ出版、2006年、所収。

(53)　SCR, p. 31.

(54)　SCR, p. 31.

(55)　RCPR, p. 269-270. 邦訳341-342頁。

(56)　RCPR, p. 43-44. 邦訳87-88頁。

［第四章］

(1)　Leo Strauss, "What Is Political Philosophy?", in *What Is Political Philosophy? And Other Studies,* The University of Chicago Press, 1959, p. 41. 以下、同書からの引用・参照にあたっては WPP と略記する。邦訳として、石崎嘉彦訳『政

治哲学とは何か——レオ・シュトラウスの政治哲学論集』昭和堂、1992年、58頁。また、『ホッブズの政治学』においては、ホッブズの政治哲学は、人間の行為に関するアリストテレスが定式化した基準の実現をめざすところから始まっていると指摘されている。Cf. Leo Strauss, *The Political Philosophy of Hobbes : Its Basis and Its Genesis,* The University of Chicago Press, 1952（最初に出版されたのは、1936年である）, p. 80-82. 以下、引用・参照にあたってはPPHと略記する。邦訳として、添谷育志・谷喬夫・飯島昇藏訳『ホッブズの政治学』みすず書房、1990年、106-108頁。なお、この問題については、本書第二章、84頁以下、を参照せよ。

（2） Leo Strauss, "Restatement on *Xenophon's Hiero*", in *On Tyranny,* Revised and Expanded Edition, Including the Strauss-Kojève Correspondence, Edited by Victor Gourevitch and Michael S. Roth, The University of Chicago Press, 2000, p. 187-188. 以下、同書からの引用・参照にあたってはOTと略記する。なお、シュトラウスによるこの論文の邦訳は、石崎嘉彦訳『政治哲学とは何か』（前掲注1）に収録されているので（タイトルは「再びクセノフォンの『ヒエロ』について——A. コジェーヴに答えて——」）、これを邦訳としてページ数を表記する。邦訳166-167頁。なお、邦訳された論文には、英語論文の一番最後のパラグラフが欠けているが、この理由については、本書第二章の注53、第三章の注6を参照せよ。Leo Strauss, *Natural Right and History,* The University of Chicago Press, 1953, p. 139. 以下、引用・参照にあたってはNRHと略記する。邦訳として、塚崎智・石崎嘉彦訳『自然権と歴史』昭和堂、1988年、154頁。

（3） PPH, p. 96-101. 邦訳122-127頁。

（4） NRH, p. 3-5. 邦訳6-7頁。

（5） Leo Strauss, "Plato", in *History of Political Philosophy,* Third Edition, Edited by Leo Strauss and Joseph Cropsey, The University of Chicago Press, 1987, p. 78. 以下、同書からの引用・参照にあたっては、HPPと略記する。

（6） NRH, p. 136-137. 邦訳151頁。

（7） NRH, p. 138-139. 邦訳153-154頁。

（8） NRH, p. 140-141. 邦訳155-156頁。

（9） NRH, p. 141. 邦訳156頁。

（10） NRH, p. 141. 邦訳156頁。

（11） Cf. OT. この論争については、本書第二章を参照せよ。

（12） OT, p. 210-211. 邦訳210頁。

（13） WPP, p. 33-36. 邦訳44-48頁。Leo Strauss, *The City and Man,* The University of Chicago Press, 1964, p.45. 以下、引用・参照にあたってはCMと略記する。

（14） OT, p. 196. 邦訳183-184頁。

（15） Alexandre Kojève, "Tyranny and Wisdom", in OT, p. 136.

（16） WPP, p. 33-34. 邦訳44-45頁。

（17） WPP, p. 34. 邦訳46頁。

(18)　本書第二章、62-64頁を参照せよ。

(19)　HPP, p. 87. Leo Strauss, *Thoughts on Machiavelli,* The University of Chicago Press, 1958, p. 15. 以下、引用・参照にあたっては TM と略記する。

(20)　プラトン『法律』(上)、森進一・池田美恵・加来彰俊訳、岩波文庫、1993年、476-477頁（加来彰俊氏による「解説」)。

(21)　WPP, p. 34. 邦訳45-46頁。

(22)　CM, p. 15-16.

(23)　OT, p. 212.

(24)　OT, p. xxii.

(25)　OT, p. 251.

(26)　Leo Strauss, "Notes on Carl Schmitt, *The Concept of the Political*", in Carl Schmitt, *The Concept of the Political,* Translation, Introduction, and Notes by George Schwab, With Leo Strauss's Notes on Schmitt's Essay, Translated by J. Harvey Lomax, Foreword by Tracy B. Strong, The University of Chicago Press, 1996. 以下、同書からの引用・参照にあたっては CP と略記する。邦訳は、添谷育志、他訳『ホッブズの政治学』（前掲注１参照）に収められている。

(27)　『政治的なものの概念』をめぐるシュトラウスとシュミットとの間の論争については、次の著作を参照せよ。Cf. Heinrich Meier, *Carl Schmitt, Leo Strauss und "Der Begriff des Politischen": Zu einem Dialog unter Abwesenden,* Neuaufl., Metzler, 1998. 英訳として、*Carl Schmitt and Leo Strauss, The Hidden Dialogue,* Translated by J. Harvey Lomax, Foreword by Joseph Cropsey, The University of Chicago Press, 1995. 邦訳として、ハインリヒ・マイアー『シュミットとシュトラウス——政治神学と政治哲学との対話』栗原隆・滝口清栄訳、法政大学出版局、1993年（なおこの邦訳書にも、シュトラウスによる『政治的なものの概念』の注釈の邦訳が収められている)。

(28)　CP, p. 93, 96-97. 邦訳220、225-226頁。

(29)　CP, p. 91, 97-98, 100-101. 邦訳218、227、231-232頁。

(30)　CP, p. 105-106. 邦訳235-238頁。

(31)　CP, p. 106-107. 邦訳238-240頁。

(32)　CP, p. 107. 邦訳240頁。

(33)　CP, p. 107. 邦訳240頁。

(34)　CP, p. 92. 邦訳219頁。

(35)　シュトラウスによるこのシュミット論の初出は1932年である（*Archive für Sozialwissenschaft und Sozialpolitik* 67, no. 6)。『ホッブズの政治学』はまず英語版で1936年に出版された。

(36)　PPH, p. xv. 邦訳 xv 頁。

(37)　NRH, p. 177. 邦訳194頁。

(38)　NRH, p. 179. 邦訳196頁。

(39)　NRH, p. 196. 邦訳211頁。

(40)　Carl Schmitt, *Politische Theologie,* Duncker & Humblot, 1996, S. 13. 邦訳として、カール・シュミット『政治神学』田中浩・原田武雄訳、未来社、1971年、11頁。

(41)　CM, p. 15-16.

(42)　NRH, p. 196. 邦訳211頁。

(43)　NRH, p. 196, 201. 邦訳211、215頁。PPH, p. 80-82. 邦訳106-108頁。なお、前掲注１を参照せよ。

(44)　本書第二章、84頁以下、を参照せよ。

(45)　WPP, p. 55. 邦訳82頁。

(46)　NRH, p. 174. 邦訳191頁。

(47)　NRH, p. 170-174. 邦訳187-191頁。

(48)　WPP, p. 41. 邦訳58頁。

(49)　NRH, p. 182. 邦訳198-199頁。

(50)　NRH, p. 201. 邦訳215頁。

(51)　NRH, p. 194. 邦訳209頁。

(52)　NRH, p. 191. 邦訳207頁。

(53)　NRH, p. 192. 邦訳208頁。

(54)　NRH, p. 192. 邦訳207頁。

(55)　NRH, p. 191-192. 邦訳207-208頁。

(56)　OT, p. 177. 邦訳147頁。

(57)　Leo Strauss, "On Classical Political Philosophy", in WPP, p. 90. 邦訳（『政治哲学とは何か』（前掲注１））、137頁。

(58)　WPP, p. 84-85. 邦訳128頁。

(59)　WPP, p. 83-84. 邦訳127頁。

(60)　WPP, p. 83. 邦訳126頁。

(61)　WPP, p. 41. 邦訳57-58頁。

(62)　WPP, p. 41-42. 邦訳58-59頁。

(63)　マキアヴェリについては、cf. TM, p. 14. ホッブズについては、cf. NRH, p. 167. 邦訳183頁。

(64)　TM, p. 13-14.

(65)　NRH, p. 313. 邦訳324頁。

(66)　NRH, p. 313-314. 邦訳324-325頁。

(67)　Cf. WPP, p. 40-55. 邦訳56-82頁。

(68)　NRH, p. 4. 邦訳６頁。

(69)　NRH, p. 4, footnote 2. 邦訳335頁。

(70)　NRH, p. 286. 邦訳296頁。

(71)　NRH, p. 255, 294. 邦訳266、304頁。

(72)　WPP, p. 53-54. 邦訳79-80頁。

(73)　WPP, p. 54. 邦訳80頁。

(74)　WPP, p. 54. 邦訳80頁。

(75)　Cf. NRH.

［第五章］

(1)　Cf. Stéphane Rials, "Michel Villey, histoire et philosophie, histoire d'une philosophie", in Michel Villey, *La formation de la pensée juridique moderne,* PUF, 2003, p. 1-3.

(2)　この議論はとりわけ以下の著作で詳しく展開されている。Cf. Michel Villey, *Le droit et les droits de l'homme,* PUF, 1983. 以下、同書からの引用・参照にあたっては、DDH と略記する。

(3)　Jacques Derrida, *Du droit à la philosophie,* Galilée, 1990, p. 73. なお、「1979年」は、「1971年」の誤りであると思われる。以下、同書からの引用・参照にあたっては、DP と略記する。

(4)　前掲注（2）参照。

(5)　Giovanna Borradori, *Philosophy in a Time of Terror, Dialogues with Jürgen Habermas and Jacques Derrida,* The University of Chicago Press, 2003, p. 132-133. 邦訳として、藤本一勇・澤里岳史訳『テロルの時代と哲学の使命』岩波書店、2004年、205-206頁。以下、同書からの引用・参照にあたっては、PTT と略記する。

(6)　PTT, p. 130. 邦訳201頁。

(7)　Cf. PTT, p. 131. 邦訳203頁。

(8)　PTT, p. 132. 邦訳205頁。

(9)　Michel Villey, "La doctrine du droit dans l'histoire de la science juridique", in Emmanuel Kant, *Métaphysique des mœurs,* Introduction et traduction par A. Philonenko, Vrin, 1971, p. 24-25. 以下、同書からの引用・参照にあたっては、MM と略記する。DP, p. 73, note 1.

(10)　Cf. MM, p. 7, 9, 10.

(11)　Cf. DDH, p. 48, 133-134.

(12)　Cf. MM, p. 7.

(13)　Cf. DP, p. 77. Immanuel Kant, 《Die Metaphysik der Sitten》, in : *Immanuel Kant Werkausgabe* Band VIII, Suhrkamp, 1977, S. 337-340. 邦訳として、加藤新平・三島淑臣訳「人倫の形而上学〈法論〉」、野田又夫責任編集『カント（世界の名著39）』中央公論社、1979年、所収、354-357頁。以下、同書からの引用・参照にあたっては、IKW VIII と略記する。

(14)　DP, p. 77-78. IKW VIII, S. 339. 邦訳356-357頁。

(15)　DP, p. 78.

(16)　Cf. Jacques Derrida, *Force de loi,* Galilée, 1994, p. 39. 邦訳として、堅田研一訳『法の力』法政大学出版局、1999年、40頁。該当するデリダの記述を引用しておこう。「もし私が、正当な規則を適用するだけで事足りると考え、正義の精神をもたず、いわばそのつどに規則や範例を発明することなく済ますならば、私はたぶん、法／権利（droit）の保護を受けて批判を避けることができるであろうし、客観的な法／権利に従って行為してはいるだろうが、しかし私は正義にかなっているとは言えないであろう。私は義務（devoir）に合わせて行為してはいるが、義務を内面化させてまたは掟／法則（loi）への尊敬の念によって行為してはいない、こうカントなら言うだろう」（強調は原文）。

(17)　IKW VIII, S. 340. 邦訳357頁。DP, p. 79-80.

(18)　DP, p. 80.

(19)　DP, p. 85.

(20)　DP, p. 86-88.

(21)　DP, p. 89-90.

(22)　DP, p. 90.

(23)　DP, p. 90-91.

(24)　Cf. DP, p. 91.

(25)　DP, p. 92-93.

(26)　Cf. DP, p. 93-95.

(27)　DP, p. 96-97.

(28)　DP, p. 98.

(29)　DP, p. 98.

(30)　Cf. DP, p. 99-100.

(31)　Cf. DP, p. 107-108.

(32)　IKW VIII, S. 345. 邦訳363頁。

(33)　Cf. Immanuel Kant, 《Grundlegung zur Metaphysik der Sitten》, in: *Immanuel Kant Werkausgabe* Band VII, Suhrkamp, 1974, S. 51-61. 邦訳として、野田又夫訳「人倫の形而上学の基礎づけ」、野田又夫責任編集『カント（世界の名著39)』（前掲注（13）参照)、265-274頁。なお、「定言命法」の訳文は、邦訳書265頁のものを使わせていただいた。

(34)　MM, p. 19.

[第六章]

(1)　Cf. Stéphane Rials, “Michel Villey, histoire et philosophie, histoire d’une philosophie”, in Michel Villey, *La formation de la pensée juridique moderne,* p. 1-3.

(2)　参照、中山竜一『二十世紀の法思想』岩波書店、2000年、29-30、124-125頁。中山氏がポストモダン的な観点からヴィレーに注目していることは間違いないように思われる。また、近年ヴィレーの著作を精力的に再刊しているS. リアルスがいわゆる「ポストモダン」に共感するとは思えないが、けれども彼もまた、近代に対する批判的な観点をもっていると思われる。

(3)　本章で検討するテクストは、以下の通りである。Michel Villey, *Le droit et les droits de l'homme,* PUF, 1983. 以下、同書からの引用・参照にあたっては、本文中にDDHと略記し、ページ数を表記する。

(4)　訳文は、永井道雄・宗方邦義訳「リヴァイアサン」、永井道雄編『ホッブズ(世界の名著28)』中央公論社、1979年、159頁、による。

(5)　Stéphane Rials, *Villey et les idoles,* PUF, 1999. 以下、同書からの引用・参照にあたっては、本文中にVIと略記し、ページ数を表記する。

(6)　Michel Villey, *Réflexions sur la philosophie et le droit. Les Carnets,* éd. Marie-Anne Frison-Roche et Christophe Jamin, PUF, 1995.

(7)　Cf. Jacques Derrida, *Spectres de Marx,* Galilée, 1993. 邦訳として、増田一夫訳『マルクスの亡霊たち』藤原書店、2007年。また、本書第二章も参照していただきたい。

(8)　Cf. Giovanna Borradori, *Philosophy in a Time of Terror : Dialogues with Jürgen Habermas and Jacques Derrida,* The University of Chicago Press, 2003. 邦訳として、藤本一勇・澤里岳史訳『テロルの時代と哲学の使命』岩波書店、2004年。

(9)　Cf. Jacques Derrida, *Du droit à la philosophie,* Galilée, 1990, p. 73, note 1.

(10)　Cf. Michel Villey, "La doctrine du droit dans l'histoire de la science juridique", in Emmanuel Kant, *Métaphysique des mœurs,* Introduction et traduction par A. Philonenko, Vrin, 1971.

(11)　このデリダとヴィレーとのいわば「論争」については、本書第五章を参照せよ。

(*)　本章の基になった論文「ミシェル・ヴィレーにおける「人間の権利」批判について」では、この「インディオ」を「インド人」と訳していた。この誤りを指摘してくださったのは、芹田健太郎教授(愛知学院大学法務研究科教授・神戸大学名誉教授)である。記して感謝したい。

[第七章]

(1)　Cf. Francis Fukuyama, *The End of History and the Last Man,* The Free Press, 1992. 邦訳として、フランシス・フクヤマ『歴史の終わり』(上)(下)、渡辺昇一訳、三笠書房、1992年。

(2)　Cf. Jacques Derrida, *Spectres de Marx,* Galilée, 1993. 邦訳として、ジャック・デリダ『マルクスの亡霊たち』増田一夫訳、藤原書店、2007年。

(3)　Alexandre Kojève, *Introduction à la lecture de Hegel,* Gallimard, 1947. 邦訳

として、アレクサンドル・コジェーヴ『ヘーゲル読解入門』上妻精・今野雅方訳、国文社、1987年。

（4） Cf. Georges Bataille, *Théorie de la religion,* Gallimard, 1973, p. 156. 邦訳として、ジョルジュ・バタイユ『宗教の理論』湯浅博雄訳、筑摩書房、2002年、157頁。

（5） Alexandre Kojève, *Esquisse d'une phénoménologie du droit,* Gallimard, 1981. 邦訳として、アレクサンドル・コジェーヴ『法の現象学』今村仁司・堅田研一訳、法政大学出版局、1996年。以下、同書からの引用・参照にあたっては、EPD と略記し、最初に原書のページ数を、その後に（／の後に）邦訳書のページ数を表記する。

（6） Cf. Dominique Auffret, *Alexandre Kojève : La philosophie, l'État, la fin de l'Histoire,* Grasset, 1990, p. 280. 邦訳として、ドミニック・オフレ『評伝アレクサンドル・コジェーヴ——哲学、国家、歴史の終焉』今野雅方訳、パピルス、2001年、407頁。

（7） Cf. François Terré, "Présentation", in Alexandre Kojève, *La notion de l'autorité,* Édité et présenté par François Terré, Gallimard, 2004, p. 12.

（8） このようにして主人性に隷属の要素が導入され、主人がもはや純粋な主人でなくなるからこそ、主人は奴隷の観点を取り入れることができるようになる。コジェーヴの次の記述はこのような文脈において理解すべきであろう。「実際、（他の主人と）平和的な相互作用を行う主人は厳密な意味での主人ではない。彼がそうするのは、主人としての資格においてではない。なるほど、彼は——そうしながらも——平等主義的正義という彼の貴族的理想を保持しうる。したがって彼は、平等の理想に応じてのみ自分の権利の制限に同意するだろう。しかし彼は、もはや真正な主人ではないのだから、自らの貴族法と、等価性の理想を基礎とするブルジョワ法とを綜合する傾向をもつだろう」（強調は原文）（EPD 284/335）。なぜ主人は厳密な意味での主人でなくなるのか。本文で述べたところによると、それは、法によって一種の隷属の要素が導入されたからである。

（9） 例えばコジェーヴの次の記述を見よ。「したがって、ヘーゲルは『精神現象学』のなかでこう言うことができた——（闘争も労働もしない）娘は肉親の死を静かに耐えることではじめてその人間性を開示し、現実のものにすると」（EPD 500 note 1/737 注107）。

（10） Cf. Robert Nozick, *Anarchy, State, and Utopia,* Basic Books, Inc., 1974. 邦訳として、ロバート・ノージック『アナーキー・国家・ユートピア——国家の正当性とその限界』島津格訳、木鐸社、1992年。

（11） この男性性と女性性の問題がコジェーヴの『法の現象学』読解、さらにはコジェーヴの思想全体の理解にとって決定的に重要であることを、私は次の著作から学んだ。Cf. Laurent Bibard, *La Sagesse et le féminin : Science, politique et religion selon Kojève et Strauss,* L'Harmattan, 2005. 日本においてこの問題を指摘するものとして、参照、入江容子「ヴァカンスの宿題——コジェーヴ、サガン、ラカンにおける「歴史の終焉」以降の課題」、『I. R. S. —ジャック・ラカン研究』No. 5、2006年、所収。

また、コジェーヴ自身も、「歴史の終わり」における人間性の問題との関連で、女性性の問題に気づいていたように思われる。Cf. Alexandre Kojève, “Le dernier Monde nouveau”, in *Critique* 111-112, 1956.

(12)　Cf. Michel Villey, *Le droit et les droits de l'homme,* PUF, 1983, p. 43. 以下、同書からの引用・参照にあたっては、DDHと略記し、ページ数を表記する。また、ヴィレーの法哲学に関する簡潔で見事な紹介として、次の論文を参照せよ。Cf. Alfred Dufour, “Étude critique sur le Précis de Philosophie du Droit de Michel VILLEY”, in *Revue de théologie et de philosophie* 111, 1979.

(13)　この問題については、本書第六章を参照していただきたい。

［最後に］

(1)　Leo Strauss, “Philosophy as Rigorous Science and Political Philosophy”, in Leo Strauss, *Studies in Platonic Political Philosophy,* With an Introduction by Thomas L. Pangle, The University of Chicago Press, 1983.

(2)　Cf. *ibid*., p. 30.

(3)　Cf. *ibid*., p. 32.

(4)　Cf. *ibid*., p. 32.

(5)　Cf. *ibid*., p. 33.

(6)　*Ibid*., p. 33. なお、この引用文におけるハイデガーに対するシュトラウスの批判的トーンと、本書第二章の注104において参照したシュトラウスのハイデガーに関する見解とがどのような関係にあるのかについては、今後の検討課題としたい。

(7)　Cf. *ibid*., p.36.

(8)　Cf. *ibid*., p.34.

(9)　Cf. *ibid*., p. 36.

(10)　Cf. *ibid*., p. 36-37.

あとがき

本書は私の初めての単著となる。初出一覧で示した、1999年以降に執筆された論考を素材に、それらに加筆・修正を加えて第一章から第七章をつくり、「序論」と「最後に」を書き下ろしてその前後に加えた。

ここで一言、お断りしておかねばならないことがある。本書で何度も引用・参照しているジャック・デリダの *Spectres de Marx* と、レオ・シュトラウスの *On Tyranny* について、本書の基となった論文が公にされた後、それぞれ優れた邦訳書が出版された（増田一夫訳『マルクスの亡霊たち』藤原書店(2007年)。石崎嘉彦・飯島昇藏、他訳『僭主政治について』（全2巻）現代思潮新社(2006、2007年)）。本来なら、これらの邦訳を十分に参照し、ページ数の細かな指示をすべきであったが、それができなかった。読者におかれては、これらの訳書もぜひ参考にしていただきたい。

本書は「法哲学」の著作である。また、私の専門は「法哲学」である。この「法哲学」こそ、常々私を悩ませ続けている当のものである。悩みの根本は、「法哲学は法学に属するのか、それとも哲学に属するのか」という、おそらくは法哲学者を自認するすべての人が一度は突き当たるこの問いである。例えば、実定法上提起される解釈問題を解決するために、ホッブズやカントといった哲学者の思想が有用であるから彼らを研究し、彼らの名前とその学説を持ち出すというのが、法哲学を法学として捉える典型的な発想法である。こちらが多数派のようである。これに対して、哲学者の思想はそれ自体が法の哲学でもあると捉え、彼らから法に関する原理的な問いを引き出し、またそれに対する彼らの回答を定式化するのが、哲学として法哲学を捉える典型的な仕方である。前者は実践的に有用であろうが、後者は、場合によっては単なる観念上の遊びでしかないと映ることがある。

私は、法哲学は哲学に属すると考えている。そして哲学としての法哲学、さらには哲学一般は、決して実践的に無益であるわけではないと考える。つまりそれは、次のような営みである。まず、原理的な問いを定式化すること。原理的な問いとは、決定的な答えの出ない問いである。次に、この答えの出ない問いに対して何らかの回答を試みること。原理的な問いとは、人間存在にとって根本的な問いである。それに答えるべく探求された回答は、それ自体、人間にとってなにがしかの意味があるだろうし、直接に人間社会に影響を及ぼすことはごく稀であろうが、その回答を目にした誰かによって現実に合うようにつくり直され、実現されることもあるだろう。また、原理的な問いとは、政治的、法的、倫理的、等々の問題と不可分に関係している。そのため、政治哲学、法哲学、倫理学、等々の区別ができるにすぎないと考えている。

このような哲学の考え方、とりわけ「問い」の重視は、本書で主題として取り上げているデリダ、コジェーヴ、シュトラウスに、ニュアンスの差はあれ共通するものだと私は考えている。けれども、私が最初にこの考え方を学んだのは、ルイ・アルチュセールからである。私の哲学の考え方は、決定的に彼の影響を受けている。そして、いま名前を挙げた4人の哲学者の思想を私に教えてくれたのは、2007年5月5日に急逝された今村仁司先生である。本書は、今村先生の教えから生まれたと言っても過言ではない。私は先生から一度も褒められたことがない。本書を読んで、先生ならなんとおっしゃるだろうか。よくそれを考えている。

私の大学院での恩師である小谷野勝巳先生、法政大学出版局でいろいろとお世話いただいた藤田信行氏にも、心から感謝したい。

最後に、私のような未熟者の著作の刊行をお引き受けいただいた成文堂の阿部耕一社長、いろいろとご配慮いただいた編集部の土子三男氏、石川真貴さん、日進店長の飯村晃弘さんには、いくらお礼を申し上げても足りないくらいである。本当にありがとうございました。

2009年6月5日

堅　田　研　一

著者紹介
堅田研一（かただ・けんいち）
1962年　石川県に生まれる
1994年　早稲田大学大学院法学研究科博士後期課程満期退学
現　職　愛知学院大学教授
専　攻　法哲学
訳　書　バリバール『真理の場所/真理の名前』（共訳、法政大学出版局）
デリダ『法の力』（同）
コジェーヴ『法の現象学』（共訳、同）
ドゥブー『フーリエのユートピア』（共訳、平凡社）

法・政治・倫理
――デリダ、コジェーヴ、シュトラウスから見えてくる「法哲学」――

2009年7月20日　初　版第1刷発行

著　者　堅　田　研　一
発行者　阿　部　耕　一

〒162－0041　東京都新宿区早稲田鶴巻町514番地
発行所　株式会社　成　文　堂
電話 03(3203)9201(代)　FAX03(3203)9206
http://www.seibundoh.co.jp

製版・印刷　シナノ　　製本　弘伸製本

ISBN 978-4-7923-0469-0　C3032

定価（本体5,500円＋税）